「一強多弱」政党制の分析
──得票の動きからみる過去・現在──

目 次

序 章 1
1. 分析の主題と手法 1
　（1）政治改革はなぜ二大政党制と
　　　一強多弱政党制の二つを生んだのか 1
　（2）分析手法とデータの範囲——国政選挙の得票分析 3
2. 本書の概要と先行研究との位置関係 6
　（1）選挙制度の性質 6
　（2）小選挙区制の効果 9
　（3）政党本位の政治と投票率の推移 14
　（4）各党得票率の地域間差違と定数不均衡 18

第1章 並立制の性質 29
1. 並立制導入の経緯 29
2. 非比例性にみる小選挙区比例代表並立制の特徴 30
　（1）選挙制度の諸類型と並立制の位置付け 30
　（2）現行制度における非比例性の推移 33
3. 衆議院比例区定数の削減の影響 42

第2章 政党システムの変遷 59
1. 政党数に関する分析の手法 59
2. 中選挙区制下における衆議院の政党システム 63
3. 並立制下における衆議院の政党システム 66
　（1）2000年代前半までの衆議院の状況 66
　（2）2000年代後半以降の衆議院の政党システム 72

  4. 参議院の政党システム ……………………………………………… 74

第3章 政党助成制度と政党の性質 …………………………… 81
 1. 政党助成制度の特徴 ……………………………………………… 81
  （1）二大政党化とデュベルジェ法則 ……………………………… 81
  （2）政党助成制度の変遷 …………………………………………… 83
  （3）政党助成制度導入後の政党の性質 …………………………… 87
 2. 「影響」型政党の出現 …………………………………………… 92
  （1）空間理論に基づく新党の特徴 ………………………………… 92
  （2）政界再編と「影響」型政党 …………………………………… 97
 3. 新党の登場を促す複合的要因 ………………………………… 101
  （1）比例代表の存在 ……………………………………………… 101
  （2）重複立候補 …………………………………………………… 102
  （3）無所属に不利な選挙運動の規制 …………………………… 103

第4章 政治改革以前の政党別得票状況 …………………… 109
 1. 選挙と地域性に関する過去の研究 …………………………… 109
  （1）地域性と選挙結果との間の関連 …………………………… 109
  （2）都市化と選挙結果との間の関連 …………………………… 113
  （3）固有な地域性と選挙結果との関連 ………………………… 115
 2. 都市化と選挙結果の関係 ……………………………………… 117
  （1）人口集中率による各選挙区の類型化 ……………………… 117
  （2）選挙区別得票データを用いた回帰分析 …………………… 124

第5章　政治改革以後の政党別得票状況 ……………………137

1. 都市―農村の軸でみた地域性 ……………………137
   (1) 都市規模と各党得票率 ……………………137
   (2) 小選挙区単位の得票状況 ……………………143
   (3) 小選挙区単位のデータによる分析 ……………………152
2. 各地方に表れた固有な地域性 ……………………159
   (1) 地域政党の出現 ……………………159
   (2) ブロック別の各党得票率 ……………………163
   (3) 各ブロックの地域性 ……………………168
   (4) 都道府県別の分析 ……………………180

第6章　政治改革の副次的効果 ……………………191

1. 中選挙区制廃止と定数不均衡の是正 ……………………191
   (1) 定数不均衡に関する研究 ……………………191
   (2) 日本における定数不均衡の状況 ……………………195
   (3) 定数不均衡の低減の効果 ……………………207
2. 得票目標水準の画一化 ……………………210
   (1) 中選挙区制に付帯する準比例代表制的性質 ……………………210
   (2) 中選挙区制下における自民党の選挙区別得票率 ……………………218

終　章 ……………………227

1. 政治改革のねらいと政治改革以後の日本政治の変動 ……………………227
2. 制度改革の分析――「一強多弱」政党制の背景 ……………………230
3. 政党の基盤――都市的政党と農村的政党 ……………………236
4. 今後の課題 ……………………241

序　章

1. 分析の主題と手法

(1) 政治改革はなぜ二大政党制と一強多弱政党制の二つを生んだのか

　小選挙区から多数の議席を選出する現行の衆議院の並立制は、基本的に二大政党制を導くものであるという議論がなされてきた。これに対し、本書は、現行制度は二大政党制を解体する効果をも内包することを論じる。すなわち、二大政党制を促進する要因と阻害する要因とが、現行制度には併存しているというのが、本書の分析の底流にある考え方である。

　本書はこうした考え方に基づき、主に1994年の政治改革関連法案の成立以降の国政選挙の得票分析を通じて、政治改革以後から現在に至るまでの日本政治の動向を分析する。政治改革論議では、政治腐敗防止、利益誘導政治の打破、派閥政治の弊害除去、首相の指導力強化、政党本位・政策本位の政治と選挙、二大政党制、政権交代などをキーワードとして幅広い議論が展開された[1]。中でも、単に政治腐敗の厳罰化にとどまらず、選挙制度や政党助成制度などの政治制度の改変・整備を通じて、自民党による一党優位政党制という政党システムに変化を生じさせ、政治のあり方を変えようとしたところに、その特徴がある[2]。

　本書は、政治改革によって導入された並立制という衆議院の選挙制度の基本的な性質、政党システムの状況、選挙結果に表われる政党間競合の状況について、選挙結果データを中心に一般に広く公表されている基

礎的なデータを用いて分析するものである。そして、政治改革以前の政党システムである、「55年体制」と呼ばれた自民党による一党優位政党制との比較を通じて、現在の政党システムの特徴を分析する。

政治改革論議の中でよく指摘されるのは、現行制度が単純小選挙区制ではなく比例代表を加味した並立制であるから、二大政党制への移行が阻害されているという点である。すなわち、比例代表があるため、小選挙区制の効果が直ちに完全な形で現出することはなく、政党システムの変動は「過渡期」にあるという考え方である[3]。しかし、本書の議論はこうした指摘とは異なる。二大政党制を促進する要因および阻害する要因は、共に小選挙区制に内包されているというのが、本書の議論である。

1994年の政治改革関連法案の成立以降、自民党と民主党による二大政党制が成立したが、民主党の政権転落以来、自民党は国政選挙で勝利し続け、いまや「一強多弱」政党制とも呼ばれる状況が現出している[4]。小選挙区から多数の議席を選出する現行の並立制は、二大政党制を導くものだという議論が盛んになされたが、現実には二大政党制からの離脱を生み出す効果をも持ち得るものであることが明らかになったといえる。

政治改革によって導入された政治制度は、当初は単純に二大政党制的な政党システムへの接近をもたらすと考えられていた。ところが、それとは異なる現実が生じているわけであり、政治家の集票活動と有権者の投票行動とが当初の想定とは異なる形で表われてきたのである。それでは、現実に生じた票の動きの背景には、何があるのか。本書は、国政選挙の得票分析を通じて、先に述べた「なぜ同じ政治制度が二大政党制と一強多弱政党制の双方を生み出すのか」という問いを探りつつ、現行制度導入後の日本の政治および選挙について明らかにしていく。

55年体制下における過去の一党優位政党制も、自民・民主両党による二大政党制的な政党システムも、現在の一強多弱政党制も、いずれも選挙における有権者の投票行動と、それを見据えた政党・政治家たち

の行動がその背後に存在する。選挙という舞台を通じて展開される有権者の投票行動と政党・政治家の集票活動との間の相互作用と、その選挙という舞台を統制する選挙制度は、政党システムなどの日本政治のあり方や動向にどのような帰結をもたらしたのか。端的にいえば、選挙における票の動きと、過去の55年体制や、数年前の二大政党制的な政党システム、そして現在の一強多弱政党制との間にはどのような関係があるのか。過去と現在との間には、どのような相違点があるのか。選挙と政党システムに関する大きな変化としては、1990年代になされた政治改革が真っ先に想起されようが、その前後においてどのような変化が生じたのか。本書では、長期間にわたる選挙の得票分析を通じて、今日のわが国の政党政治に生起している動向・変化の背景を明らかにすることを試みる。

(2) 分析手法とデータの範囲──国政選挙の得票分析

　選挙制度改革を含む政治改革論議は百花繚乱ともいえる状況で、論者による主張の差は幅広い。分析や評価の手法についても、きちんとした検証がないままに議論を展開する論者が散見されたという批判がある[5]。また、小選挙区比例代表並立制の導入論議と表裏一体となっていた中選挙区制の廃止論議については、経験や感想を述べる者は多いものの、中選挙区制の持つ効果について実証的な議論を展開している者は少ないとも指摘される[6]。さらに、実証的な研究が十分に蓄積されなかったことが、現実政治に対する失望感に繋がっている可能性を指摘する者もいる[7]。

　こうしたことを鑑み、本書では、実証的な分析を重視する。そして、できる限り公式に発表・確定されているデータ・資料に基づく形で実証分析を行うこととする。扱うデータの時間軸上の範囲としては、当然のことながら、政治改革関連法案の成立後に実施された衆参両院の国政選挙、具体的には1995年参議院選挙以降から2014年総選挙までの国政選挙に関するデータが最重要視される。そして、政治改革の以前と以後と

の間の変化ということを探るために、それ以前の国政選挙、具体的には1993年総選挙以前の選挙データも参照する。ただし、1994年に成立した政治改革関連法案においては参議院の選挙制度は変更がなされていないので、政治改革以前の時期のデータを参照する場合には、もっぱら衆議院選挙のデータを取り上げ、衆議院の選挙結果から政治改革の前後において、どのような変化が生じているのかという点に着目していく。なお、政治改革論議においては、先にみたように、自民党の長期一党支配を背景とした政治腐敗の構造や中選挙区制下での同一選挙区内での自民党候補間での同士討ちがたびたび論及されている[8]。そのため、改革の対象となった中選挙区制については、1947年総選挙から実施されているが、自民党の結党以前に実施された選挙については、分析の対象外とした。

　このように、本書の特徴の一つは、分析の範囲が広いことである。政治改革以後の時期に限っても約20年間に及んでいる。したがって、単一の選挙の結果を詳細に分析する場合とは異なり、選挙結果データだけでも膨大な量のデータを扱うことになっている。

　データの種類については、選挙結果データを最重要視する。次いで重視するのは国勢調査の結果であるが、本書が世論調査のような政治意識調査のデータよりも選挙結果データを重視するのは、次の理由による。

　第一に、選挙結果や国勢調査が人々の行動や生活様式という外部から観察可能（observable）なものであるのに対して、政治意識調査は人々の意識という外部から観察不可能なものを扱っている点が挙げられる。

　第二には、調査対象の範囲と回収率が挙げられる。選挙結果や国勢調査は基本的に全数調査であり、選挙結果については全ての得票がカウントされ、国勢調査については回収率は9割超となっている[9]。これに対し、各種の意識調査は標本調査であり、回答率は5～6割程度である[10]。

　第三の理由は、意識調査の手法が調査によって共通していないという点である。例えば、現在マス・メディアで広く用いられるRDD (Random

Digit Dialing）方式を用いた電話調査という手法が主流となっていったのは、ちょうど21世紀に入る頃からであり、それ以前は層化二段式の標本抽出を行った上での面接調査が主であった[11]。したがって、政治改革以後の時期に限ってみても、調査方法が大きく変化している。

　第四の理由は、意識調査によって明らかにされるデータの中身に関する問題である。メディア等が行う意識調査の個票データ（individual data）を入手することは困難であるが、個票レベルのデータではなく集計データ（aggregate data）しか入手できないのであれば、例えば投票政党と年齢や性別との間のクロスセクショナルな分析を行うといったことは不可能である。集計データしか使わないのであれば、公式統計である国勢調査などのデータを利用することを優先すべきであろう。それでは、意識調査のデータを用いることの利点が何かといえば、それは人々の意識に関するデータを得ることができるという点である。

　政治意識調査の中で重要なものといえば、政党に対する意識、すなわち政党支持である。これについては、ミシガン学派による政党帰属意識（party identification）モデル[12]など、学術面での研究蓄積も多い。しかし、ミシガン学派の政党帰属意識モデルは、長期的な政党に対する一体感の意識に関するモデルである。こうした意識を政党帰属意識と呼ぶわけであるが、この政党帰属意識は安定したものであり、長期的にみれば投票行動を規定する要因として高い説明力があるとされる[13]。このモデルが基礎としているのは、民主党と共和党の二大政党が19世紀から存続しているアメリカにおいて、家庭内の政治的社会化を通じて子の政党帰属意識が親の政党帰属意識に基づいて形成されるという点であり[14]、後の研究者たちの手によって、世代間で政党帰属意識がどれだけ伝播するのかという点が研究されてきた[15]。

　ところが、政治改革以降の日本政治においては、政党の離合集散が繰り返され、政党の存続期間がきわめて短いという例も少なくない。アメ

リカでは民主党と共和党は長い歴史を有するが、日本では、政治家の政治生命はおろか1回の議員の任期よりも存続期間が短い政党が多数存在する。そのため、政党そのものが長期的な存在ではないのに、どのようにして長期的な政党に対する一体感が醸成されるのかという、理論の根幹を揺るがしかねない疑問が生じてしまう[16]。

こうしたことから、本書では、世論調査データは分析対象外とし、得票データという選挙結果を分析することに重点を置くこととした。

2. 本書の概要と先行研究との位置関係

(1) 選挙制度の性質

本書で扱う分析課題は、以下の通りである。

第一の分析課題は、現行の選挙制度の基本的な性質である。すなわち、小選挙区制と比例代表制の二つを織り交ぜた並立制を導入したのは、民意の反映と民意の集約という二つの機能を持たせるためであったが、この点に関する分析である。この点は、主に第1章で扱う。

第二の分析課題は、現行の選挙制度と政党システムである。中選挙区制を廃止して、全ての議席ではないにせよ、6割という多数の議席を小選挙区制の下で選出するという制度を導入したことについては、小選挙区制が二大政党制を導き、安定した単独政権を生み出すことへの期待が背景にあった。首相のリーダーシップの低下を導く派閥政治を打破し、政党組織の中央集権化と首相のリーダーシップ強化を図ろうという主張も、こうした議論を後押しするものであった。こうした点に関する分析を、主に第2章と第3章で行う。

そして、第三の分析課題は、選挙結果にみられる政党間競合の状況で、ここでは特に各党得票率の地域間差違と定数不均衡等について取り上げる。第4章では政治改革以前の過去の状況に関する選挙データの分析を

行い、第5章では政治改革以後の分析を行う。第6章では、定数不均衡の度合いが選挙制度改革の前後で急変していることを述べた上で、第4章と第5章の分析結果を参照しながら、選挙制度改革の前後における各党得票率の地域間差違に生じた変化の背景について論及する。

一つ目の並立制を導入するという点については、複数の立場から反対論が存在した。現行の並立制は小選挙区と比例代表を組み合わせたものだが、小選挙区と比例代表が対等に並置されているというよりは、全体としては小選挙区を基調とした制度だといわれている[17]。この点について、小選挙区の賛成論者にとっては、並立制の導入は過渡的なものであって、単純小選挙区制の導入が最終目標だと考えられているようである。具体的にいえば、新選挙制度として並立制を導入したことは、中選挙区制からの移行を円滑にするための「激変緩和措置」だという説明がなされている[18]。他方、小選挙区制の反対論者は、現行制度は並立制という衣を着せた事実上の小選挙区制であり、大政党を必要以上に利する選挙制度だと批判する[19]。そして、小選挙区は廃止するか、あるいは小選挙区制によって選出される議席の割合を低減したり、並立制ではなく併用制を導入したりすべきだとする議論が展開されている[20]。さらに、そもそも並立制という制度について、基本的な理念の異なる小選挙区制と比例代表制とを組み合わせることへの懸念を表明する者も存在した[21]。

リクルート事件が世を騒がせていた1990年代初頭の時期の政治改革論議においては、政治改革に関する論議は、第8次選挙制度審議会[22]の答申[23]を軸に展開された。そして、1994年に実現した政治改革は、中選挙区制の廃止、小選挙区と比例代表の並立制の導入、小選挙区から300議席を選び比例代表から200議席を選ぶという議席配分、政党助成制度の導入などの点では、第8次審議会の答申の内容と合致している。その意味では、1994年に導入された並立制では、その根拠の一つとして、第8次審議会の答申を参照している。そして、上述の通り、比例代表を

加味したのは、中選挙区制からの移行を円滑にするための激変緩和措置だったともいわれている。このように考えると、選挙制度改革の目的はもともと民意の反映に比べて民意の集約ないし政権選択を重視した制度の導入を目指していたものだといえるかもしれない[24]。だが、これらの改革が実現するまでの経緯を振り返ると、単純にこの審議会の答申を元に一直線に改革が実行されてきたわけではない。

第8次審議会の答申に基づいて当時の海部俊樹内閣が策定した新選挙制度案[25]は、1991年8月召集の第121回国会（臨時会）に提出されたが、翌9月末には審議未了・廃案となることが確定した。その後は単純小選挙区制を提唱する案とドイツ型の小選挙区併用型比例代表制を提唱する案が審議されたものの廃案となり、再び小選挙区比例代表並立制が国会で審議されるようになるのは、自民党が政権転落して細川護熙連立内閣が成立した後のことであった。

このように、答申における新制度導入の目的や意義に関する議論は、海部内閣案の廃案でいったん白紙に戻されている。すなわち、新制度の目的や意義については、細川内閣案の提出以降の国会審議において、改めて議論された上で改革が実行に移されたということになる。

そこで、本書では、細川内閣案の提出以降の国会審議において提示された「民意の反映と民意の集約を相補う」とする並立制導入の目的[26]に照らし合わせて、並立制を実際に運用した結果について論じる。

そして、2000年には比例代表の定数が1割削減されるという制度変更が行われたが、こうした制度変更が当初の「民意の反映と民意の集約を相補う」とした目的と照らし合わせた場合にどのように評価されるべきかを論じる。これらの議論は、第1章において行われる。

結論を簡単に述べると、現行の並立制は小選挙区と比例代表とが相補うことを目指していたはずであるが、実際には小選挙区制に近くなっており、その傾向は2000年の比例定数削減で一層強まったことを確認する。

(2) 小選挙区制の効果

　次に検討するのは、小選挙区制の効果である。上述のように、現行の並立制は、小選挙区制に近い制度となっている。それでは、二大政党制へと近づいていくのみならず、二大政党制から離脱して一強多弱政党制へと近づいていくという現象もみられるのは、なぜか。

　中選挙区制の廃止と小選挙区制の導入で二大政党制を導き、政権選択の機会を有権者に与え、首相の指導力を強化しようといった主張に対しては、制度改革後に実際に期待した効果が表れたという議論が複数の論者によってなされてきている[27]。だが、その反面、そうした効果を疑問視する反論についても、多数の論者によって展開されてきている[28]。

　中選挙区制に責任を帰することについては、政治腐敗や派閥抗争の弊害を中選挙区制のせいにするのは不適切であるという指摘がある[29]。さらに、中選挙区制下の同士討ちについては、新陳代謝が進むとか、一種の予備選挙の機能を果たしていたという肯定的評価もある[30]。

　小選挙区制については、これを導入すれば二大政党制になり、政党間の政策論争が活発になり、有権者の選択によって形成される政権は連立政権ではなく単独政権となって政権が安定するという議論[31]も、そうした主張には十分な裏付けがないとして、反対論を唱える者が存在する[32]。

　このように、中選挙区制を廃して小選挙区制を導入することについては、様々な議論が存在することがわかる。そうした国内の議論の最大の焦点は、新たに導入する小選挙区制という選挙制度に対する是非であったが、そうした議論の際には、海外で生まれた政治学の諸理論に論及する論者も複数存在した。そこで、そうした海外の政治学の諸理論のうち、主要なものについて、ここで参照しておくこととする。

　まず参照されるべきは、「小選挙区制は二大政党制を導く」とするデュベルジェ法則（Duverger's law）である。この法則の起源は、政党研究者として著名なデュベルジェ（Maurice Duverger）であり、その

著作の中で、小選挙区制は二党制に有利に働くと述べている[33]。ただし、小選挙区制ならば必ず二大政党制が出現するわけではなく、デュベルジェ自身、小選挙区制の影響力の限界を論じている。そして、小選挙区制の真の効果は各選挙区で主な候補が2名に収斂することだと論じている[34]。すなわち、各選挙区の2名の有力候補の所属政党の組み合わせが全国を通じて同じであれば二大政党制となるが、その組み合わせが選挙区毎に大きく異なれば、そうはならない。なお、この法則が初めて提唱されたのは1940年代であるが、後年になってデュベルジェは、1950年からは「導く傾向がある」と表現し、選挙制度は政党制を決定づける要因の一つにすぎないことを示すようにしてきたと語っている[35]。

　他方、選挙制度が政党システムを規定するという議論とは異なる形で、各国の政党システムの起源・基礎を説明しようとする考え方も存在する。すなわち、政党システムは選挙制度とは関係なく、その国の社会的状況（social context）を反映して形成されるとする考え方である。代表的なものはリプセット（Seymour Lipset）とロッカン（Stein Rokkan）による凍結仮説である。ロッカンは、パーソンズ（Talcott Parsons）のAGIL理論[36]を援用しながら、ヨーロッパ諸国の政党システムの起源・基礎について説明を試みた。すなわち、ヨーロッパの政党システムは主要な社会的亀裂（cleavage）に沿う形で形成されており、その社会的亀裂の起源として、国民革命と産業革命が挙げられ、国民革命は「中央対周辺」と「政府対教会」という二つの亀裂、産業革命は「都市対農村」と「使用者対労働者」という二つの亀裂を生み出したという。そして、ヨーロッパ諸国における政党間の対立の構図はおおむねこれら四つの社会的亀裂に沿って説明でき、そうした政党間の対立の構図は1920年代から1960年代までのヨーロッパ各国の政治において大きく変化せず、「凍結」していたのだという[37]。

　こうした各国の社会的状況が政党システムを形成する大きな要因とな

り得るという考え方を取り入れつつ、選挙制度が政党システムを規定するという側面にも着目し、選挙制度と政党システムと社会的状況の三者の相互作用を論ずる者として、ボクダノア（Vernon Bogdanor）が挙げられる。ボクダノアは、まず各国の選挙制度と政党システムの関係をみた上で、選挙制度が政党システムを単純に規定するということにはなっておらず、社会的状況の影響が少なからず認められることを指摘する。そして、選挙制度が政党システムの原因となるのではなく、政党システムが原因となって選挙制度という結果が生み出されるというデュベルジェ法則とは反対方向の因果関係について議論している[38]。

その一方で、ボグダノアは、社会学的アプローチから政党システムと選挙制度の関係の全てを説明しようとすることについては、あまりにも決定論的だとして退け、ド・ゴール（Charles de Gaulle）やヒトラー（Adolf Hitler）のようなカリスマ的指導者の存在が政党システムの変動をもたらしたという現象は社会的状況のみでは説明できないとする[39]。

ボグダノアは選挙制度の影響が生じやすい状況とそうでない状況とがあると指摘しているが、選挙制度の影響力が最も大きくなりやすい時期として、政党システムが形成されたり固定化に向かったりしている時期を挙げる。その理由として、選挙制度の選択は社会変動が政党システムに反映されていくスピードに決定的な影響を及ぼすからであるとし、比例代表制では社会変動が直接的に政党システムに反映されやすいのに対し、小選挙区制では反映されにくいと論じている[40]。

同様の指摘は、サルトーリ（Giovanni Sartori）も行っている。デュベルジェ法則を「傾向法則（tendency laws）」だとするサルトーリは、選挙制度の影響はある一定の条件の下で現出するものだとし、小選挙区制か比例代表制かという選挙制度の種類という軸と、政党が社会に根ざして構造化されているか否かという軸の二つの軸を組み合わせて、各国の政党数を説明しようと試みている。サルトーリは、まず、小選挙区制

は有権者を拘束し制約する作用が強い制度とし、逆に比例代表制をそうした作用が弱い制度として区別する。すなわち、小選挙区制は、各選挙区において有権者の選択を事実上2人の有力候補者に限定するので、有権者を拘束し制約する作用が強い選挙制度と分類される。これに対し、比例代表制では、小党分立を回避するために一定の得票率以下の政党が議席獲得をできないようにする阻止条項が存在したり、定数が小さいために大政党しか議席獲得に至らなかったりするといった「純粋でない比例代表制」の場合には、得票率と議席率の比例関係が損なわれるケースもあるものの、得票率と議席率とがある程度の比例関係を保てるようになっていれば、過大な代表も過小な代表も生じない。このため、比例代表制は有権者を拘束し制約する作用が弱い選挙制度だと分類される。

　サルトーリは、次に、政党がどれだけ社会に根ざし、組織として構造化されているのかに焦点を合わせる。端的には、有権者の投票行動が人物本位で規定され、政党の影響が弱い状況は、政党システムが構造化されていない状況となる。他方、抽象的な存在である政党のイメージに対して多くの有権者が自分自身を重ね合わせられるようになっている状況は、構造化された政党システムが存在する状況だとされる[41]。

　表0-1は、そうした試みを簡潔にまとめたものである。すなわち、小選挙区制のように拘束の度合いが強い選挙制度の場合は、各選挙区において有力な候補者を2人に収斂させる効果を持つ。このとき、各選挙区における2名の有力候補者の所属政党の組み合わせが全国的に共通になるとは限らない。つまり、小選挙区制における政党数の多寡は、各党得票率の地域間差違で制約される。政党システムの構造化が十分である場合には、各選挙区レベルの二党制が全国レベルでの二党制へと変容していく。しかし、政党システムの構造化が不十分であれば、そうはならない[42]。

　少し踏み込んで表現すれば、構造化が十分である場合には、デュベルジェ法則が当てはまり、小選挙区制という選挙制度が各選挙区のレベル

表0-1　政党制と選挙制度を組み合わせた場合の影響

政党制	選挙制度〔有権者を拘束する度合い〕	
	強い〔多数代表制、純粋でない比例代表制〕	弱い〔純粋な比例代表制〕
強い（構造的な）政党制	(Ⅰ) 政党数を減らす選挙制度の作用が働く	(Ⅱ) 政党数の増殖を相殺し妨害する政党制の作用が働く
弱い（非構造的な）政党制	(Ⅲ) 選挙区レベルで有権者を拘束し、政党数を減らす作用が働く	(Ⅳ) 影響なし

出典：檜山雅人訳「選挙制度の作用：「デュベルジェの法則」再検討」、加藤秀治郎・岩渕美克編『政治社会学』一藝社、第5版、2004年、p.293.

での二党制をもたらし、構造化された政党システムがその2党の組み合わせを全国共通とするように作用する。他方、構造化が不十分な場合には、各選挙区レベルの二党制が全国レベルで共通化されていく作用は生じない。ただし、例えば全国総計の得票率が2％程度でも特定の選挙区では50％を得るというように、得票が地域的に偏っている政党の場合は議会に代表を送り込めるが、全国的に万遍なく20％の得票をするような政党の場合はいずれの選挙区でも敗北するので、後者の政党を排除するという意味において、一定の政党数の削減効果が発揮される。

　他方、拘束の度合いが弱い選挙制度である純粋な比例代表制は、民意を鏡のように反映する制度であるから、それ自体では政党数を減らす作用も増やす作用も持たない。つまり、純粋な比例代表制は何の作用もない選挙制度である[43]。このため、政党システムが構造化されていない状態であれば、政党数に対して与える影響は何もない。有権者が多党化を望めば多党化し、逆に政党数の減少を望めば減少する。ただ、政党システムが構造化されていれば、既存の政党が現有勢力を維持しやすくなるだろうから、新党が台頭しにくくはなる。

　このように、海外の研究を見渡すと、小選挙区制は二大政党制を導く

という仮説は、一定の条件下で、あるいは一定の留保を付けた上で機能するものと議論されるようになっていることがわかる。

　本書では、第2章と第3章において、政党システムとわが国に特有な政党を取り巻く状況について論及する。なお、第2章と第3章の分析結果は、わが国の現実政治の流れが、デュベルジェ自身が誤って解釈されたとしている当初の「デュベルジェ法則」とは合致しないものの、こうした海外の研究者たちによって手がけられたデュベルジェ法則の再考・修正の動きとは合致するものである。

　また、前述のサルトーリの議論に戻ると、政党システムの構造化が不十分な状況では、例えば全国的に万遍なく得票する中小政党が小選挙区制下では排除されるという意味での限定的な政党数の削減効果があるだけで、政党数がその時々の選挙で増えるか減るかは予想できない。先に述べたように、政治改革の主要な目的の一つは、「政党本位の政治の実現」であった。これを素直に解釈すれば、わが国では政治改革の時点で政党本位の政治がなされていなかったことになる。すなわち、政党システムは構造化されていなかったことになる。したがって、仮に単純小選挙区制を導入したとしても、全国的に万遍なく得票する中小政党が排除されるだけで、政党数がその時々によって増減する現象は、理論上でも想起できることになる。この意味でも、現代日本の政党システムに生じている多党化現象は、決して理論から乖離した現象ではないことになる。

(3) 政党本位の政治と投票率の推移

　このほか、選挙制度と政党システムとの間の関係に関する海外の研究の中で着目すべきものとして、ダウンズ（Anthony Downs）に代表される合理的選択理論に基づく政党間競合のモデルが挙げられよう。ダウンズは、ホテリング（Harold Hotelling）[44]やスミッシーズ（Arthur Smithies）[45]の空間理論（spatial theory）を援用しながら、政党間競合

の空間理論を提唱した[46]。そして、政治空間上の有権者の政策選好の分布が中央部分に多く集中するという単峰型の場合には、中位投票者定理（median voter theorem）[47]から、二つの相争う政党が互いに中位投票者の政策選好に近似した政策を提示するようになるとした[48]。ここでダウンズは、こうして二つの相争う政党が互いに中央へ移動することで、両端にいる急進的な意見を持つ有権者にとっては、自らの政策選好に近似する政党が存在しなくなる一方[49]、全ての有権者にとってみても、差違のない政党の中から選ぶことを余儀なくされるのだと述べている[50]。

　この点と、小選挙区制を導入して政策本位の選挙を目指すという考え方とは、どのような位置関係にあるのだろうか。もし、小選挙区制を導入することで期待される「政策本位の選挙」を、中選挙区制で行われていたような人物本位の選挙ではなく、政党本位の選挙を行うことであると解釈するならば、確かに中選挙区制から小選挙区制へと移行することで、政策本位の選挙は実現されるのだといえる。しかし、政策本位の選挙を、有権者が選挙の際に、異なる政策パッケージの中から選択をすることを通じて、有権者の手で政府の政策を決めることだと捉えた場合には、どうなるだろうか。ダウンズの議論に沿って考えれば、小選挙区制と二大政党制がまさに実現することで、後者の意味での政策本位の選挙は行われなくなる[51]。さらに、政党間の政策に差違がないなら人物本位で選択しようとする有権者が出現してくる事態にもなりかねない[52]。

　この点に関して、わが国には、肯定的な意味づけをした学者も存在する。その論によれば、小選挙区制の効果とは、政党が明確に異なる二つの選択肢を有権者の前に示すことではなく、むしろ有権者の大多数が望む政策を政党が選択させられることにあるという[53]。

　ただ、ダウンズはこの中位投票者定理に関してさらに議論を展開し、政党システムが中央へ収斂するのを促進する要因ばかりではなく、阻害する要因も存在することを論じている[54]。もちろん、長い歴史を持つ民

15

主・共和両党による二大政党制と小選挙区制とが組み合わさるアメリカのような国では、促進要因が阻害要因を上回り、二大政党制が長期にわたって維持されている。だが、それは阻害要因がそもそも存在しないのではなく、阻害要因が促進要因に比べて相対的に弱いだけである。

　卑近な例を挙げれば、綱引きや振り子の例がわかりやすい。綱がどちらか一方に動くとき、動いていく方にのみ力が加わっているのではなく、反対側に引っ張る力も生じている。反対側に引っ張る力は存在しないのではなく、相対的に弱いだけである。この区別をきちんとしておくべきである。二つの異なる力が一定の規則性・周期性をもって働いている例は、振り子である。振り子が左右に振りきれているとき、位置エネルギーは最大で運動エネルギーは最小である。振り子が中央に向かっていくにつれて、位置エネルギーが逓減する一方で運動エネルギーは逓増し、振り子が中央に来たときには、位置エネルギーは最小で運動エネルギーは最大となる。そして、振り子が中央から遠ざかると、今度は位置エネルギーが逓増し運動エネルギーが逓減していく。振り子は、中央に近づくか中央に遠ざかるかのいずれか一方向にしか動かない。だが、その運動の背後には、常に二つの異なる力のせめぎ合いが存在している。

　さて、ダウンズが指摘する中央への収斂を阻害する要因とは、次のようなものである。すなわち、有力な二大政党が急進的な政策選好を持つ有権者をないがしろにする形で中央に移動していくため、急進的な政策選好を持つ有権者を満足させるべく、新党が結成されることがあるという。こうしたことは常に発生するわけではないが、特定の状況下では実際に起こり得る。ダウンズはその例として、20世紀半ばのアメリカ南部の州権民主党（States' Rights Party）を挙げた。民主党が中央に移動することに批判的な民主党の急進的支持者たちが、自分たちを見捨てて中央へと寄っていくなら、自分たちは民主党の支持を止めて自ら新党を結成すると威嚇することで、民主党が将来的に中央へ移動していくのを思い

とどまらせようとしたのだという。つまり、こうした新党の結成は、目先の選挙での議席獲得という短期的利得の獲得という観点からは非合理的だが、長期的な観点では必ずしも非合理的とはいえないことになる[55]。

こうしたダウンズの議論については、アルドリッチ（John H. Aldrich）が同様の議論をしている。すなわち、選挙運動を遂行するには活動家（activist）と呼ばれる熱心な支持者からの支援が不可欠であるが、活動家の政策選好を無視して中央へと移動することはできないため、相争う二大政党は相互に一定の政策的差違を保つことになるという[56]。

本書では、第3章において、「一強多弱」とも呼ばれる政党システムが出現している現状を、こうしたダウンズの議論の延長線上に捉えて解釈する。ダウンズの議論に沿って考えれば、政権を争うような大政党が中央に収斂してくるほど、どの政党が勝利しても政府の政策に重大な差違は生じないことになり、そのことを有権者が認知したならば、次のような結果が生じると予想される。すなわち、中央から遠い急進的な政策を支持する有権者は目先の選挙よりも将来の選挙のことを考えて行動することで、結果として多党化を促進することになる。他方、中位投票者の位置に近い穏健な有権者は、どの政党が勝ってもまずまずの満足感は得られるので、棄権を選択する誘因が増すことになる。

もちろん、全体的にみれば政策的な差違が実際には小さくても、政党がそれをうまく覆い隠し、大きな差違があるようにみせることに成功した場合や、政策の内容以外のことが選挙の重大な争点となるような場合には、棄権する有権者は少なくなるであろう。表0-2のように、並立制導入後の総選挙の投票率をみると、2005年と2009年の2回の総選挙で

表0-2　並立制導入以降の衆議院総選挙の投票率

選挙年	1996	2000	2003	2005	2009	2012	2014
投票率	59.65%	62.49%	59.86%	67.51%	69.28%	59.32%	52.66%

投票率が高く、それ以降は投票率は連続して低下している。2005年総選挙では自民党は郵政民営化という単一争点化に成功し、2009年総選挙では政策の内容よりも政権交代が最大の争点になったのだと考えれば、2012年以降に多党化と投票率の低下が同時進行するという現象は、まさしく理論に沿って現実の政治が動いていることを示すものだといえる。

(4) 各党得票率の地域間差違と定数不均衡

ところで、小選挙区制が各選挙区において主要な2人の候補者への得票集中現象を導きながらも、それが全国的な二大政党制を導くとは限らないのは、先述のサルトーリによる議論[57]などにもある通り、有力な2人の候補者の所属政党の組み合わせが選挙区毎に同一になるとは限らないからである。すなわち、小選挙区制が二大政党制を導くか否かは、地域毎の各政党の得票の分布に大きく影響されることになる[58]。

もし、全国の選挙区でA党とB党が競い合っていれば、議会レベルの政党システムが3党以上の多党制となることはない。だが、逆に地域毎に各政党の得票の分布が大きく異なっている場合には必ず多党制になるかといえば、そうではない。例えば、ある地域ではA党とB党が争う一方、別の地域ではB党とC党が争うという状況において、B党はどちらの地域でも一定の支持を集めて健闘するもののA党やC党に競り負けるということになれば、議会レベルの政党システムはA党とC党の二大政党制になる。20世紀終盤から21世紀初頭のイギリスがまさにこれに該当しており、具体的には南部では保守党と自由民主党が争った末に保守党が競り勝ち、北部では労働党と自由民主党が争った末に労働党が競り勝つことで、得票の地域間の偏りが小さい自由民主党の獲得議席が非常に少なくなり、保守党と労働党の2党で議席の大部分が占められた。

こうした政党の勢力の地域間差違については、「本拠地」という用語を用いた説明がなされている。二大政党制の見本といわれるイギリスに

おいては、全国津々浦々の選挙区で二大政党が競い合うことで全国的な二大政党制が成立しているわけではない。保守党はどんな逆風の時でも議席を獲得できるような「本拠地」と呼べる選挙区をイングランド南部に3分の1程度有しており、他方の労働党はイングランド北部に同様の選挙区をやはり3分の1程度有しており、残りの3分の1程度の選挙区が政党間の激しい議席獲得競争が展開される地域である。したがって、イギリスにおいて小選挙区制下で二大政党制が成立しているのは、全国的には敗北した選挙でも「本拠地」では議席を守れるため、もはや再起不能となるまでに保守・労働の各党の勢力が後退しないためである[59]。

この議論を別の角度からみた場合、何がいえるだろうか。仮に、地域間差違が全くない状態、すなわち、全ての選挙区で各党が寸分の狂いもなく同じ得票率を獲得したら、どうなるか。ある選挙区で最多得票を得て議席を獲得した政党は、他の全ての選挙区でも議席を獲得するので、「小選挙区制は一党独占状態を導く」ことになる[60]。

もちろん、得票率の地域間差違が存在しさえすれば、小選挙区制が二大政党制を導くとは限らない。逆に、地域間差違が存在するがゆえに多党制となる場合もある。好例はカナダであり、特定の地域で確実に議席を取る政党があるために、全国的な二大政党制とはなっていない[61]。

このように、小選挙区制が二大政党制を導くとするデュベルジェ法則の当否を左右する重大な要因の一つには、各党得票率の地域間差違がある。こうした観点から、各党得票率の地域間差違に着目して分析を行っているのが、第4章から第6章である。

なお、第4章と第5章では、主に都市対農村の軸における各党得票率の推移を分析するが、その分析結果と政治改革の際になされた制度変更との間の関係を探るのが、第6章である。具体的には、定数不均衡と、準比例代表制的制度としての中選挙区制の廃止について議論する。

先に述べた通り、海部内閣による新選挙制度案は1991年に国会に提

出されて間もなく廃案となったが、これは1990年12月に自民党で党議決定された政治改革基本要綱を元にして策定された法案であった。その基本要綱の中では、定数是正は従来の方式では限界に達しているので、選挙制度そのものを新しくすることでこの問題を解決するべきという考え方が示されている。基本要綱では、「目標」の紙幅の約4割が、新選挙制度の導入による抜本的な定数是正という論点に割かれている。

　ただし、こうした選挙制度改革に伴う定数是正については、あくまで選挙制度改革に付随して生じる副産物であり、選挙制度改革の結果として定数是正が達成できるというのは副次的効果にすぎない。それを選挙制度改革の目標として掲げるというのは違和感のある議論である。確かに、政治家にとっては定数不均衡の是正は自らの選挙の競争条件に大きな影響を及ぼす切実な問題ではあるが、選挙制度の選択と定数是正とは本質的に別問題である。したがって、学者や言論人の反応としては、並立制という新選挙制度の導入と定数是正とは切り離すことができるものであり[62]、制度改革の副産物であると論じられている[63]。

　ところで、定数不均衡ができるだけ小さくなるようにするためには、新選挙制度における小選挙区の定数配分は、単純に各都道府県の人口に比例して行うべきである。実際、1990年4月の第8次審議会の答申は、小選挙区の定数配分方法について、こうした方式を提言していた。ところが、1990年12月に自民党が党議決定した政治改革基本要綱では、あらかじめ各都道府県に1議席ずつ配分した上で、残りの議席を人口比例で配分するという1人別枠方式が提言され、これは1991年に国会に提出された海部内閣案にも踏襲された。1993年に国会に提出された細川内閣案では、9月に国会に提出された当初案では単純な人口比例方式であったが、11月の修正以降は1人別枠方式となった。

　この1人別枠方式は、後に最高裁判所によって憲法違反と判断されるように、明らかに定数不均衡を悪化させる効果を持つ議席配分方式であ

る。そうした方式を敢えて採用することにしたのは政治家たちであるが、選挙制度改革の理由としての定数不均衡の解消を最も強く主張しているのもまた政治家たちであったということを考えると、いったいどれだけの政治家たちが本心から定数不均衡の解消を選挙制度改革の主要な理由と考えていたのかという疑問が生じざるを得ない。

　1人別枠方式で優遇されるのは人口の少ない県だが、細川内閣下での国会審議では、こうした優遇を行う根拠として、「地方の声」を重視するためという議論がなされている[64]。ただ、前述のように、政治改革推進論者の中には、既存の利益誘導型政治から脱却して首相が強いリーダーシップを発揮することを期待する声もあり、「地方の声」を重視するという考え方は、こうした考え方と衝突しかねないものである。

　第6章の分析結果を先取りすると、結果としては、1人別枠方式にもかかわらず、衆議院の定数不均衡の状況は中選挙区制の廃止で大幅に改善された。それは、中選挙区制下で定数不均衡の問題が放置されてきたことの裏返しであるが、このことがその後の各党得票率の地域間差違を縮小させる方向に向かわせた一因であったと考えられる。そして、そこには、準比例代表制的性質を持つ中選挙区制が廃止され、小選挙区へと制度が変わったこととの相乗効果があるというのが、第6章の議論である。

註

1　政治改革については、政治腐敗防止に議論を集中すべきだったとする論者がいる。例えば、伊藤惇夫『政党崩壊：永田町の失われた十年』新潮社、2003年、p.2; 富森叡児『凪は揚がらず』朝日新聞社、1998年、p.270. 他方、選挙制度を含め広範に議論を展開したことを評価する論者も多数存在する。例えば、白鳥令「なぜ政治改革が必要か」、白鳥令編『すぐできる政

治改革』所収、リバティ書房、1989年、p.28; 堀江湛「政治システムと選挙制度」、堀江湛編『政治改革と選挙制度』所収、芦書房、1993年、p.25; 曽根泰教「衆議院選挙制度改革の評価」、『選挙研究』、第20号、2005年、p.31; 佐々木毅「歴史の中の政治改革」、佐々木毅・21世紀臨調編著『平成デモクラシー』所収、講談社、2013年、p.13.
2　もちろん、石川真澄・鷲野忠雄・渡辺治・水島朝穂『日本の政治はどうかわる』労働旬報社、1991年、p.32. で指摘されるように、大政党に有利な小選挙区制を中心とした制度を導入した背景には、自民党が自らに有利な選挙制度を導入し、自民党が長期に政権を担当し続ける状況を維持したいというのが本音であったのかもしれない。だが、当時の政治改革論議において重要な役割を果たした第8次選挙制度審議会の答申や国会審議においては、有権者が直接的に政権を選択できる可能性を高めるものとして小選挙区制の導入が議論されている。したがって、国会の公式の意思としては、一党優位政党制に何らかの変化を生じさせようというのが新制度導入の背景にあったといえる。
3　管見では、説得力のある実証研究に裏打ちされた形で「過渡期」説を展開している者は少ないといえる。実証的な学術研究の中で、こうした旧制度の持つ効果が制度改正によって直ちに失われるわけではないという意味において「過渡期」説を説得力ある形で展開している例としては、建林正彦『議員行動の政治経済学』有斐閣、2004年、pp.13-16. が挙げられよう（なお、建林は、中選挙区制の制度遺産が存在することがそのまま選挙制度改革の効果がなかったということを意味するわけではなく、むしろ選挙制度改革の効果は明瞭な形で表れていると指摘しているので、新制度の効果が未だに発現しないという意味での「過渡期」説ではない）。すなわち、現行の並立制は中選挙区制の長い歴史の後に積み重ねられてきたという歴史的経路依存性（path dependency）に着目すべきであり、多くの現職議員が中選挙区制下で初当選を経験して個人後援会を構築してきた点や、地方議会選挙では現在でも中選挙区制が採用されている点などを考慮すれば、中選挙区制は決して過去の遺物とはいえないという。ただし、この建林の研究は並立制が初めて適用された1996年総選挙から10年以内に実施されており、それから10年以上経過した現在においては、並立制導入以後に初当選した現職議員の割合が高まるという形で、議論の有力な前提条件の一つが変化している。この点について具体的な数値を示すと、2014年総選挙の当選者475名のうち、中選挙区制下で衆議院議員に初当選した者は88名と18.5%にすぎない。参考までに2003年総選挙の当選者480名で計算すると、226名で47.1%となる。
4　例えば、御厨貴・牧原出・伊藤信『政権交代を超えて』岩波書店、2013年、p.30; 飯尾潤「政党・選挙・政見公約」、佐々木毅・21世紀臨調編著、前掲書所収、p.39.
5　石川真澄「小選挙区比例代表並立制を批判する」『選挙研究』、第7号、1992年、pp.4-5. は、政治改革論議の中には、学問的討議に耐え得ない俗流の解説、評論、主張が少なからず存在し、しかもこれらの議論が世論形成に一定の影響を及ぼしたと指摘している。
6　品田裕「「中」選挙区制の評価（1）」『神戸法学雑誌』、第44巻、第4号、1995年、p.917.
7　建林正彦、前掲書、p.ii.
8　上神貴佳「政権交代期における指導者像：自民党総裁と民主党代表のプロファイルとその変容」、飯尾潤編『政権交代と政党政治』所収、中央公論新社、2013年、pp.46-54. においては、中選挙区制下では自民党の衆議院議員候補者たちが同一選挙区内で同士討ちを行うことが個人本位の選挙を招来した点のほか、これが地方政治や政党組織に及ぼした影響について指摘

されている。すなわち、中選挙区制下では衆議院議員候補者による地方議員の系列化が進行し、系列間で競争が展開されることで各系列の内部では組織動員の活性化が図られ、これが政党全体としての自民党の組織動員の強化に貢献していたが、中選挙区制の廃止に伴う同士討ちの解消によって、地方議員の系列化と組織動員は弱まることになったという。他方、自民党以外の政党に対する効果としては、中選挙区制が野党を分断する効果があったことに論及している。

9 小池司朗・山内昌和「2010年の国勢調査における「不詳」の発生状況」『人口問題研究』、第70巻、第3号、2014年、p.327. がまとめるところによれば、国勢調査の未回収率は1990年まではほぼ0%であった。そして、1995年に0.5%を記録して以降は急速に増加し、2000年に1.7%、2005年に4.4%、2010年には8.8%となった。なお、2015年国勢調査では未回収率はさらに増大している可能性があるが、本書の執筆時点では2015年国勢調査の結果は未公表なので、分析には使用していない。

10 例えば、2015年1月から11月までの間に朝日新聞が実施した全国規模のRDD方式による13回の世論調査の回答率は、最も低いもので47%、最も高いもので58%であった。なお、13回のうち10回は、5割に達していなかった。

11 衆参両院の全国規模の国政選挙の投票日直前に行われる世論調査の調査方法を調べると、毎日新聞は2000年衆院選から、朝日新聞は2001年参院選からRDD方式を採用している。読売新聞はそれより少し遅れて2004年参院選からRDD方式を採用している。なお、RDD方式については、その調査手法に内在する問題点を指摘する論者が存在する。例えば、佐藤卓己『メディア社会：現代を読み解く視点』岩波書店、2006年、p.113. は、私生活に突然侵入してきた電話に回答する者というのは、有権者の平均像からは乖離しているのではないかと指摘する。

12 Angus Campbell, Philip E. Converse, Warren E. Miller and Donald E. Stokes, *The American Voter*, New York: John Wiley & Sons, 1960.

13 *Ibid.*, pp.120-121.

14 *Ibid.*, pp.146-149.

15 例えば、Philip E. Converse, "Of Time and Partisan Stability", *Comparative Political Studies*, Vol.2, 1969, pp.139-171. は、いずれかの政党に対して帰属意識を持つ親の政治意識が子に伝播するのが約8割であるのに対し、いずれの政党にも帰属意識を持たない親の政治意識が子に伝播するのは約5割であるので、3世代を経ると約7割の有権者が政党帰属意識を持つようになるという。他方、Ivor Crewe, "Party Identification Theory and Political Change in Britain", In Ian Budge, Ivor Crewe and Dennis Farlie (eds.), *Party Identification and Beyond*, London: Wiley, 1976, pp.33-61. は、イギリスで1970年代に二大政党への支持が後退している事実から、親から子へと政党帰属意識が伝播していく効果に対して疑問を呈している。また、政党帰属意識にはその強弱に周期性があるとする者もおり、Paul A. Beck, "A Socialization Theory of Partisan Realignment", In Richard G. Niemi and Herbert F. Weisberg (eds.), *Controversies in American Voting Behaviour*, San Francisco: Freeman, 1976, p.402. は、3世代で循環するという説を提唱している。

16 意識調査を実施する側が政党帰属意識ないし長期的・恒常的な政党支持意識を調査しようとしても、調査に回答する側が、「もし今選挙があったらどの政党に投票するか」という投票意図政党を回答することがあり得るという問題は、日本ほど政党の離合集散が激しくない

国でも問題視されていることである。なお、近年の政党支持の意識に関する国内の包括的な研究例として、谷口将紀『政党支持の理論』岩波書店、2012年. が挙げられるが、その冒頭においても、政党支持は専門家の間でも明確な合意がない概念だと指摘されている。
17　中北浩爾『現代日本の政党デモクラシー』岩波書店、2012年、p.105.
18　読売新聞、1996年10月29日、p.2.
19　例えば、石川真澄「選挙制度審議会（第八次）答申とは何か」、石川真澄・鷲野忠雄・渡辺治・水島朝穂、前掲書所収、pp.41-42. は、審議会の結論は小選挙区比例代表並立制ということだが、審議過程においてはとにかく小選挙区を導入してしまおうという強い意思が表れており、小選挙区を中心とする制度にするということに並々ならぬ熱意が注がれたと評している。なお、藤田博昭『日本の選挙区制：市民のための政治学』東洋経済新報社、1978年、pp.70-71. は、政治改革論議よりも前の著作ではあるが、海外における事例をもとに、そもそも並立制という制度自体が、少数派からも代表が選出される機会が十分に確保されているかのような体裁を取り繕うために導入されるのが一般的だと論じている。
20　例えば、中野実『日本の政治力学：誰が政策を決めるのか』日本放送出版協会、1993年、pp.196-197.
21　藤本一美『海部政権と「政治改革」』龍渓書舎、1992年、p.53; 森英樹『検証・論理なき「政治改革」』大月書店、1993年、pp.141-142.
22　小林與三次を会長とし、堀江湛を委員長とする第一委員会は選挙制度を、河野義克を委員長とする第二委員会は政治資金制度を担当した。
23　1990年4月26日に「選挙制度及び政治資金制度の改革についての答申」と題した第一次答申が出された。この答申では、既存の中選挙区制の弊害が論じられ、選挙制度の抜本改革をもとめたが、新しい選挙制度の条件としては、以下の5点を挙げた。すなわち、第一に、政策本位・政党本位の選挙とすること、第二に、政権交代の可能性を高め、かつ、それが円滑に行われるようにすること、第三に、責任ある政治が行われるために政権が安定するようにすること、第四に、政権が選挙の結果に端的に示される国民の意思によって直接に選択されるようにすること、第五に、多様な民意を選挙において国政に適正に反映されることが必要であるとされた。そして、同年7月31日には第二次答申「参議院議員の選挙制度の改革及び政党に対する公的助成等についての答申」を出し、参議院の選挙制度改革や政党に対する公的助成、政党に関する法整備を答申した。
24　曽根泰教、前掲論文、p.31. は、民意の反映といった目的が語られていたことを指摘しつつも、結論としては政権選択が制度改革の主目的だったと主張している。
25　第8次審議会の答申とは別に、自民党は政治改革基本要綱をまとめ、1990年12月25日に党議決定した。この基本要綱は、大要においては第8次審議会の第一次答申と第二次答申に沿ったものとなっている。小林良彰「選挙制度改革の分析」『選挙研究』、第7号、1992年、p.19. によると、相違点として3点が挙げられるという。すなわち、総定数が471へと減った点、小選挙区と比例代表の比率が6対4から6.4対3.6へと変わった点、各都道府県への議席配分にいわゆる1人別枠方式を採用した点である。第8次審議会は、これら3点において自らが前年に出した答申ではなく自民党の基本要綱に沿う形で300小選挙区の区割り案の策定を行い、1991年6月25日に第三次答申として出した。その後、海部俊樹内閣はこれを政治改革3法案として1991年8月5日召集の臨時国会に提出する。

26　1993年9月21日に行われた所信表明演説の中で、細川首相は、「政策中心、政党中心の選挙制度を確立する」ことと、「国民の政権選択の意思が明確な形で示され、顔の見える小選挙区制の特性と多様な民意を国政に反映させるという比例代表制の特性とが相まって、より健全な議会制民主主義を実現できる」ことが、並立制の導入の理由だとしている。
27　例えば、派閥政治の打破と党首の指導力強化という点について成果が表れているとする研究としては、浅野正彦「選挙制度改革と候補者公認：自由民主党（1960-2000）」『選挙研究』、第18号、2003年、p.186; 竹中治堅『首相支配』中央公論新社、2006年、pp.237-242; 高安健将「自民党の組織構造と首相の権力」『選挙研究』、第30巻、第2号、2014年、p.43. また、二大政党化が着実に進展しているという点については、Steven R. Reed, "Duverger's Law is Working in Japan", *Japanese Journal of Electoral Studies*, No.22, 2007, pp.96-106; 河村和徳「利益団体内の動態と政権交代：農業票の融解」、『年報政治学』、2011- Ⅱ、2011年、p.33.
28　例えば、渡辺治「「政治改革」をどう読むか」、石川真澄・鷲野忠雄・渡辺治・水島朝穂、前掲書所収、pp.31-40. は、並立制と政党助成法の導入が首相の指導力を強化するとしつつも、それが地方の住民に犠牲を強いるという効果を持ち得ることを示唆する。
29　鷲野忠雄「解説＝小選挙区比例代表並立制と自民党」、石川真澄・鷲野忠雄・渡辺治・水島朝穂、前掲書所収、pp.172-174. 近年では、藤村直史「小選挙区比例代表制下での役職配分：民主党の党内対立と政党投票」、『選挙研究』、第28巻、第1号、2012年、p.36. が、中選挙区制廃止後に結党された民主党でも派閥政治がみられると論じている。
30　石川真澄・鷲野忠雄・渡辺治・水島朝穂、前掲書、pp.97-98; 小林幸夫「小選挙区制か比例代表制か」、白鳥令・阪上順夫・河野武司編『90年代初頭の政治潮流と選挙』新評論、1998年、p.123.
31　こうした理由から中選挙区制の廃止と小選挙区制の導入を肯定する議論は多数存在しており、例えば、堀江湛、前掲論文、pp.13-58; 福岡政行『日本の選挙』早稲田大学出版部、2000年、pp.143-150; 岡田浩「選挙と政党」、岡田浩・松田憲忠編著『現代日本の政治：政治過程の理論と実際』所収、ミネルヴァ書房、pp.38-40. などが挙げられる。
32　例えば、石川真澄「小選挙区比例代表並立制を批判する」、前掲論文、pp.7-8; 小林良彰、前掲論文、p.25; 小林良彰『制度改革以降の日本型民主主義：選挙行動における連続と変化』木鐸社、2008年、pp.259-261, 265, 283; 白鳥令、前掲論文、pp.28-32.
33　モーリス・デュベルジェ著・岡野加穂留訳『政党社会学』潮出版社、1970年、p.241.
34　上掲書、p.246.
35　Maurice Duverger, "Duverger's Law: Forty Years Later", In Bernard Grofman and Arend Lijphart (eds.), *Electoral Laws and Their Political Consequences*, New York: Agathon Press, 1986, pp.70-71.（岩崎正洋・木暮健太郎訳「デュベルジェの法則：四〇年後の再考」、加藤秀治郎編訳『選挙制度の思想と理論』所収、芦書房、1998年、pp.245-246.）
36　Talcott Parsons, "Voting and the Equilibrium of the American Political System", In Eugene Burdick and Arthur J. Brodbeck (eds.), *American Voting Behavior*, New York: Free Press, 1959, pp.80-120.（磯部卓三訳「「投票」とアメリカの政治体系の均衡」、新明正道監訳『政治と社会構造（上）』所収、誠信書房、1973年、pp.301-355.）
37　Seymour M. Lipset and Stein Rokkan, "Cleavage Structures, Party Systems, and Voter Alignments: An Introduction", In Seymour M. Lipset and Stein Rokkan (eds.), *Party

Systems and Voter Alignments, New York: Free Press, 1967, pp.1-64.

38　Vernon Bogdanor, "Conclusion: Electoral Systems and Party Systems", In Vernon Bogdanor and David Butler（eds.）, *Democracy and Elections: Electoral Systems and Their Political Consequences*, Cambridge: Cambridge University Press, 1983, pp.247-258.（加藤秀治郎・岩崎正洋訳「バーノン・ボクダノア「選挙制度と政党制」」、加藤秀治郎編訳『選挙制度の思想と理論』所収、芦書房、1998年、pp.209-231.）

39　*Ibid.*, pp.259-260.（上掲論文、pp.231-234.）

40　*Ibid.*, pp.260-261.（上掲論文、pp.234-235.）

41　Giovanni Sartori, "The Influence of Electoral Systems: Faulty Laws or Faulty Method?"、In Bernard Grofman and Arend Lijphart（eds.）, *Electoral Laws and Their Political Consequences*, New York: Agathon Press, 1986, pp.54-56.（檜山雅人訳「選挙制度の作用：「デュベルジェの法則」再検討」、加藤秀治郎・岩渕美克編『政治社会学』所収、一藝社、第5版、2004年、pp.283-285.）

42　*Ibid.*, pp.54-55（上掲論文、pp.284-285.）

43　*Ibid.*, pp.57-58（上掲論文、pp.287-289.）

44　Harold Hotelling, "Stability in Competition", *The Economic Journal*, Vol.39, 1929, pp.41-57.

45　Arthur Smithies, "Optimum Location in Spatial Competition", *The Journal of Political Economy*, Vol.49, 1941, pp.423-439.

46　Anthony Downs, *An Economic Theory of Democracy*, New York: Harper & Row, 1957.（古田精司監訳『民主主義の経済理論』成文堂、1980年.）

47　Duncan Black, "On the Rationale of Group Decision Making" *The Journal of Political Economy*, Vol.56, 1948, pp.23-34. は、委員会における委員の投票行動と可決される議案の内容とに関する研究から、中位投票者定理を生み出した。

48　Anthony Downs, *op.cit.*, pp.115-119.（古田精司監訳、前掲書、pp.119-122.）

49　*Ibid.*, pp.117-120.（上掲書、p121-123.）

50　*Ibid.*, pp.117.（上掲書、p121.）なお、国内でこの点を指摘する最近の研究例としては、吉田徹『二大政党制批判論』光文社、2009年、p.118; 上脇博之『なぜ4割の得票で8割の議席なのか』日本機関紙出版センター、2013年、pp.38-39.

51　小林良彰『政権交代：民主党政権とは何であったのか』中央公論新社、2012年、pp.180-182; 中北浩爾『現代日本の政党デモクラシー』岩波書店、2012年、pp.198-199.

52　政党間の政策的対立が不明瞭になる中で、政党という組織ではなく政治家という個人に対する注目が集まるようになるという指摘は、政治改革関連法が成立した頃にも既にみられ、近年でも議論されている。例えば、寺島実郎「新経済主義の座標」、『中央公論』、1994年7月号、p.114; 上神貴佳「政権交代期における指導者像：自民党総裁と民主党代表のプロファイルとその変容」、飯尾潤編『政権交代と政党政治』所収、中央公論新社、2013年、pp.45-73. なお、海外の選挙でも、政党党首という個人に対する信任を問う色彩が強まっているという議論が存在する。党首評価と選挙結果との関連を論じた海外の研究としては、例えば、Anthony King（ed.）, *Leaders' Personalities and the Outcomes of Democratic Elections*, Oxford: Oxford University Press, 2002.

53　川人貞史「日本の政党間競争と選挙」、川人貞史・吉野孝・平野浩・加藤淳子『現代の政

党と選挙』所収、有斐閣、2001年、pp.143-144. また、堀江湛「政治改革と議会政治の活性化」、堀江湛編著『現代の政治学Ⅰ：日本の選挙と政党政治』所収、北樹出版、1997年、pp.11-12. は、主要政党が国の基本政策について共通の理解を持つという状況を、各党が包括政党化していくものだと評価している。

54　Anthony Downs, *op.cit.*, pp.117-120.（古田精司監訳、前掲書、pp.121-123.）
55　*Ibid.*, pp.127-128.（上掲書、pp.130-131.）
56　John H. Aldrich, "A Downsian Spatial Model with Party Activism", *The American Political Science Review*, Vol.77, No.4, 1983, pp.974-990.
57　Giovanni Sartori, *op.cit.*, pp.54-55.（檜山雅人訳、前掲論文、pp.284-285.）
58　Gary Cox, *Making Votes Count: Strategic Coordination in the World's Electoral Systems*, Cambridge: Cambridge University Press, 1997, p.184. が指摘するように、最も極端な事例を論理的に想定しようとすれば、小選挙区制下においては全国の選挙区の数の2倍が政党数の最大値となる。もちろん、ここでいう政党の数とは、議会レベルで議席を有する政党の数ではなく、選挙レベルでの政党の数である。なお、全国レベルの政党数と選挙区レベルの政党数との間の関係に関して理論的考察を加えた邦語の研究例としては、浅羽祐樹「選挙制度の影響」、山田真裕・飯田健編著『投票行動研究のフロンティア』所収、おうふう、2009年、pp.241-249.
59　山口二郎『日本政治の課題』岩波書店、1997年、pp.112-116.
60　厳密にいえば、全選挙区で無所属が1位になることも論理的には想定できるので、「一党独占状態または無所属による全議席の占有状態を導く」ということになる。
61　山口二郎、前掲書、pp.115-116.
62　小林良彰、前掲論文、p.25.
63　大嶽秀夫「自民党若手改革派と小沢グループ：「政治改革」を目指した二つの政治勢力」、『レヴァイアサン』、第17号、1995年、p.19. また、中選挙区制下における定数不均衡の問題ではなく、新たに導入される小選挙区制下における定数不均衡の問題に焦点に合わせた議論ではあるものの、堀江湛、前掲論文、pp.30-31. は、小選挙区制下で定数不均衡をできるだけ小さくするべく区割り作業を行うことは容易ではないとしながらも、その点のみを強調するあまりに区割り作業が不要な比例代表制を支持するのは本末転倒であり、そうした技術論に基づいて選挙制度を選択することは避けるべきと論じている。この議論の延長線上に考えるならば、定数不均衡の是正は制度改革の主要な目的・目標とすべきではなく、あくまで副産物と考えるべきということになろう。
64　1993年11月26日の参議院本会議で、小選挙区を274議席とし1人別枠方式を採用するとした修正案について、細川首相は、地方の声を取り入れるべしとの意見を踏まえたものと説明している。

第1章　並立制の性質

1．並立制導入の経緯

　現行の衆議院の選挙制度である小選挙区比例代表並立制は、それまでの中選挙区制を廃止して、1994年3月に導入された。この制度改革は、単に「中選挙区制から小選挙区制へ」と評されることもあるが[1]、公式記録としての国会の会議録をみると、序章でみたように、その導入の目的は、「民意の反映」と「民意の集約」のバランスを目指すことであったといえる。

　衆議院の選挙制度が中選挙区制から小選挙区比例代表並立制へと変更される過程において、1993年9月17日に閣議決定され衆議院に提出された細川護熙内閣当初案では、小選挙区250・比例代表250となっていた。こうした小選挙区と比例代表でそれぞれ250ずつの議席を選出するという並立制を導入する理由について、細川首相は、「小選挙区と比例代表の定数を半々にすることで、民意の集約と民意の反映という互いの特徴を相補う」と説明してきた[2]。また、細川首相は、1993年9月21日の所信表明演説においても、このような制度を導入することで、「国民の政権選択の意思が明確な形で示され、顔の見える小選挙区制の特性と多様な民意を国政に反映させるという比例代表制の特性とがあいまって、より健全な議会制民主主義を実現できるものと期待する」と述べている[3]。

つまり、細川首相は、単純小選挙区制ではなく比例代表との並立制導入の必要性と意義を強調し、比例代表選出分の割合が一定限度以上必要であるという考えを繰り返し述べてきたわけである。このように、並立制導入の際の議論は、そもそも単純小選挙区制では民意が十分に反映できないという考え方に立脚していたといえる[4]。

しかし、細川内閣当初案は小選挙区選出議席を274に増やす形で修正され、さらにその修正案も参議院で社会党の一部議員の造反にあったために否決された。事態打開のために開かれた細川首相と当時の野党第一党の自民党の河野洋平総裁との間のトップ会談では、小選挙区の選出分を300議席、比例代表の選出分を200議席とすることで合意に至った。そして、比例代表は200議席全国一括集計ではなく全国をブロックに分けて集計することとなった。この結果、比例代表の定数は、当初案の全国一括250議席から、11のブロックの各々で7～33議席を選出することとなった。最終的に可決された選挙制度改革案では、11ブロックで200議席を選ぶわけであるから、1選挙区あたりの定数は平均で18となったわけである。

2．非比例性にみる小選挙区比例代表並立制の特徴

(1) 選挙制度の諸類型と並立制の位置付け

世界に存在する選挙制度には様々なものがあり、細部までみていけば無数の選挙制度が存在するといっても過言ではない。こうした多様な選挙制度を類型化する方法も複数のものが存在するが、その中で国際的に一般的と考えられる分類方法に従えば、選挙制度は、比例代表制（proportional representation systems）、準比例代表制（semi-proportional systems）、多数代表制（majority-plurality systems）の三つに分けられる[5]。

比例代表制の代表格は文字通り比例代表制であり、多数代表制の代表格は小選挙区制である。そして、両者の中間的な性格を持つとされる準比例代表制の例としては、単記非移譲投票制（SNTV system: single non-transferable vote system）や並立制が挙げられるという[6]。このうち、単記非移譲投票制とは、一つの選挙区から複数の議席が選出される場合に、有権者が任意の1名の候補者を選んで投票し、単純に最も多くの得票を得た候補者から順に当選者が確定していく制度である。つまり、単記非移譲投票制とは、中選挙区制に他ならない。したがって、日本の中選挙区制は、準比例代表制と位置付けられるわけである。

　ところで、比例代表制、準比例代表制、多数代表制という分類法は、基本的には、選挙制度を得票率と議席率との間の差異、すなわち得票率と議席率との間の比例関係に基づくものであるといえる。具体的には、いかに得票率と議席率とが比例していないかという非比例性（disproportionality）を算出し、この数値が低ければ比例関係が強いとするのである。非比例性を指標化する試みは海外の政治学者を中心に行われており、そうした指標を用いて現実に存在する各国の選挙制度の非比例性を計測して比較分析するといったこともなされている。

　まず、具体的な研究例を紹介する前に、非比例性の計算法について触れておくこととする。ギャラハー（Michael Gallagher）は、議席率から得票率を引いた差である議席ボーナス（seat bonus）に着目し、議席ボーナスの2乗を政党別に計算した上で、それらの数値の合計値を2で割り、その平方根をとるという形で非比例性の指標とした。これは、統計学などでよく用いられる最小二乗法の考え方を応用したものであり、ギャラハー自身、この指標を最小二乗指標（Least Squares Index: 以下、LSIと略す場合あり）と呼んでいる。なお、数式は、以下の通りである。V_iとは政党iの得票率であり、S_iとは政党iの議席率である[7]。

$$\text{Least Squares Index} = \sqrt{\frac{1}{2}\sum(V_i - S_i)^2}$$

表1-1 非比例性の国際比較（1945年～1996年上半期）

国名	非比例性	選挙制度
オランダ	1.30	比例代表
デンマーク	1.83	比例代表
スウェーデン	2.09	比例代表
イスラエル	2.27	比例代表
マルタ	2.36	単記移譲式
オーストリア	2.47	比例代表
ドイツ	2.52	比例代表
スイス	2.53	比例代表
フィンランド	2.93	比例代表
ベルギー	3.24	比例代表
イタリア	3.25	比例代表
ルクセンブルク	3.26	比例代表
アイルランド	3.45	単記移譲式
ポルトガル	4.04	比例代表
アイスランド	4.25	比例代表
ノルウェー	4.93	比例代表
日本	5.03	単記非移譲式
ギリシャ	8.08	比例代表
スペイン	8.15	比例代表
オーストラリア	9.26	絶対多数
パプアニューギニア	10.06	相対多数
英国	10.33	相対多数
コロンビア	10.62	比例代表*
ニュージーランド	11.11	相対多数
インド	11.38	相対多数
カナダ	11.72	相対多数
ボツワナ	11.74	相対多数
コスタリカ	13.65	比例代表*
トリニダード	13.66	相対多数
ベネズエラ	14.41	比例代表*
アメリカ	14.91	相対多数*
バハマ	15.47	相対多数
バルバドス	15.75	相対多数
モーリシャス	16.43	相対多数
ジャマイカ	17.75	相対多数
フランス	21.08	絶対多数*

*印は、大統領制の国。
Source: Arend Lijphart, *Patterns of Democracy: Government Forms and Performance in Thirty-Six Countries,*
New Heaven: Yale University Press, 1999, p.162.

　この最小二乗指標を用いて各国の選挙制度を比較分析している研究例としては、レイプハルト（Arend Lijphart）の研究例が挙げられる。レイプハルトは、ギャラハーの非比例性指標を用いて、36ヵ国において1945年から1996年上半期までの間に行われた選挙の結果を分析した。その結果、比例代表制の非比例性は1～5ポイント、多数代表制の非比例性は10～20ポイントの範囲におおよそ収まることが明らかにされている。レイプハルトは、非比例性10ポイントのラインが比例代表制と多数代表制とを分ける明確な分界線（dividing line）であるとし、この期間の日本の中選挙区制の非比例性の平均値5.03ポイントは明らかに比例代表制の側に属すると論じている[8]。レイプハ

ルトによる計算の結果は、表1-1の通りである[9]。

　なお、コロンビア、コスタリカ、ベネズエラの3カ国が比例代表制であるにもかかわらず非比例性が10ポイントを超えている。これは、大統領制の国においては、レイプハルトが数値を計算する際、議会選挙の非比例性と大統領選挙の非比例性の相乗平均を用いているためである。なお、これらの国の議会選挙のみの非比例性は、それぞれ、2.96ポイント、4.13ポイント、4.28ポイントで、1〜5ポイントの範囲に収まっている。スペインについては、他の比例代表の国より非比例性が比較的高いが、レイプハルトによれば、それは選挙区定数が小さいことに起因しているという。ギリシャについては、選挙制度が頻繁に変わることと、大政党に有利になるような形の比例代表制が導入されてきたことが、非比例性が高い理由として挙げられている。

　このように、個別の例をみれば各国に固有の事情が存在するわけではあるが、基本的には、比例代表制の非比例性は1〜5ポイント、多数代表制の非比例性は10〜20ポイントの範囲におおよそ収まることが示されている。

(2)　現行制度における非比例性の推移

　1947年から1993年までに行われた18回の衆議院選挙では中選挙区制が採用され、1996年以降の衆議院選挙では小選挙区比例代表並立制が採用されているので、前項の分類に従えば、現憲法下で行われた全ての衆議院選挙は、制度的には準比例代表制と位置付けられる。つまり、1994年に衆議院の選挙制度が変更されたが、この変更の前も後も、制度の名称という観点からみれば準比例代表制に分類されるという点で、中選挙区制と現行の小選挙区比例代表並立制は共通しているというわけである。

　ただし、これは様々な選挙制度を大雑把に三つに分類するという方法

を用いて、もっぱら制度の名称という面に着目した場合にいえることである。そこで、ここでは、かつての中選挙区制と小選挙区比例代表並立制との間に制度的にどの程度の違いがみられるのかを、レイプハルトが用いた分析手法を用いて検討することとする。

　前節では制度改革の流れを概観したが、ここで幾つかの疑問が浮かび上がる。すなわち、細川首相が制度導入の根拠として述べた民意の集約と民意の反映とを相補うという機能は、非比例性という指標を用いて分析した場合、現実の制度で果たされていると評価できるのであろうか。また、当初案と実際に導入された制度との間では非比例性はどの程度異なっているのであろうか。そして、仮に現実の制度では民意の集約と民意の反映とを相補うという機能が果たされておらず、かつ当初案と実際に導入された制度との間に非比例性の面で差異が認められるのだとしたら、当初案であればそうした機能は果たすことができたのであろうか。本項では、以下、これらの疑問に回答すべく分析を進めることで、現行の小選挙区比例代表並立制の持つ特徴を浮き彫りにしていくこととする。

　ところで、かつての中選挙区制や英国のような単純な小選挙区制のような国であれば、前項で述べたような方法で容易に非比例性が算出できるが、現行の衆議院の選挙制度のように、小選挙区と比例代表という二つの制度が同時に採用されているような場合には、非比例性を計算する際にもう一段階の作業を行う必要がある。ここでは、便宜的に、小選挙区比例代表並立制の制度全体としての非比例性については、小選挙区選出分の議席数と比例代表選出分の議席数の両者の比重を考慮しながら、以下のようにして算出することとする。

並立制の非比例制＝

$$\frac{（小選挙区の非比例制 \times 小選挙区の議席数） ＋ （比例区の非比例制 \times 比例区の議席数）}{議会の総定数}$$

こうすることで、前述のような疑問に対する回答を用意するような分析を行うことができる。まず、現実の制度における非比例性について計算してみると、1996年が10.74ポイント、2000年が11.17ポイント、2003年が8.30ポイントとなった。そして、これらの数値を単純に平均すると、10.07ポイントとなった。さらに、2005年以降の4回の総選挙については、非比例性の数値はいずれも15ポイントを超えるまでになっている。

これらの数値は、明らかに中選挙区制下における非比例性の数値よりも高いものである。表1-1をみると、1996年10月に初めて小選挙区比例代表並立制という制度の下で選挙が行われる前の日本の非比例性は5.03ポイントであるから、中選挙区制から小選挙区比例代表並立制へと移行したことで、非比例性は目にみえて増大したことになる。

それでは、この数値を諸外国のそれと比較した場合には、どのようなことがいえるだろうか。計算結果は、表1-2から表1-8の通りである。前項で紹介したレイプハルトの基準に従えば、1996年と2000年の2回の衆議院選挙における非比例性は、多数代表制の側に属することになる。

表1-2　1996年衆議院選挙にみる非比例性

	小選挙区		比例代表	
	得票率(%)	議席ボーナス	得票率(%)	議席ボーナス
自　民	38.63	17.70	32.88	2.12
新　進	28.08	3.92	27.92	2.08
民　主	10.62	-4.95	16.10	1.40
共　産	12.51	-11.84	13.08	-1.08
社　民	2.24	-0.91	6.38	-0.88
さきがけ	1.29	-0.62	1.05	-1.05
新社会	0.67	-0.67	1.73	-1.73
自由連合	1.09	-1.09	0.82	-0.82
非比例性	17.26		2.95	
	11.54			

表1-3　2000年衆議院選挙にみる非比例性

	小選挙区		比例代表	
	得票率(%)	議席ボーナス	得票率(%)	議席ボーナス
自　民	41.02	17.98	28.31	2.80
民　主	27.65	-0.98	25.18	0.93
公　明	2.03	0.31	12.97	0.36
自　由	3.38	-2.04	11.01	-1.01
共　産	12.09	-12.09	11.23	-0.12
社　民	3.77	-2.44	9.36	-1.03
保　守	2.02	0.31	0.41	-0.41
自由連合	1.76	-1.43	1.10	-1.10
無所属の会	0.99	0.68	0.25	-0.25
非比例性	16.72		2.41	
	11.36			

表1-4　2003年衆議院選挙にみる非比例性

	小選挙区		比例代表	
	得票率(%)	議席ボーナス	得票率(%)	議席ボーナス
自　民	43.85	12.15	34.96	3.38
民　主	36.76	-1.76	37.39	2.61
公　明	1.49	1.51	14.78	-0.89
共　産	8.13	-8.13	7.76	-2.76
社　民	2.87	-2.54	5.12	-2.34
保　守	1.33	0.00		
無所属の会	0.84	-0.50		
非比例性	10.92		4.01	
	8.33			

表1-5　2005年衆議院選挙にみる非比例性

	小選挙区		比例代表	
	得票率(%)	議席ボーナス	得票率(%)	議席ボーナス
自　民	47.77	25.23	38.18	4.60
民　主	36.44	-19.11	31.02	2.87
公　明	1.44	1.23	13.25	-0.48
共　産	7.25	-7.25	7.25	-2.25
社　民	1.46	-1.13	5.49	-2.15
国民新党	0.64	0.03	1.74	-0.63
新党日本	0.20	-0.20	2.42	-1.87
大　地	0.02	-0.02	0.64	-0.08
非比例性	24.60		4.65	
	17.12			

表1-6　2009年衆議院選挙にみる非比例性

	小選挙区		比例代表	
	得票率(%)	議席ボーナス	得票率(%)	議席ボーナス
民　主	47.43	26.24	42.41	5.92
自　民	38.68	-17.35	26.73	3.83
公　明	1.11	-1.11	11.45	0.22
共　産	4.22	-4.22	7.03	-2.03
社　民	1.95	-0.95	4.27	-2.05
みんな	0.87	-0.21	4.27	-2.60
国民新党	1.04	-0.04	1.73	-1.73
新党日本	0.31	0.02	0.75	-0.75
大　地			0.62	-0.06
幸福実現	1.52	-1.52	0.65	-0.65
非比例性	22.84		5.84	
	16.47			

表1-7 2012年衆議院選挙にみる非比例性

	小選挙区 得票率(%)	小選挙区 議席ボーナス	比例代表 得票率(%)	比例代表 議席ボーナス
自 民	43.01	35.99	27.62	4.04
民 主	22.81	-13.81	16.00	0.67
維 新	11.64	-6.98	20.38	1.85
公 明	1.49	1.51	11.83	0.40
みんな	4.71	-3.37	8.72	-0.94
未 来	5.02	-4.35	5.69	-1.80
共 産	7.88	-7.88	6.13	-1.69
社 民	0.76	-0.42	2.36	-1.81
国民新党	0.20	0.14	0.12	-0.12
大 地	0.53	-0.53	0.58	-0.02
非比例性	28.98		3.81	
	19.54			

表1-8 2014年衆議院選挙にみる非比例性

	小選挙区 得票率(%)	小選挙区 議席ボーナス	比例代表 得票率(%)	比例代表 議席ボーナス
自 民	48.12	27.13	33.18	4.60
民 主	22.50	-9.62	18.37	1.08
維 新	8.16	-4.43	15.75	0.92
公 明	1.45	1.61	13.74	0.70
共 産	13.29	-12.96	11.39	-0.28
次世代	1.79	-1.11	2.66	-2.66
生 活	0.97	-0.29	1.73	-1.73
社 民	0.79	-0.45	2.47	-1.91
非比例性	23.32		4.18	
	16.07			

そして、2003年衆議院選挙においては非比例性の数値は低下するものの、それでも比例代表制というよりは多数代表制に近い数値となっている。そして、2005年以降の4回の総選挙については、いずれも15ポイントを上回っている。この15ポイントという数値は多数代表制の国々に限ってみても、かなり高い数値である。1996年から2014年までの7回の選挙の単純平均については、多数代表制の非比例性の下限の目安とされる10ポイントを超えた数値となっている。したがって、レイプハルトの基準に沿って判断すると、衆議院の選挙制度は、1994年の選挙制度改革を境にして、比例代表制的な制度から多数代表制的な制度へと移行したということになる。

　これは、制度の名称から連想されるものと制度の実態との間の不一致であるといえる。小選挙区制も中選挙区制も、特定の地域に限定された選挙区の中で、一票でも多く票を得た者から順位が決められ、それぞれの選挙区で定数として定められた人数まで、この順位に従って当選者が決まるという点は共通である。このため、中選挙区制は、多数代表制、準比例代表制、比例代表制の3分類では準比例代表制と分類されることもあったが、多数代表制か比例代表制かの2分類では前者に分類されることが多かった。しかし、レイプハルトによる非比例性指標を用いた分類では、むしろ多数代表制と分類された中選挙区制が比例代表制に属し、小選挙区比例代表並立制と「比例代表」という名を冠しているにもかかわらず、現行の並立制の方が多数代表制に属することになる。指標をみれば、かつての中選挙区制と現行の並立制を比較したとき、現行制度が単純な小選挙区制に近いものであることが明らかである。単純小選挙区制の英国で10.33ポイントであることを考えれば、現状の日本の衆議院の選挙制度の実態は、小選挙区比例代表「並立」制といっても、非比例性指標の上では、ほとんど単純小選挙区制に近い制度であるといえる。

　それでは、次に、当初案と実際に導入された制度との間では非比例性

はどの程度異なっており、もし細川内閣当初案を導入していれば民意の集約と民意の反映とを相補うという機能は果たすことができたのか否かを検討してみることとする。もちろん、小選挙区250比例代表250、比例代表は全国一括方式という細川内閣当初案は、現実に導入された選挙制度ではないので、その非比例性がどの程度のものになるのかを計算することはできない。したがって、ここではシミュレーションの手法を用いる必要がある。

そこで、こうしたことを検討するために、1994年に政治改革関連4法案が可決・成立してから10年以内に行われた1996年総選挙、2000年総

表1-9　1996年～2003年衆議院選挙の結果をデータとした
　　　　細川内閣当初案と現実の選挙結果の比較

	現実の選挙結果		細川内閣当初案	
	小選挙区	比例代表	小選挙区	比例代表
1996年衆院選	17.26	2.95	17.26	0.34
	11.54		8.80	
2000年衆院選	16.72	2.41	16.38	0.47
	11.36		8.43	
2003年衆院選	10.92	4.01	10.92	0.34
	8.33		5.63	

表1-10　1958年～1993年までの衆議院選挙における各政党の
　　　　議席ボーナスと非比例性

	1958	1960	1963	1967	1969	1972	1976	1979	1980	1983	1986	1990	1993
自民	3.66	5.83	5.93	8.29	11.63	8.34	6.95	3.94	7.70	3.02	9.15	7.52	7.01
社会	2.61	3.49	1.81	0.92	-2.92	2.14	3.38	1.23	1.63	2.36	-0.62	2.13	-1.72
民社		-5.13	-2.45	-1.33	-1.36	-3.11	-0.60	0.07	-0.34	0.30	-1.37	-2.10	-0.59
公明				-0.23	-1.24	-2.56	-0.15	1.37	-2.57	1.19	1.50	0.81	1.85
共産	-2.33	-2.29	-2.82	-3.73	-3.93	-2.75	-7.05	-2.78	-4.16	-4.11	-3.71	-4.83	-4.76
新自由ク							-0.86	-2.24	-0.64	-0.81	-0.67		
社民連								-0.29	-0.1	-0.09	-0.05	-0.08	0.05
新生													0.61
さきがけ													-0.10
日本新党													-1.12
LSI	2.17	5.74	4.41	5.46	8.77	6.67	7.43	3.84	6.33	3.90	6.08	6.09	6.51

選挙、2003年総選挙の3回の総選挙のデータを用いてシミュレーションを行うこととする。そのシミュレーションの結果は、表1-9の通りである。これらの表では、細川内閣当初案に示された制度の下で議席を決定した場合の非比例性と、現実の選挙制度の下で議席を決定した場合の非比例性とが示されている[10]。また、参考として、55年体制が成立して初めて行われた総選挙である1958年衆議院選挙から中選挙区制下での最後の総選挙となった1993年衆議院選挙までの13回の衆議院選挙における非比例性についても、表1-10に掲載した。ちなみに、これら13回分の非比例性を平均すると5.65ポイントとなり、レイプハルトによる計算結果と多少異なるが、レイプハルトの数値には55年体制成立前の総選挙における非比例性も含まれているため、両者の数値は一致しない[11]。

　1996年衆議院選挙のデータでのシミュレーション結果をみると、細川内閣当初案を導入した場合の非比例性は8.80ポイントとなっている。これに対し、1996年衆議院選挙における実際の非比例性は11.54ポイントなので、その差は2.74ポイントとなっている。同様に、2000年衆議院選挙の場合は、細川内閣当初案の場合が8.43ポイントに対し、実際の選挙結果では11.36ポイントとなっており、その差は2.93ポイントとなっている。2003年衆議院選挙の場合は、当初案の場合が5.63ポイントに対して実際の選挙結果では8.33ポイントとなっており、その差は2.70ポイントとなっている。このように、いずれの場合においても、細川内閣当初案と現実の選挙結果とを比べると、2.7ポイント以上の差が生じていることが分かる。

　前述の通り、レイプハルトの基準では、比例代表制の場合の非比例性の上限値はおおむね5ポイントで、多数代表制の非比例性の下限値はおおむね10ポイントとされている。したがって、この基準によれば、比例代表制と多数代表制とでは非比例性において5ポイントの差があるということになる。2.7ポイントの差というのは、この5ポイントの差の

約半分に相当する。つまり、非比例性の面から考えると、現実には、衆議院の選挙制度は比例代表制的な制度から多数代表制的な制度へと移行したわけであるが、もし細川内閣当初案を導入していれば、こうした比例代表制的な制度から多数代表制的な制度への移行にはかなりの程度まで歯止めをかけることができたわけである。

このように、現実に導入された選挙制度と細川内閣当初案との間には非比例性の面において差違があることが認められた。前述の通り、細川内閣当初案を導入した場合のシミュレーションでは、1996年の非比例性は8.80ポイント、2000年では8.43ポイント、2003年では5.63ポイントとなる。この数値をみると、細川内閣当初案を導入した場合は、準比例代表制に属し、現実の制度と比較すると比例代表制に近い制度であるということができる。つまり、民意の集約と民意の反映とを相補うということを多数代表制と比例代表制の中間的制度の導入を目指すという意味で解釈すれば、細川内閣当初案は、現実に導入された制度に比べると、その目的を一定程度まで達成することができる制度であったといえる。

3．衆議院比例区定数の削減の影響

前節では、レイプハルトによる選挙制度の類型化の基準を用いながら、衆議院選挙において適用された現実の選挙制度と、細川内閣当初案、そしてかつての中選挙区制との間の3者比較を行った。しかし、前節でも触れた通り、一口に衆議院選挙において適用された現実の選挙制度といっても、1996年総選挙において現実に適用された制度と、2000年総選挙以降において現実に適用された制度との間には差違がある。2000年2月に衆議院比例区の定数が1割削減され、200議席から180議席へと減り、それに伴って衆議院の総議席は500から480へと削減されたからである。

本節では、この衆議院比例区定数の削減の影響について、前節と同様にシミュレーションの手法を用いながら検討する。既に1996年に小選挙区比例代表並立制下において衆議院選挙が実施されていたので、1999年から2000年までの比例定数削減論議が活発に行われていた当時の段階において、1996年衆議院選挙のデータを用いて比例定数削減の影響をシミュレートすることは可能であった。また、1996年以降、新進党解党や民主党の再結成などの政党の離合集散があったものの、1998年7月に実施された参議院選挙の時点からは大きな政党の離合集散は起きていないので、特に比例区については、1998年参議院選挙のデータをもとにシミュレーションを行うことも可能であった。そこで、本節では、まず当時の段階で利用可能なデータのみを用いた場合に、衆議院比例定数削減の結果としてどのような影響が生じるのかが予見できたのかについて論じる。なお、この衆議院比例定数削減に伴って、参議院においても選挙区と比例区の定数をそれぞれ削減することが決まったが、本節では便宜上、議論を衆議院における定数削減に集中させることとする。

　折からの不景気で民間企業がリストラクチャリングの一環として人員整理を行い、行政改革の一環として省庁の整理統合や公務員の数の削減などが議論される中、国会議員の数も削減しようという議論が高まり始めた。削減の方法として様々な案が提唱されたが、おおむね三つにまとめられる。第一に、自由党案である。これは、自由党が当初目指した削減案であり、衆議院500議席のうちの1割にあたる50議席の削減を目標とし、区割り変更を伴う小選挙区選出分の議席数は動かさずに、比例代表選出分の議席数を50議席削減するというものである。第二は、公明党案である。議席の多くを比例代表選出分に依存する公明党は、衆議院500議席のうちの1割にあたる50議席の削減を目標としながらも、削減の方法については自由党案とは異なり、小選挙区選出分から30議席、比例代表選出分から20議席の削減を行うというものである。第三は、

最終合意案である。区割り変更を伴う小選挙区の議席を大幅に削減するのは困難という自由党の主張と、比例代表選出分ばかりを50議席も削減するのは好ましくないという公明党の主張とを折衷した案であり、比例代表選出分を1割削減して200から180として、衆議院の総議席数を500から480とする案である。周知の通り、これが現実に2000年衆議院選挙から採用されるようになった最終合意案である。

　もちろん、こうした定数削減の動きに対して、社民党や共産党などを中心に反対を唱える声があがった。社民党や共産党が定数削減の動きに反対したのは、自由党案、公明党案、最終合意案のいずれにおいても比例代表選出分の定数削減が盛り込まれていたからであり、その背景には社民党や共産党の獲得議席の多くが比例代表選出分の議席であったからに他ならない。したがって、両党が定数削減に反対する背景に自党の利害が絡んでいたことは否定し得ない。

　しかし、先に論じたように、小選挙区比例代表並立制は、そもそも、民意の集約と民意の反映とを相補うという機能は果たすことを期待されて導入が議論された制度である。そして、細川内閣当初案に対してなされた変更によって、民意の反映という機能が十分に果たされるのかが危惧されることとなったが、この点に関して十分な議論がなされなかったことについては、前述の通りである。そして、1996年10月に並立制の下で初めての衆議院選挙が実施されたわけであるが、実際に各党が獲得した得票と各党に配分された議席との関係をみると、それは英国のように単純小選挙区制を導入する国における得票と議席との間の関係に近いものであったことが明らかになった。こうした状況下においては、単に民間企業や官庁が人員整理を行っているからという理由のみで比例代表選出分の議席数を削減することに対して、社民党や共産党が反対の声をあげたことには、一定の説得力があるといえる。

　逆に、実際にはそうした議論はなされなかったものの、民意の反映と

民意の集約の双方を目指すという本来の目的を重視するならば、1996年に新選挙制度を実施した上での経験に基づいて、改めて小選挙区から300議席、比例代表から200議席を選出するという制度の是非について検討する余地もあったはずである。また、一度策定した300小選挙区の区割りをそう簡単に変えるのは現実的ではないという事情に配慮したとしても、比例代表を11ブロック制から全国一括方式へと変更するといった提案は可能だっただろうし、大政党に有利とされるドント式（D'Hondt formula）[12]の議席確定方法をより比例性の高いヘアー式（Hare quota）[13]などの方法に変更することは、実現不可能なことではなかったはずである。

したがって、並立制の下での衆議院選挙を一度経験した1999年の時点においては、衆議院の選挙制度に関して、以下のような選択肢があったといえる。まず、小選挙区と比例代表の議席数に関しては、小選挙区300、比例代表200という当時の制度を維持する方法、自由党案を導入する方法、公明党案を導入する方法、最終合意案を導入する方法、そして細川内閣当初案を復活させる方法という五つの選択肢がある。

次に、比例代表の選挙区割りという点においては、11ブロック制を維持するか全国一括方式を採用するかという二つの選択肢がありえた。そして、比例代表の議席確定方法については、ドント式を維持するか、あるいはサンラグ式（Sainte-Laguë formula）[14]やヘアー式、ドループ式（Droop quota）[15]、インペリアリ式（Imperiali quota）[16]に変えるかという五つの選択肢がありえた。つまり、これら三つの側面における選択肢の数を掛け合わせると、合計50の選挙制度案[17]が想定されるわけである[18]。

つまり、1996年衆議院選挙の結果や1998年参議院選挙の結果を用いて、これら50の選挙制度案の非比例性をシミュレーションによって計算し相互比較するということが、1999年の時点で可能であったわけである。それでは、こうしたシミュレーションを行った場合、どのような

結果となるのであろうか。こうしたシミュレーションの結果、自由党案や公明党案、最終合意案は、どのように評価されるのであろうか。このことを検討するために、シミュレーションの結果を表1-11に示す。

シミュレーション結果について検討する前に、シミュレーションの手法について若干の補足説明をしておきたい。まず、使用したデータは、

表1-11　1996年衆議院選挙と1998年参議院選挙のデータを用いた
　　　　　　　　　　50パターンの比較シミュレーション

順位	比例選挙区割	比例定数	議席確定法	比例LSI	比例LSI順位	全体定数	全体LSI	備考
1	一括	250	ヘアー	0.35	1	500	8.81	
1	一括	250	サンラグ	0.35	1	500	8.81	
3	一括	250	ドループ	0.38	3	500	8.82	
4	一括	250	インペリアリ	0.40	4	500	8.83	
5	一括	250	ドント	0.50	16	500	8.88	細川内閣当初案
6	ブロック	250	ヘアー	1.35	26	500	9.31	
7	ブロック	250	ドループ	1.90	27	500	9.58	
8	ブロック	250	サンラグ	2.50	33	500	9.88	
9	ブロック	250	インペリアリ	2.82	39	500	10.04	
10	一括	180	サンラグ	0.40	5	450	10.52	
10	一括	180	ヘアー	0.40	5	450	10.52	
12	一括	200	サンラグ	0.43	9	500	10.53	
12	一括	200	ヘアー	0.43	9	500	10.53	
14	一括	200	ドループ	0.44	11	500	10.53	
15	一括	180	インペリアリ	0.48	12	450	10.55	
15	一括	180	ドループ	0.48	12	450	10.55	
17	一括	200	インペリアリ	0.54	17	500	10.57	
18	ブロック	250	ドント	3.94	45	500	10.60	
19	一括	200	ドント	0.94	22	500	10.73	
20	一括	180	ドント	1.01	23	450	10.76	
21	一括	180	サンラグ	0.40	5	480	10.94	
21	一括	180	ヘアー	0.40	5	480	10.94	
23	一括	180	インペリアリ	0.48	12	480	10.97	
23	一括	180	ドループ	0.48	12	480	10.97	
25	ブロック	180	ヘアー	1.91	28	450	11.12	
26	一括	180	ドント	1.01	23	480	11.17	
27	ブロック	200	ドループ	2.16	30	500	11.22	
28	ブロック	200	ヘアー	2.16	31	500	11.22	
29	ブロック	180	ドループ	2.55	34	450	11.38	
30	ブロック	200	サンラグ	2.71	36	500	11.44	

31	ブロック	180	サンラグ	2.75	37	450	11.46	
32	ブロック	180	ヘアー	1.91	28	480	11.51	
33	ブロック	200	インペリアリ	2.97	41	500	11.55	
34	ブロック	180	インペリアリ	3.31	42	450	11.68	
35	一括	150	インペリアリ	0.54	18	450	11.69	
35	一括	150	ドループ	0.54	18	450	11.69	
35	一括	150	ヘアー	0.54	18	450	11.69	
38	一括	150	サンラグ	0.57	21	450	11.70	
39	ブロック	180	ドループ	2.55	34	480	11.75	
40	ブロック	180	サンラグ	2.75	37	480	11.82	
41	一括	150	ドント	1.06	25	450	11.86	
42	ブロック	200	ドント	4.18	47	500	12.03	現状維持案
43	ブロック	180	インペリアリ	3.31	42	480	12.03	
44	ブロック	150	ヘアー	2.39	32	450	12.31	
45	ブロック	180	ドント	4.97	49	450	12.35	公明党案
46	ブロック	150	ドループ	2.85	40	450	12.46	
47	ブロック	180	ドント	4.97	49	480	12.65	最終合意案
48	ブロック	150	サンラグ	3.91	44	450	12.81	
49	ブロック	150	インペリアリ	4.01	46	450	12.85	
50	ブロック	150	ドント	4.77	48	450	13.10	自由党案

データ： 小選挙区‥‥1996年衆院選　　※制度全体の非比例性が低い順位で並べてある。
　　　　 比例代表‥‥1998年参院選

　小選挙区については現実の1996年衆議院選挙の結果そのものである。つまり、前項で述べたとおり、17.26ポイントを用いる。そして、比例区については、1999年時点とほぼ同様の政党システムの下で行われた全国規模の国政選挙は1998年参議院選挙しかないので、この選挙の比例区での得票データを用いることとする。比例代表選出分の議席が250や150だった場合の11ブロック制のシミュレーションを行うに際しては、各ブロックにどれだけの議席が配分されることになるのかについてのシミュレーションを事前に行っておく必要があるが、これについては、現実に各ブロックの定数を決める際に採用されている方法を適用して算出した。具体的には、1995年の国勢調査人口をブロック別に集計し、それを元に上述のヘアー式と同様の方法でブロック別の定数を決めるので

ある[19]。なお、表1-12には、1996年衆議院選挙における各ブロックの定数が示されている。1996年衆議院選挙の時点では1990年の国勢調査人口を基準にブロック別の定数が決められていたので、表中、定数200と1996年衆議院選挙とでは若干の差違が生じている。

なお、比例代表の議席確定方法を比較する際には、いわゆる「アラバマのパラドックス」が引き合いに出される。これは、ヘアー式のような

表1-12　シミュレーションで使用するブロック別定数

ブロック	150議席	180議席	200議席	250議席	1996衆院選
北海道	7	8	9	11	9
東　北	12	14	16	20	16
北関東	16	20	22	27	21
南関東	18	21	24	30	29
東　京	14	17	19	23	19
北陸信越	9	11	12	16	13
東　海	17	21	23	29	23
近　畿	25	30	33	41	33
中　国	9	11	12	16	13
四　国	5	6	7	8	7
九　州	18	21	23	29	23

最大剰余式を採用している際に起こるものである。もし総定数が増加した場合には、総定数の増加前と比較して、総定数増加後にはそれと同じかそれより多い議席を各党が獲得するのが当然と考えられる。ところが、最大剰余式の場合には、総定数増加後にかえって獲得議席が減るケースが生じることがある。そのため、こうした「パラドックス」が生じないドント式が最も適切な方法であるとも評される[20]。

ただし、最大剰余式は小政党に相対的に多くの議席を与える傾向がある[21]。大政党を利しやすい小選挙区制を導入する傍らで比例代表制も同時に採用してバランスを取ろうというのが並立制導入の趣旨であり、さらに小選挙区選出分の議席数はそのままに比例代表選出分の議席数のみを減少させるという制度変更を加えようとしたのであるから、最大剰余式

の議席確定方式を採用することも検討されて然るべきであったと考える。

　また、衆議院比例区の11ブロックにそれぞれどれだけの議席を配分するかということに関しては、ヘアー式の配分方法が使用されており、各党間の議席配分にドント式が用いられている現状については、一つの選挙制度において二つの配分方式が併用されていることになっている。もし各党間の議席配分にもヘアー式を導入すれば、両者の不一致は解消されることになるのである。そこで、ここでは、「アラバマのパラドックス」は念頭に置きつつも、前述の五つの議席確定方式について予めその規範的優劣を論じることなく、相互比較してみることとする。

　さて、分析結果であるが、比例代表選出分についてみると、比例定数が少ない場合より多い場合の方が非比例性が低く、全国一括制とブロック制では全国一括制の方が非比例性が低く、議席確定方法では、概ねヘアー式、サンラグ式、ドループ式、インペリアリ式、ドント式の順で非比例性が低くなっている。また、1選挙区あたりの定数が大きくなるほど、非比例性が低下する傾向にある。そして、議席確定方法に関しては、ドント式が他の四つの方法と比べて際だって非比例性が高いことが示されている。特にブロック制で比例定数が少ない場合、ドント式とその他の方式との差は顕著であるが、全国一括制の場合でも、他の方法との差ははっきりしている。最も非比例性が低いのはヘアー式であり、これにサンラグ式とドループ式が続き、インペリアリ式ではだいぶ大政党有利となっている。ただし、全国一括制の場合は、議席確定方法の違いによる非比例性の差は1ポイント以内に止まっている。つまり、五つの議席確定方法の違いによる差は、ブロック制を採用した場合に明確となるわけである。

　50パターン中、最終合意案すなわち現行制度の制度全体の非比例性は12.65ポイントで47位となっており、下位にはブロック制150議席しかない。しかも、比例代表の割合も低く定数も少ないブロック制150議

席の場合でも、ヘアー式やドループ式なら制度全体の非比例性がこれよりも低くなるという試算となっている。

現状維持案では、制度全体の非比例性は12.03ポイントとなっており、最終合意案よりも少し非比例性が低くなっている。この現状維持案と最終合意案との中間に位置するのが公明党案で、非比例性は12.35ポイントとなっている。そして、最も非比例性が高いのは自由党案で、13.10ポイントとなっている。なお、現状維持案と自由党案との間の非比例性の差は、約1ポイントとなっている。

これに対し、細川内閣当初案の場合では、制度全体の非比例性は8.88ポイントとなり、上述の4案とは少なくとも3ポイント以上の差がある。この8.88ポイントという数値は、前項における1996年衆議院選挙や2000年衆議院選挙のデータを用いた細川内閣当初案のシミュレーションにおける非比例性の数値にほぼ近似するものとなっている。この細川内閣当初案と上述の4案との間の差の大きさと比べると、上述の4案の間の差は小さいものであるといえる。このことは、1999年の時点において、4案の間のみの比較ではなく、より多くの案の中から制度変更案を選択するという形で議論を進めるべきであったことを物語っているといえよう。

例えば、細川内閣当初案のように小選挙区の定数を250にまで減らすことが困難であったとしても、比例代表選出分の議席を削減せずに200のままに据え置き、全国一括方式を導入すれば、非比例性は10.73ポイントにまで改善したことになる。さらに議席確定方法をドント式からヘアー式またはサンラグ式に変えれば、非比例性は10.53ポイントまで低下したことになる。この数値は、細川内閣当初案と比べればだいぶ高い数値ではあるが、最終合意案と比べると2ポイント以上低く、現状維持案と比べても約1.5ポイントの改善となっている。

また、仮に当時の経済状況や政治状況からみて、衆議院の総定数を最

低でも最終合意案のように20は減らすことが不可避であり、さらに小選挙区の定数を削減することはできないという制約を課せられたとしても、比例代表選出分の180議席を全国一括方式にすることで、非比例性は11.17ポイントとなる。この数値は、最終合意案と比べると約1.5ポイント低い数値である[22]。そして、全国一括方式にした上でドント式をヘアー式かサンラグ式に変えれば、10.94ポイントまで改善したことになる。

　さらに、比例代表を11ブロック制から全国一括方式へと変えることに大きな障害があるとは考えにくいが、仮にこれが難しいとしても、比例代表選出分の180議席をヘアー式を用いて議席配分することにすれば、非比例性は11.51ポイントとなり、最終合意案からは1ポイント以上低くなり、現状維持案と比べても0.52ポイントの低下となっていたことになる。

　このように、1999年の時点で衆議院の選挙制度を改変しようという議論が起こったとき、非比例性を改善する方策として様々なものが考えられたが、それにもかかわらず、現実には非比例性を上昇させる方向に向かわせる最終合意案が導入されることになったのである。前項では、細川・河野トップ会談の前後において比例代表の定数を250から200に変えることや11ブロック制を導入することに関して国民に対する十分な説明があったとはいえないことを指摘したが、この比例定数削減の際においても、定数を削減しさえすればよいという方向に議論が進み、非比例性が増加の一途を辿るということに対して議論や説明が十分に尽くされたとはいえない。つまり、非比例性という側面は、制度変更にあたって再び軽視されることになったのである。

　なお、本節の締めくくりに、参考までに、こうしたシミュレーションの妥当性について検討するために、2000年衆議院選挙におけるデータを用いて同様のシミュレーションを行った結果について示すこととする。前述の通り、本節のシミュレーションでは、小選挙区は1996年衆議院

選挙のデータを用い、比例代表は1998年参議院選挙のデータを用いるという形をとった。これは1999年当時に入手可能であったデータのみを用いるという観点からとられた方法であったが、本来ならば、小選挙区と比例代表とで用いるデータが異なるというのは、あまり好ましいことではないし、衆議院選挙の制度について論じる際に参議院選挙の結果を用いるのも適切なこととはいえない。しかし、2000年衆議院選挙のデータを用いて同様のシミュレーションを行った際にも同様の結果が出てきたとするならば、ここまで行ってきた分析はある程度の妥当性を持つものであると判断して良いことになるだろう。

　2000年衆議院選挙のデータを用いたシミュレーション結果は、表1-13に示されている。

表1-13　2000年衆議院選挙のデータを用いた
　　　　　　　　　　　　　50パターンの比較シミュレーション

順位	比例選挙区割	比例定数	議席確定法	比例LSI	比例LSI順位	全体定数	全体LSI	備考
1	一括	250	ヘアー	0.28	1	500	8.50	
1	一括	250	サンラグ	0.28	1	500	8.50	
1	一括	250	ドループ	0.28	1	500	8.50	
4	一括	250	インペリアリ	0.34	4	500	8.53	
5	一括	250	ドント	0.59	21	500	8.66	細川内閣当初案
6	ブロック	250	ヘアー	0.94	27	500	8.83	
7	ブロック	250	サンラグ	1.03	30	500	8.88	
8	ブロック	250	ドループ	1.60	42	500	9.16	
9	ブロック	250	インペリアリ	1.77	44	500	9.25	
10	ブロック	250	ドント	2.43	46	500	9.58	
11	一括	180	ヘアー	0.35	5	450	10.17	
11	一括	200	ヘアー	0.35	7	500	10.17	
11	一括	200	サンラグ	0.35	7	500	10.17	
14	一括	200	ドループ	0.40	9	500	10.19	
14	一括	200	インペリアリ	0.40	9	500	10.19	
16	一括	180	サンラグ	0.40	11	450	10.19	
16	一括	180	ドループ	0.40	11	450	10.19	
16	一括	180	インペリアリ	0.40	11	450	10.19	
19	一括	200	ドント	0.50	17	500	10.23	
20	一括	180	ドント	0.63	22	450	10.29	

21	ブロック	200	ヘアー	0.89	26	500	10.39	
22	ブロック	200	サンラグ	1.01	29	500	10.44	
23	ブロック	200	ドループ	1.10	31	500	10.47	
24	ブロック	180	サンラグ	1.13	32	450	10.49	
25	一括	180	ヘアー	0.35	5	480	10.58	
26	ブロック	180	ヘアー	1.39	34	450	10.59	
27	一括	180	サンラグ	0.40	11	480	10.60	
27	一括	180	ドループ	0.40	11	480	10.60	
27	一括	180	インペリアリ	0.40	11	480	10.60	
30	ブロック	180	インペリアリ	1.53	38	450	10.65	
31	ブロック	180	ドループ	1.54	40	450	10.65	
32	一括	180	ドント	0.63	22	480	10.69	
33	ブロック	200	インペリアリ	1.86	45	500	10.78	
34	ブロック	180	サンラグ	1.13	32	480	10.88	
35	ブロック	180	ヘアー	1.39	34	480	10.97	
36	ブロック	180	インペリアリ	1.53	38	480	11.03	
37	ブロック	180	ドループ	1.54	40	480	11.03	
38	ブロック	180	ドント	2.49	47	450	11.03	公明党案
39	ブロック	200	ドント	2.71	49	500	11.12	現状維持案
40	一括	150	ヘアー	0.52	18	450	11.32	
40	一括	150	サンラグ	0.52	18	450	11.32	
42	一括	150	ドループ	0.58	20	450	11.34	
43	一括	150	インペリアリ	0.65	24	450	11.36	
43	一括	150	ドント	0.65	24	450	11.36	
45	ブロック	180	ドント	2.49	47	480	11.39	最終合意案
46	ブロック	150	サンラグ	0.98	28	450	11.47	
47	ブロック	150	ヘアー	1.39	36	450	11.61	
47	ブロック	150	ドループ	1.39	36	450	11.61	
49	ブロック	150	インペリアリ	1.72	43	450	11.72	
50	ブロック	150	ドント	2.97	50	450	12.14	自由党案

データ： 小選挙区…2000年衆院選　　※制度全体の非比例性が低い順位で並べてある。
　　　　 比例代表…2000年衆院選

　表1-13では、比例代表選出分の議席を削減せずに200のままに据え置き、全国一括方式を導入すれば、非比例性は10.23ポイントにまで改善できたことが示されている。同時に、このとき議席確定方法をドント式からヘアー式またはサンラグ式に変えれば、非比例性は10.17ポイントまで低下したことが示されている。この数値は、細川内閣当初案の8.65

ポイントと比べればだいぶ高い数値ではあるが、最終合意案と比べると1ポイント以上低く、現状維持案と比べても約1ポイント程度の改善となっている。また、衆議院の総定数を最低でも20は減らす必要があり、かつ小選挙区の定数を削減することはできないという制約を課せられたとしても、比例代表選出分の180議席を全国一括方式にすることで、非比例性は10.69ポイントとなる。この数値は、最終合意案と比べると0.70ポイント低い数値である。そして、全国一括方式にした上でドント式をヘアー式に変えれば、10.58ポイントまで改善したことになる。さらに、仮に全国一括方式の導入が不可能なものと仮定しても、比例代表選出分の180議席をサンラグ式を用いて議席配分することにすれば、非比例性は10.87ポイントとなり、最終合意案からは0.5ポイント以上の改善となっていたことが分かる。

このように、基本的には、2000年衆議院選挙のデータを用いたシミュレーションの場合でも、1996年衆議院選挙と1998年参議院選挙のデータを用いたシミュレーションの場合と同様の結論が導き出されることが明らかとなった。

以上、本章における分析と考察の結果、現行の小選挙区比例代表制は、「民意の集約と民意の反映のバランスをはかる」という元来の目的からすると、その実現は不十分といわざるを得ず、「民意の集約」に偏った小選挙区制的な制度となったことが明らかとなった。もちろん、非比例性が高いということは、すなわち、死票が多いということである。

そして、1994年に並立制が導入された後、1999年にも制度変更が行われたが、その際にも「民意の集約と反映のバランス」を実現するための努力が十分になされたわけではないことも明らかになった。

註

1 例えば、政治改革関連4法案が成立して10年が経過した際に、曽根泰教「衆議院選挙制度改革の評価」、『選挙研究』、第20号、2005年、p.31. は、小選挙区を中心とした選挙制度を導入したことをもって、「民意の反映」という原理を犠牲にしても、「選挙で政府を作る」という原理を採用するということであったと論じている。ただし、本書においては、結果的にどのような選挙制度が導入されたのかという点よりも、国会の公式記録としての会議録において、この制度がどのような趣意の下に導入されたのかという点に着目する。

2 国会資料編纂会編『日本国会史94 政権交代と政治改革』国会資料編纂会、1994年、上巻、p.348.

3 上掲書、p.763.

4 当時の衆議院の選挙制度改革の議論を振り返ると、民意の反映というよりはむしろ政権担当能力のある二つの大政党が相争うような政党システムを実現させるために単純小選挙区制を導入しようという主張が盛んになされていたので、この点に着目するならば、現行の制度が民意の反映という機能を十分に果たしていないという側面があったとしても、現行制度に欠陥があるという議論にはならないのかもしれない。しかし、やはり当時の選挙制度改革の議論を振り返ると、他方では民意の反映のためにもっと比例代表制に重きを置いた制度を導入しようという主張もあったわけであるし、そもそも選挙制度改革の議論は同一選挙区内での同一政党所属候補者間の同士討ちを誘発する中選挙区制の廃止論がリクルート事件や佐川急便事件などに代表される一連の政治腐敗によって高まったことに端を発しており、中選挙区制を廃止しようということが広く国民的合意となっていたのと比べると、新しい選挙制度が二大政党制を実現するような制度であるべきであるという主張が同程度に国民的な支持を得ていたとは考えにくい。また、前述の通り、選挙制度改革法案が国会提出されたときの趣旨説明の際に細川首相が民意の反映と民意の集約という二つの機能を相補うために新制度を導入すると明確に述べていることを考えると、現行制度はいちおう民意の反映と民意の集約という二つの機能を相補うことを目指して導入された制度であると考えてよいだろう。

5 Andrew Reynolds and Ben Relly, *The International IDEA Handbook of Electoral System Design*, International Institute for Democracy and Electoral Assistances, 1997, p.18.

6 *Ibid.*

7 Michael Gallagher, "Proportionality, Disproportionality and Electoral Systems", *Electoral Studies*, Vol.10, 1991, pp.33-51. なお、ギャラハーの最小二乗指標は、例えば、Arend Lijphart, *Patterns of Democracy: Government Forms and Performance in Thirty-six Countries*, New Heaven: Yale University Press, 1999, pp.157-159. において使用されているほか、日本人研究者では、川人貞史「中選挙区制研究と新制度論」『選挙研究』、第15号、2000年、pp.5-16. がこの指標を用いている。また、Rein Taagepera and Bernard Grofman, "Mapping the Indices of Seats-votes Disproportionality and Inter-election Volatility", *Party Politics*, Vol.9, 2003, pp.659-677. は、非比例性の指標や得票率や議席率の経年変化の指標など、何らかの逸脱や変化の度合いを示すための指標として19の指標が存在することを述べた上で、これらの指標を12の評価基準を用いて比較し、その結果、ギャラハーによる最小二乗指標が最も妥当なものであると結論づけている。

8 Arend Lijphart, *op.cit.*, pp.143-170.

9 レイプハルトは、非比例性を計算する際、ドイツのキリスト教民主同盟（CDU）とキリスト教社会同盟（CSU）のように緊密に連合を組む政党（closely allied parties）を2党と数えず、1.5党と数えている。逆に、日本の自由民主党のように幾つもの派閥に分かれている政党（factionalized parties）を1党と数えず、1.5党と数えている。このような処理を行った上で計算した非比例性の数値は、処理を行わないで計算した非比例性の数値と若干異なってくる。例えば、日本では、この処理を行って計算した数値は5.03ポイントであるのに対し、処理を行わないで計算した値は5.30ポイントである。ただし、8カ国のデータに対してこのような処理が行われているが、いずれの場合にも、処理をした場合と処理をしなかった場合の数値の差は、1ポイント以下におさまっている。この点については、*Ibid.* pp.69-74, 315. に述べられている。

10 もちろん、選挙制度が異なれば、政党や政治家、さらには有権者の行動も変化する可能性があるので、仮に細川内閣当初案を導入していれば、その後の衆議院の選挙結果も現行制度を用いた場合とは得票率などが異なるであろうし、そもそも現実に選挙が行われた時期とは異なる時期に解散総選挙が行われた可能性もある。しかし、ここでは、そうした点については考慮せず、得票状況は同じであると仮定した。そうした仮定を置いた場合でも、議席の決定方法の違いがどのような影響を及ぼすのかをみることを目的に、このような手法を用いたのである。なお、2000年衆議院選挙以降は、比例代表の総定数が20削減されて180となっているので、細川・河野トップ会談によって導入が決まった制度と細川内閣当初案との間の比較ではなく、小渕恵三内閣下で行われた制度変更をも含んだ形での現実の選挙結果と細川内閣当初案との間の比較であることに注意されたい。

11 また、諸派や無所属の数値をどのように扱うかによって、あるいは、公示日には無所属で立候補して後に追加公認された場合をどのように扱うかによっても、数値は若干ではあるが変化する。

12 最高平均法（Highest Average Method）と呼ばれる議席確定方法の一つ。ちなみに、最高平均法では、各党得票を順に基数で割っていき、その商の大きいところから議席を確定するが、この基数として自然数を採用するのがドント式である。

13 最大剰余法と呼ばれる議席確定方法の一つ。ちなみに、最大剰余法では、各党得票を当選基数で割り、まず商の整数部分の議席を確定し、残りの議席は小数部分の大きい順に配分する。ヘアー式では、この当選基数は、有効得票数を単純に定数で割ることで求められる。

14 ドント式と並んで、最高平均法と呼ばれる議席確定方法の一つである。ドント式との違いは、基数が奇数の自然数であるという点である。こうすることで、小党に有利となる。また、最初の基数のみを1.4とする方法を修正サンラグ式というが、この場合、サンラグ式よりもさらに小党に有利となる。但し、一般的には、後述する最大剰余法（Largest Remainder Method）のヘアー式などと比べると、大政党に有利な制度であるとされている。

15 最大剰余法の一種。ドループ式では、当選基数は、有効得票数を定数プラス1で割ることで求められる。

16 最大剰余法の一種。インペリアリ式では、当選基数は、有効得票数を定数プラス2で割ることで求められる。

17 もちろん、このうち一つは当時の制度を維持するという案なので、現状維持という案で

ある。したがって、選挙制度案としては50だが、選挙制度改革案としては49である。ただし、この現状維持案においても、1996年衆議院選挙において適用された選挙制度と完全に同じ選挙制度となるわけではない。1996年衆議院選挙の時点では、1990年に実施された国勢調査人口を基準にして各ブロックの定数が決められていた。しかし、1999年時点では1995年に実施された国勢調査人口が利用可能であるので、現状維持案においても、各ブロックに配分される定数は国勢調査人口の変化に応じて変化する。具体的には、北関東ブロックと南関東ブロックの定数が1ずつ増え、北陸信越ブロックと中国ブロックの定数が1ずつ減ることになる。

18　もちろん、この他にも、例えば比例代表選出分の議席を思い切って100議席にまで削減してしまおうという案や、11ブロックのうち特に定数の少ない四国ブロックを中国ブロックと統合して10ブロックにしようという案や、議席確定方法として修正サンラグ式を用いようという案など、様々な改革案が想定できる。しかし、様々な改革案を検討していけば際限がないので、いちおう、議席数と比例代表の選挙区割りに関しては、過去に本格的な議論の俎上に上がったものということで既述の選択肢のみに限定することとした。なお、比例代表の議席確定方法については、一般的に選挙制度の概説書において紹介されている既述の五つの方式を考慮すれば十分であると考える。ちなみに、修正サンラグ式については、サンラグ式の一変種として捉え、ここでは取り上げないこととする。

19　したがって、現行の選挙制度においては、各ブロックの定数配分についてはヘアー式を用いるが、各政党の議席配分にはドント式を用いており、いうなれば一貫性を欠く「接ぎ木」状態となっているのである。

20　西平重喜「選挙制度の理念」『選挙研究』、第20号、2005年、p.11.

21　上掲論文、p.10.

22　1.5ポイントというのは小さいようにもみえるが、現状維持案と自由党案との差が1ポイント程度であることを考えれば、決して微小な差であるとはいえないであろう。

第2章　政党システムの変遷

1．政党数に関する分析の手法

　前章では、非比例性の面で現行の並立制が単純小選挙区制に近い制度になっているといえることをみた。それでは、そうした小選挙区制的な制度において、なぜ近年は二大政党制からの離脱がみられるようになったのだろうか。先に述べた通り、小選挙区制という制度そのものに多党化を促す要因が多少なりとも内在しているというのが本書の基本的な考え方である。本章では、こうした点を議論する際の土台として、現実に政党の数がどのように変化したのかをみるところから議論を始める。

　55年体制が崩壊して38年間続いた自民党の長期政権が終焉し、1990年代後半以降は連立政権が常態化することとなった。また、一般に政界再編と呼ばれる政党システムの再編に次ぐ再編が起こり、無党派層が増大する一方、投票率の低下が深刻となった。中でも、55年体制下の自民党の長期政権が終焉して初めて行われた国政選挙である1995年参議院選挙では、投票率は50%を割り込む事態となった。

　制度面では、1994年に政治改革関連法が成立し、衆議院の選挙制度が中選挙区制から小選挙区比例代表並立制へと改変される一方、政党本位の政治を目指して、政党助成制度が導入され、一定の要件を満たす政党に対しては、国庫から公費助成が行われることとなった。

　このように、1990年代の日本政治は大きな変化を経験したといえる

わけだが、本章では、そうした変化の実態について、選挙と政党に関わるデータを観察することで明らかにする。

　本章では、まず、政党システムの変化の度合いを数量的にみることとする。主な指標として用いるのは、政党システムの安定性に関する指標と、政党の数に関する指標である。

　なお、政治学における政党に関する研究では、例えば、デュベルジェの政党組織の変遷についての研究[1]や、サルトーリの政党システムの類型についての研究[2]、キルヒハイマー（Otto Kirchheimer）の包括政党論[3]などが挙げられる。また、ちょうど1990年代に登場した政党研究としては、カッツ（Richard S. Katz）とメイアー（Peter Mair）によるカルテル政党（cartel party）論[4]がある。

　このように、政党研究では現実世界の政党をその組織の形態上の特徴や登場・発展した時期によって分類して論じてきているのであるが、本章では、単純かつ明快に数値データによって変化の実態を描き出すことを第一の目的として、有効政党数（effective number of parties）や政党システムの不安定性に関する指標に焦点を合わせることとする。

　有効政党数とは、端的にいえば、ある政治システムの中に幾つの政党があるのかについて、政党の規模を考慮しつつカウントする指標である[5]。もちろん、後述するように、この有効政党数の数値は、議会内で各政党がどれだけの議席率を有しているかという議会レベルの数値だけでなく、ある選挙において各政党がどれだけの得票率を獲得したのかを元に、選挙レベルの数値を算出することもできる。

　政党システムの不安定性に関する指標は、ヴォラティリティ（volatility）の指標[6]とも呼ばれるものであるが、有効政党数と同様に、議会レベルと選挙レベルの双方で計算できる。すなわち、ある選挙の際の各党の議席率が次の選挙までにどのように変動するのかをみたものが議会レベルの政党システムの不安定性指標であり、ある選挙の際の各党

の得票率が次の選挙までにどのように変動するのかをみたものが選挙レベルの政党システムの不安定性指標である。以下は選挙レベルの政党システムの不安定性指標の計算式であるが、得票率を議席率に置き換えれば、議会レベルの政党システムの不安定性指標が算出できる。

$$V_t = \frac{1}{2}\sum_{i=1}^{n}[P_{i,t} - P_{i,t-1}]$$

ここで、

$P_{i,t}$ = t 選挙（当該選挙）での政党 i の得票率、$P_{i,t-1}$ = t-1 選挙（1回前の選挙）での政党 i の得票率

なお、n は議会内に存在する政党の数で、t-1 選挙、t 選挙の全ての政党は両期間を通じて一つの政党として扱われる。

この計算式で、P_i は政党 i の得票率を示す。t 選挙で政党 i が確保している得票率から t-1 選挙で政党 i が確保していた得票率を引く。その差は政党 i が t-1 選挙から t 選挙にかけて経験した得票率の変化を示す。t-1 選挙、t 選挙のいずれか一方で候補を擁立した全ての政党についてこの手続きを行う。二つの選挙のいずれか一方で候補を擁立しなかった政党については、その選挙のスコア（P_i）を0とする[7]。

端的にいえば、これはある選挙と次の選挙までの間に、各政党の得票がどれだけ変動したのかを数量的に表すものである。数値が大きくなるほど、変動が大きいことを示す。すなわち、数値が大きいほど、政党システムが不安定であることを示す。また、この数値は、既存の政党の間で得票率や議席率の変動が大きくなった場合にも上昇するものであるが、既存の政党が解体される一方で新しい政党が一定程度の得票や議席を獲得するということになった場合には、より急激に上昇することになる。

なお、ここでは得票率の変動を計算する場合の例を挙げたが、もちろん、この指標は議会における議席率の変動を計算する際にも利用される。以下、議席率の変動については議会レベルのヴォラティリティないし議会レベルの政党制の不安定性、得票率の変動については選挙レベルのヴォラティリティないし選挙レベルの政党システムの不安定性などと呼ぶこととする。

　次に、二つ目の指標である有効政党数である。これは過去に幾つかの計算方法が考案されているが、ラクソ（Markku Laakso）とタガペラ（Rein Taagepera）による有効政党数[8]が広く使用されているので、本書でもこの手法を採用することとした[9]。

　ラクソとタガペラによる有効政党数は、以下のようにして求められる。

$$N_2 = \frac{1}{\sum_{i=1}^{n} P_i^2} = \left(\sum_{i=1}^{n} P_i^2\right)^{-1}$$

　ここで、nは政党の数に等しい。そして、P_iは政党iが確保している議席占有率に等しい。端的にいえば、この指標は、議会の中に主要な政党がどれだけの数あるのかを、各政党の規模を考慮しつつカウントするものである。例えば、50%の議席を有する政党が二つある場合には2となり、25%の議席を有する政党が四つある場合には4となる。30%の議席を有する政党が二つ、10%の議席を有する政党が四つあるという場合には、議会に存在する政党の実数は6であるが、有効政党数は4.545というように、実数よりも数値が小さくなる。もちろん、こちらの指標も、議席率ではなく得票率を用いて計算することで、選挙の得票というレベルにおける有効政党数を計算することができる。以下、議席率でみた有効政党数を議会レベルの有効政党数、得票率でみた有効政党数を選挙レベルの有効政党数と呼ぶこととする。

2．中選挙区制下における衆議院の政党システム

　図2-1および図2-2は、55年体制成立以降の衆議院総選挙の結果をデータとして有効政党数、政党システムの不安定性の指標をもとめたものである。

　55年体制崩壊の際に実施された1993年総選挙を除くと、中選挙区制下での政党システムは、有効政党数という観点では1970年代までは増加傾向にあったことがわかる。実際、1960年には民社党、1964年には公明党、1976年には新自由クラブ、1977年には社会市民連合[10]といったように、1970年代半ばまでは多党化現象がみられたが、それが図2-1のグラフにも表れている形となっている。

　1970年代半ば以前は、選挙政党数と議会政党数は常に前回選挙よりも増加するという状況であった。1970年代半ば以降は、そうした増加傾向に変化が生じ、どちらかといえば減少傾向となった。1970年代半ばから1990年代までの間は、有効政党数の数値が何度か増加した選挙があるが、その前か後には必ずその増分を超える減少がみられ、全体としては減少傾向にあるといえる。この時期に特に顕著な減少がみられるのは、1980年と1986年で、共に自民党が大勝した選挙である。

　政党システムの不安定性については、1990年代までの期間においてはおおむね0.1の周辺で推移しているのがわかる。すなわち、有効政党数が増加したり減少したりといった変化はあったものの、それは急激な変化というよりは漸進的な変化であったといえる。まさに、55年体制という一つの体制が継続していたことが、グラフや表の数値に表れているといえる。

　前章では、中選挙区制が準比例代表制的な制度であることをみたが、そのことは、政党間の得票の移動がかなり大規模に起こらない限りは、政党間の議席の移動は基本的には得票の移動とほぼ同程度に発生するこ

図2-1 衆議院における有効政党数の推移

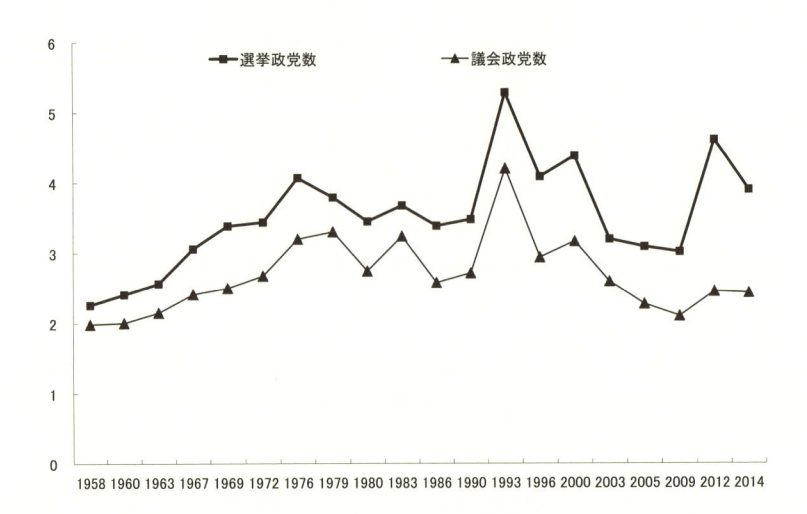

図2-2 衆議院における政党制の不安定指標の推移

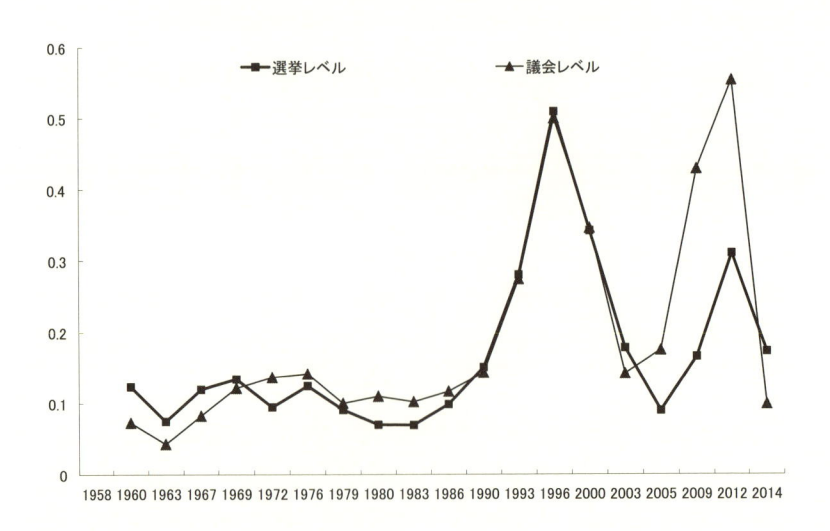

とを意味する。これは、わずかな得票の移動が大きな議席変動を起こす可能性がある小選挙区制とは対照的である。

そうした状況に変化が生じたのが、まさに中選挙区制の廃止の議論が高まっていた1993年総選挙であった。有効政党数については、選挙有効政党数が3.48から5.29へと跳ね上がり、同様に議会有効政党数は2.58から4.20へと急増した。いうまでもなく、日本新党、新党さきがけ、新生党の三つの新党が新規参入したことが影響しており、政党システムの不安定性の指標もこれに伴って選挙レベルで0.15から0.28へ、議会レベルでは0.14から0.27へと劇的に上昇している。

これらの3新党は、55年体制下のおける保守・革新の軸でみた場合の政策位置は中道的もしくは曖昧であり[11]、選挙制度改革を柱とする政治改革を前面に押し出して有権者の支持を集めた政党といえる[12]。すなわち、経済政策や福祉政策といった国民生活に直接的な影響を及ぼす政策分野において既存の政党では代弁されない利害を表出するために結成された政党というよりは、むしろ政治システム内の意思決定のあり方や政治腐敗の根絶に主眼を置いて結成された「政界再編の起爆剤」的な政党といえる。これら3新党は、人物本位の利益誘導から政党本位の政策論争へと、選挙の競争環境を変革することを目指しており、55年体制下のような自民党の長期一党支配によって生じた政治腐敗の弊害を除去するためには、腐敗した政権や政治家を選挙の際に退場させられるようにすべきだとする点において一致していた。そして、そのためには、選挙において現実的な政権の選択肢が複数存在していて、政権側が支持率を低下させれば政権交代に繋がるような選挙制度が導入されている必要がある。

しかし、目指すべき将来の政党システムのあり方としては、二つの保守政党による競合を標榜する動きもあれば、保守政党とリベラル色のある政党との間の競合を目指す動きもあった。実際、非自民・非共産の勢

力による政界再編の動きは、新進党と民主党という二つの勢力に分かれていくことになった。

　このように、中選挙区制下で行われた最後の選挙である1993年には有効政党数の面でも、政党システムの不安定性の面でも、それまでとは異なる状況がみられるが、それはまさに中選挙区制の廃止を念頭に置いた選挙制度改革や政界再編を目指す勢力の台頭に伴って生じたことであった。その意味では、1993年総選挙は中選挙区制下で行われたが、このとき既に政党や政治家の行動は脱中選挙区制化していたといえよう[13]。

3．並立制下における衆議院の政党システム

(1) 2000年代前半までの衆議院の状況

　図2-1および図2-2からは、日本の政党システムが1990年代に急速に不安定化していることがわかる。だが、小選挙区比例代表並立制の導入から2000年代前半までの時期についてみてみると、2003年総選挙の時点でいずれの指標の数値も低下し、比較的規模の大きい政党による勢力均衡状態が出現してきている。自民党と民主党による二大政党化の流れが数値の上にも反映された結果といえる。なお、政党システムの不安定性の指標は、当該の選挙とその前の選挙との間の議席率の変化によって算出される指標であるから、2003年の数値が低いということは、2000年以降の政党の勢力分野の変動が小規模で、大々的な政党の離合集散がないことを意味する。つまり、1990年代に入って始まった政党の勢力分野の変動や政党の離合集散は、2000年総選挙までには、いったんはほぼ沈静化していたことになる。1997年12月に新進党が解党した時点で民主党は野党第一党の地位を初めて獲得し、その後1998年4月に羽田孜の民政党などが民主党に合流し、1998年7月の参議院選挙で躍進を遂げたことで、野党第一党の地位を固めていった。したがって、図2の政

党システムの不安定性指標が2000年総選挙までに政党の勢力分野の変動が沈静化していることを示しているのは、現実の政治の動きと対応しているといえる。

　それでは、このような政党システムの変化を個々の政党別にみた場合には、どのようなことがいえるのだろうか。ここでは、まず、本来ならば一致結束を維持するはずだと考えられる政党という政治集団が、時間の経過とともにどれだけその結束を乱しているのかを調べてみることとする。

　先にみたように、自民対民主という対立の構図が形成され、55年体制崩壊の前後から続いてきた政界再編にいちおうの出口がみえてきたのは、2000年総選挙であった。そこで、政界再編直前ないしその最中において一つの政党に所属していた者たちが、2000年総選挙の時点においても同じ政党に所属しているか、また、もし複数の政党に離散したのであれば、どのように離散しているのかをみることとする。

　具体的には、過去のある時点の選挙と2000年総選挙の双方に立候補した者を抽出し、過去に同じ政党にいた候補者たちが現在ではどれくらい離散しているかをみる。つまり、どれくらいのグループに分かれているのかを調べる。例えば、1996年総選挙と2000年総選挙の双方で立候補した者のうち、1996年に新進党に所属していた候補者は、2000年には民主党、自民党、自由党、公明党、保守党、改革クラブなどから立候補している。新進党は解党して消滅したのだが、それでは一体どの程度ばらばらになっているのかを、数値によって表すのである。

　表2-1は、1986年総選挙時において同じ政党から立候補した者たちが、2000年総選挙の時点においてどの政党から立候補したのかを表したものである。この表をみると、例えば、1986年総選挙で社会党から立候補した者で2000年総選挙に立候補した者のうちの61.9％が民主党から立候補し、同様に、23.8％が社民党、4.8％が保守党、4.8％が自由連合、

表2-1　1986年総選挙の立候補者は2000年総選挙でどの政党から立候補したか（%）

1986年の政党	自民	民主	自由	公明	社民	共産	保守	改革	自由連合	無所属会	諸派	無所属
自民	81.5	6.0	2.6				4.6		0.7	1.3		3.3
社会		61.9			23.8		4.8		4.8		4.8	
民社	12.5	62.5	18.8				6.3					
公明			28.6	71.4								
共産						100.0						
新自由クラブ	75.0	12.5	12.5									
社民連		100.0										
無所属	62.5	16.7	4.2	4.2			4.2	4.2				4.2

表2-2　1990年総選挙の立候補者は2000年総選挙でどの政党から立候補したか（%）

1990年の政党	自民	民主	自由	公明	社民	共産	保守	改革	自由連合	無所属会	諸派	無所属
自民	82.7	6.8	2.6				3.7	0.5		1.0		2.6
社会		71.8			20.5		2.6		2.6		2.6	
民社	10.5	68.4	15.8									
公明			15.5	84.2								
共産						100.0						
社民連		100.0										
無所属	43.2	25.0	9.1	2.3	2.3		6.8				2.3	9.1

表2-3　1993年総選挙の立候補者は2000年総選挙でどの政党から立候補したか（%）

1993年の政党	自民	民主	自由	公明	社民	共産	保守	改革	自由連合	無所属会	諸派	無所属
自民	90.0	3.7	1.1				1.6	0.5		0.5		2.6
社会		66.7			26.7		2.2		2.2		2.2	
民社	12.5	62.5	18.8				6.3					
公明			7.9	92.1								
共産						100.0						
社民連		100.0										
新生	25	22.7	27.3				15.9			4.5	2.3	2.3
日本新党	16.1	64.5	6.5				3.2		6.5	3.2		
さきがけ	33.3	50.0						8.3				8.3
諸派		11.1							77.8			11.1
無所属	62.5	16.7	4.2	4.2			4.2	4.2				4.2

第 2 章　政党システムの変遷

表2-4　1996年総選挙の立候補者は2000年総選挙でどの政党から立候補したか（%）

1996年の政党	自民	民主	自由	公明	社民	共産	保守	改革	自由連合	無所属会	諸派	無所属
自民	95.3								0.4	0.4		3.9
民主	1.2	92.9			2.4		1.2					2.4
新進	13.7	29.8	19.0	19.5			7.8	2.0	0.5	2.4	0.5	4.9
社民		4.8			95.2							
共産						100.0						
さきがけ	75	12.5	12.5									
自由連合									94.7			5.3
新社会											100.0	
民改連		100.0										
諸派									88.9			11.1
無所属	25.9	22.2	3.7		3.7				11.1	3.7	3.7	25.9

4.8%が諸派に所属して立候補したことがわかる。1986年総選挙と2000年総選挙との間の比較をした表2-1と同様に、1990年総選挙と2000年総選挙や、1993年総選挙と2000年総選挙、1996年総選挙と2000年総選挙を比較したものは、それぞれ表2-2、表2-3、表2-4となっている。

このように、表2-1から表2-4までをみれば、政党の離合集散の実態を数量的に知ることができる。しかし、この時期の離合集散の実態を知るためにこれら四つの表の全てをつぶさに観察しなければならないというのは、簡便さという点で問題がある。また、このままでは、例えば1986年に自民党から立候補した者たちと、同じく1986年に社会党から立候補した者たちのどちらが離散の程度が激しいのかを単純比較することはできない。自民党は無所属を含めて七つのグループに分かれたが、最大グループである自民党残留組は8割を超える。他方、社会党は諸派を含めて五つのグループにしか分かれていないが、最大グループである民主党入党組は6割強にすぎない。この例では、分かれたグループの数では社会党のほうが少ないが、最大グループに属する者の割合という観点からは社会党のほうが離散の度合いが大きいことになってしまい、どちらの離散の度合いが大きいかを評価することは難しい。

こうした相互比較を可能にするような簡便な指標があれば便利であるが、ここでは、有効政党数の算出法を応用することとする。有効政党数の算出法は、一国の政党システムにおける有効政党数を算出する際に用いるというのが最もよく知られた使用法であるが、ある特定の選挙区内における有効候補者数を計算する際にも適用されるなど、他の事例にも応用ができる。つまり、この指標は、基本的には、ある集団の中で幾つの断片化された小集団が存在しているのかを、それぞれの小集団の規模を加味しながら算出する指標である。そこで、こうした考え方に則って、この手法の使用法を拡張する。すなわち、過去に一つの政党に所属していた候補者たちが現在ではどれだけ離散しているかを端的に表す指標として、この指標を利用するわけである。表2-5には、こうして求めた数

表2-5　衆議院選挙立候補者にみる政党の離散

政党	1986→2000		1990→2000		1993→2000		1996→2000	
自民	1.470	自民	1.460	自民	1.243	自民	1.108	自民
社会/社民	2.239	民主	1.787	民主	1.934	民主	1.117	社民
民社	2.246	民主	1.973	民主	2.246	民主		
公明	1.690	公明	1.362	公明	1.170	公明		
共産	1.000	共産	1.000	共産	1.000	共産	1.000	共産
新自由クラブ	1.684	自民						
社民連	1.000	民主	1.000	民主	1.000	民主		
新生					1.646	自由		
日本新党					2.349	民主		
さきがけ					2.667	民主		
民改連							1.000	民主
民主							1.160	民主
新進							5.337	民主
新社会							1.000	新社会
自由連合							1.117	自由連
諸派	—	—	—	—	1.588	自由連	1.000	諸派
無所属	2.661	自民	3.653	自民	4.455	自民	3.857	無所属

※ 完全な結束を維持すれば、1.000となる。数値が大きいほど、離散が激しい。
※ 数値の右にある政党名は、当時の候補者のうち2000年の時点で所属人数が最も多い政党。

値が記されている。

　表2-1から表2-5のように、共産党は完全な結束を維持し、過去の全ての候補者が現在も共産党に所属している。社民連や民主改革連合は全員が民主党に合流している。公明党は一部が自由党へと流れているため、共産党ほどの結束はなく、特に1986年当時から立候補をしている者たちの結束はそれほど強くない。民社党は多くが民主党に移行しているものの、一定の割合の候補者たちが自由党へ流れている。社会党は、多くが民主党に移籍しているが、社民党と又裂きとなっている。全体として、特に結束が弱いのは、新進党、さきがけ、日本新党であり、民社党、社会党、新生党がこれに続いている。

　このように、政党システムの不安定性や有効政党数の変化を概観すれば、1990年代の日本政治は変動期にあったということができ、同時に、そうした変動は特に新進党、さきがけ、日本新党、民社党、社会党、新生党といった政党に属していた政治家たちの議会内での行動に強く関連しているといえる。

　55年体制崩壊後からここまでの動向を要約すると、次のようにいえよう。まず、一党優位政党制と呼ばれた55年体制の崩壊の時期から政党再編が起こり、複数の新党が登場する中で有効政党数も政党制の不安定指標もほぼ軌を一にするように上昇した。現行の小選挙区比例代表並立制が導入されて初めての選挙となった1996年総選挙では新進党や民主党といった1993年総選挙以降に結成された新党への合流の動きが活発であったことから政党システムの不安定指標は上昇する一方、有効政党数の数値は減少に転じた。その後は新進党解党後に行われた2000年総選挙において有効政党数がやや上昇しているものの、長期的な傾向としては自民対民主という二大政党化の流れに伴って有効政党数や政党システムの不安定性指標の数値は、2003年総選挙では全て低下した。

　このようなことから、1990年代後半から2000年代前半までは、基本

的には自民・民主の二大政党化が進行してきたといえる。

(2) 2000年代後半以降の衆議院の政党システム

2005年総選挙は、いわゆる郵政選挙と呼ばれ、自民党の圧勝に終わったことが記憶されており、図2-2をみると、自民党への議席配分が増えたため、議会内の政党システムの不安定指標は上昇する一方、議会内有効政党数は減少したことが確認できる。しかし、選挙レベルの不安定性指標は55年体制崩壊後の時期において最低を記録し、選挙有効政党数については議会有効政党数ほどには数値の変化がみられない。したがって、2005年総選挙は、全体的な政党システムという観点からみれば、自民対民主という与野党対決の構図が基本的には維持される中で自民党が多くの議席を獲得した選挙であり、得票数の面で自民党が1位、民主党が2位であったという点についてはその前の2003年総選挙と共通している。

2005年総選挙は、自公連立与党に3分の2の議席を与えることになるほど自民党の議席が増えた選挙であり、メディアの報道などを通じて一般有権者の間にも強い印象を残した選挙であったかもしれない。しかし、議席の変動は既存の第一党と第二党の間で生じており、基本的には2003年までの政党再編の動きの中で収斂された自民対民主という対立の構図そのものを破壊するものではなかった。

続く2009年総選挙は、民主党への政権交代が起こった選挙である。図2-2にある通り、自民党から民主党へと大量の議席が移動したために、議会レベルの政党システムの不安定指標が急激に上昇している。しかし、それは例えば1993年総選挙の時のように複数の新党が結成され、それらの新党が議席を獲得する中で自民党の長期政権の崩壊がもたらされた場合とは異なり、選挙レベルにおいても議会レベルにおいても有効政党数の顕著な増加を伴うものではなかった。図2-2の選挙レベルでの

政党システムの不安定指標をみると、その数値は並立制下で最低だった2005年から2009年にかけて上昇してはいるものの、議会レベルの数値の変化と比べれば緩慢である。実際、この選挙レベルでの数値は、並立制下で行われた総選挙の中では2005年に次いで2番目に低いものとなっている。したがって、2009年総選挙は、自民対民主という対立構図を基底にしつつ、両党の間で大きな議席の移動が起こった選挙であった。選挙レベルでの得票の変動が大きく増幅される形で議会レベルの議席変動に変換され、政権交代がもたらされるというのは、まさに「小選挙区制導入で二大政党による政権交代が起こる政治を目指す」ことを考えた論者たちが志向していたことである。もちろん、2005年総選挙と2009年総選挙では複数の新党が結成されており、多党化現象の萌芽はみられる。しかし、選挙による政権交代を実現したことにみられるように、多党化現象が優勢とまではいえず、二大政党制的な政党システムが一つの到達点に達した時期であるといえる。

ところが、政権交代が現実化した後に行われた2012年総選挙と2014年総選挙については、こうした動向とは異なる状況が現出している。まず、政党システムの不安定性指標については、2012年に選挙レベルと議会レベルの双方で上昇し、選挙レベルの有効政党数も急増した。それは、維新の会やみんなの党、未来の党といった、いわゆる第三極の政党の出現と民主党の退潮が主な原因である。すなわち、多党化現象が顕在化しているのである。

直近2回の選挙においてみられるもう一つの傾向は、議会レベルと選挙レベルとの間で、その変化の態様に差違が生じるようになっていることである。図2-1をみると、議会レベルの有効政党数は民由合併後の2003年から2009年にかけて実施された3回の総選挙と比べてほぼ同じ水準にあるのに対して、選挙レベルの有効政党数は大きく上昇している。1958年から2009年まで、有効政党数の数値は議会レベルと選挙レ

ベルの双方でほぼ相似するような形で変化してきているので、こうした2012年以降の動向は従前にはみられなかったものである。図2-2をみると、政党システムの不安定性指標については2012年に数値が大きくなっている。議会レベルの数値は1958年以降で最高を記録し、選挙レベルの数値においても、政党再編が活発に行われていた1990年代と同程度の水準にまで達している。

　なお、政党システムの不安定性指標は、2005年以降に議会レベルと選挙レベルの数値の差違がみられるようになってきている。これは、2003年以前に両方の数値が近似していたのと比べて対称的である。

　このように、2000年代後半以降においては、2000年代前半にみられた二大政党化の流れが継続してみられる反面、まさに二大政党制的な政党システムが到達点に至った後には、多党化現象が顕在化するようになった。

　前章でみたように、現行の並立制は小選挙区制的な色彩の強い制度であるといえ、実際に有効政党数や政党システムの不安定性指標にも、そうした小選挙区制的な特徴が表れている。

　しかし、なぜ小選挙区制的な制度において、必ずしも政党数が最終的に2に収斂していかずに、逆に多党化現象が顕在化しているのであろうか。単に制度移行という過渡期であるという理由では、いったん成立した二大政党制的なシステムが維持されていないという現象を説明するのは困難であろう。この点は次章において再び触れることとする。

4．参議院の政党システム

　前節では、衆議院の政党システムについてみてきた。本節では、参議院の政党システムについてみてみることとする。

　図2-3および図2-4は、55年体制成立以降の参議院選挙の結果を用い

て、参議院における政党制の不安定性の指標と有効政党数を求めたものである。なお、用いたデータはそれぞれの選挙での獲得議席数で、改選議席分のみが対象である。

　衆議院と同様に、1990年代に入る頃から政党システムは急速に不安定化している。1989年参議院選挙は、1993年総選挙などと違い、特に大きな新党が登場したわけではない。自民党の歴史的大敗と社会党の大躍進が、政党間の議席配分を大幅に変更させたという事実が反映されている。選挙区と比例区の両方で自民党が得票の上でも獲得議席の上でも第二党に転じたのは、それまでにはなかったことである。

　有効政党数については、衆議院における1993年総選挙の時ほど極端ではないものの、1989年以降、選挙のたびに大きな変化を経験している。1989年に急激に増加したあと、1992年に急激に減少、1995年と1998年に続けて増加している。1998年参院選における有効政党数は約5.5で、55年体制成立直後の約2.5と比べると、倍以上になっている。1990年代以前については、1970年代には多党化の傾向、1980年代には逆に多党化が収束する傾向がみられる。この点は、衆議院と同様である。有効政党数については、全般的に、衆議院よりも参議院の方が変化が大きい。

　図2-3および図2-4の通り、政党システムの不安定化と有効政党数の増大は参議院でもみられるもので、1980年代までと1990年代との差違が鮮明である。

　参議院においても1990年代は変動期であるが、正確にいうと、この変動は1989年参議院選挙より始まっている。図2-1および図2-2を振り返ってみると、衆議院では1990年代が変動期とはいっても、細かくみれば、1990年総選挙においては各指標の数値は1980年代とあまり変わらず、1993年総選挙から本格的な変化が始まっているのがわかる。したがって、衆議院と比較すると、参議院の方が先に変動期に突入しているといえる。

図2-3　参議院における有効政党数の推移

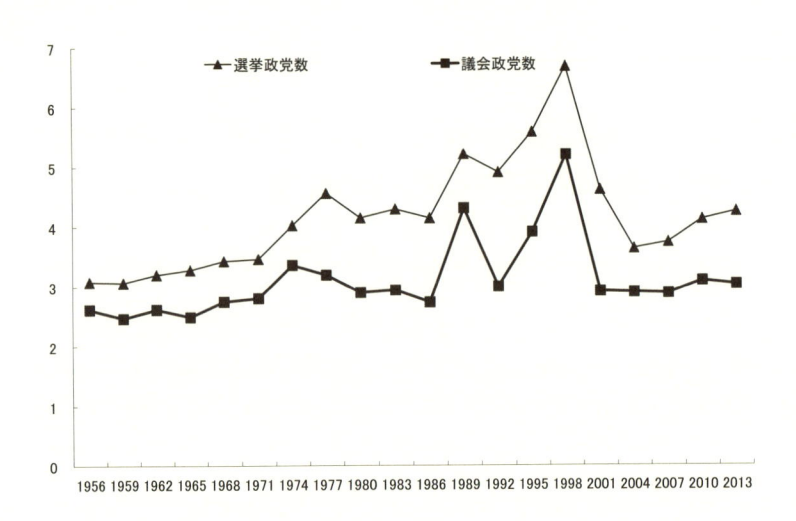

図2-4　参議院における政党制の不安定指標の推移

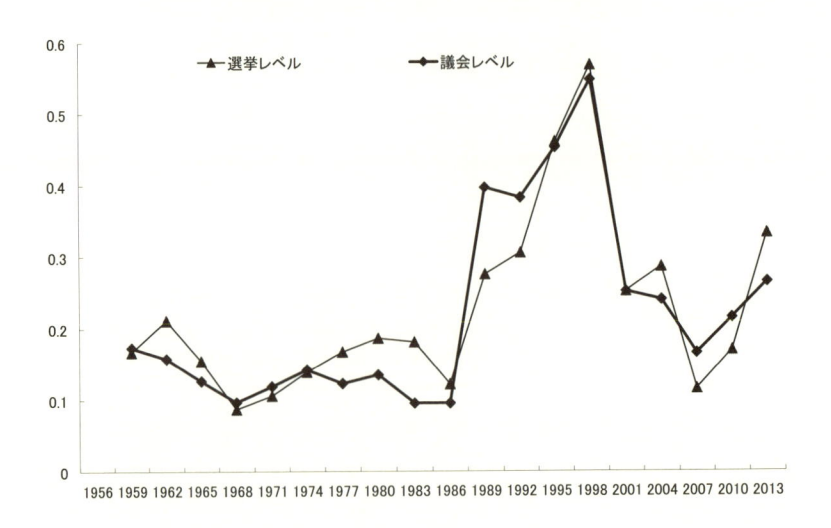

衆議院についての分析では、1990年代に始まった政党システムの変動は、2000年総選挙の時点までにはほぼ沈静化し、その後民由合併によって終焉へと近付いたことを指摘した。本節の参議院についての分析でも、この指摘が妥当であることが示されたといえる。先に論じた通り、政党制の不安定性の指標の数値は、当該選挙の結果と前回選挙の結果との間の変化に反応するものである。したがって、図2-4で2001年における政党制の不安定性の指標の数値が低下しているということは、1998年の選挙以降は政党間での勢力分布の急激な変動や大規模な政党の離合集散が生じていないことを意味する。換言すれば、1998年参議院選挙が終わった時点で、政党間の勢力分野の変動や政党の離合集散はほぼ沈静化していたというわけである。既述の通り、1996年総選挙と2000年総選挙の間の時期に政党システムの変動がほぼ沈静化した背景には、1998年参議院選挙で民主党が野党第一党の地位を固め、自民党対民主党という現在まで続く政党対決の構図がほぼ出来上がったことがある。図2-4は、この考察が妥当であることを示しているといえる。

　なお、それ以降の状況については、2009年総選挙に民主党への政権交代がなされる前、すなわち2007年参議院選挙までは、政党制の不安定性指標は低下傾向が鮮明である。ところが、民主党への政権交代がなされた後に行われた2010年参議院選挙と直近の2013年参議院選挙では、政党制の不安定性指標は上昇傾向へと転じている。有効政党数は、選挙レベルについては2003年の民由合併から2009年の政権交代までの間に行われた2004年と2007年の2回の参議院選挙において有効政党数が4を下回っている。この数値は衆議院に比べると高い数値ではあるが、参議院選挙では55年体制下でも1970年代後半以降は常にこの数値は4を超えていたので、通時的な比較の観点からみれば相対的には低いものであるといえる。

　議会レベルにおいても、この数値は2007年に1989年以降で最低を記

録している。そして、衆議院ほど顕著な変化ではないものの、民主党の政権交代後の2010年と直近の2013年では、政権獲得前と比べて数値が若干ではあるが高くなっている。

このように、前節の分析と同様、参議院においても、1990年代が政党システムの変動期であることと、政権交代が現実化した後の選挙においては多党化現象が顕在化したことが確認できた。

註

1 モーリス・デュベルジェ『政党社会学：現代政党の組織と活動』岡野加穂留訳、潮出版社、1970年.
2 Giovanni Sartori, *Parties and Party Systems: A Framework for Analysis*, Cambridge: Cambridge University Press, 1976.（岡沢憲芙・川野秀之訳『現代政党学』早稲田大学出版部、1980年.）
3 Otto Kirchheimer, "The Transformation of the Western European Party Systems", In Joseph LaPalombara and Myron Weiner (eds.), *Political Parties and Political Development*, Princeton: Princeton University Press, pp.177-200.
4 Richard S. Katz and Peter Mair, "Changing Models of Party Organization and Party Democracy: The Emergence of the Cartel Party", *Party Politics*, Vol.1, 1995, pp.5-28.
5 有効政党数や政党システムの破片化度（fractualization）を計測する試みは、古くは、Douglas W. Rae, *The Political Consequences of Electoral Laws*, New Haven: Yale University Press, 1967, pp.47-64; John Loosemore and Victor J. Hanby, "The Theoretical Limits of Maximum Distorion: Some Analytic Expressions for Electoral Systems", *British Journal of Political Science*, Vol.1, 1971, pp.467-477. などが存在するが、現時点でより一般的に採用される指標は、以下の論文で提唱されたものである。Markku Laakso and Rein Taagepera, "The "Effective" Number of Parties: A Measure with Application to West Europe", *Comparative Political Studies*, Vol.12, 1979, pp.3-27.
6 ヴォラティリティとは、Mogens N. Pedersen, "The Dynamics of European Party Systems: Changing Patterns of Electoral Volatility", *European Journal of Political Research*, Vol.7, 1979, pp.1-26. において提唱された指標である。
7 ヴォラティリティの指標は主に各政党の得票率の変動に着目するが、各政党の議席率の変

動を測る場合にも用いられる。なお、指標を算出するための計算手続きは基本的に両者に共通している。

8　Markku Laakso and Rein Taagepera, *op.cit.*
9　スティーブン・R・リード「中選挙区制における均衡状態」『選挙研究』、第15号、2000年、p.20.
10　翌1978年に社会民主連合となる。
11　小林良彰『日本人の投票行動と政治意識』木鐸社、1997年、pp.10-13. は、日本新党に対する有権者のイメージは、「政策がよくわからない」というのが44.8%で、「新鮮である」を上回り、他方、新生党に対する有権者のイメージは、「自民党と同じ存在である」が42.6%と多かったという。
12　上掲書、pp.4-5. は、1993年総選挙においては、選挙前の通常国会において政治改革が実現しなかったことを踏まえて、自民党だけでなく野党も含めた既成政党に対する不満が高まり、有権者は既存の「保守対革新」という軸に加えて、「既成政党対新興政党」という新しい軸を政党選択にあたっての判断基準として用いたのだとしている。また、綿貫譲治・三宅一郎『環境変動と態度変容』木鐸社、1997年、pp.93-101. では、1993年総選挙において社会党または3新党に投票したという有権者が、「政治改革に一番熱心なのはどの政党だと思いますか」という質問に対してどのような回答をしたのかが示されている。それによると、「そのような政党はない」あるいは「わからない」といった回答は少なく、一番熱心な党として3新党を挙げたのは54%にのぼっており、これは社会党を挙げた者の5倍にものぼるという。
13　曽根泰教「政界再編と政党政治システム」、井芹浩文・内田健三・蒲島郁夫・川戸恵子・近藤大博・曽根泰教・成田憲彦・早野透『日本政治は甦るか』所収、日本放送協会出版、1997年、p.193. は、こうした行動について、新制度を念頭に置いた「予測反応」だとしている。

第3章　政党助成制度と政党の性質

1．政党助成制度の特徴

(1) 二大政党化とデュベルジェ法則

　第1章でみたように、現行の衆議院の選挙制度である並立制は、非比例性という世界的に選挙制度を比較する上でよく用いられている尺度で評価した場合には、小選挙区的な制度となっていることを示した。その小選挙区制は、二大政党制を導くとされている。この言説は、デュベルジェ法則と呼ばれるものである[1]。

　中選挙区制が廃止されてからさほど年数が経過していない時期においては、制度移行直後の「過渡期」であるから、制度導入から年数が経過していけば、小選挙区は二大政党制を導くというデュベルジェ法則の効果が徐々に発現していくのだという、いわゆる「過渡期」論が聞かれた。しかし、前章でみたように、いったんは成立した二大政党制的な政党システムが、近年においては多党化する傾向というのは、こうした「過渡期」論では説明し難い現象である。並立制導入から既に20年が経過したという意味においても、「過渡期」と論ずるのは不適切であろう。また、単に変化の中途であり、変化が緩慢であるということではなく、期待した変化とは逆行する方向の変化が生じているという点からも、過渡期という説明を用いるのは不適当であろう。

デュベルジェ法則の当否をめぐっては、前述のように、選挙制度によって政党システムが規定されるという考え方を批判あるいは修正する議論が存在している。まず、デュベルジェ自身、小選挙区制が持つ効果については、全国的な二大政党制をもたらすということよりも、各選挙区において有力な候補者の数が2人に収斂されるということであると論じている[2]。

　また、政党システムは単に選挙区定数といった選挙制度の影響を受けて形成されるのではなく、むしろ政党組織の社会的な基盤やその国の歴史や文化によって規定される側面が無視できないという議論が存在する[3]。

　ロッカン（Stein Rokkan）は、デュベルジェ法則に合致しない例が多数あることを示し、選挙制度が政党システムを規定しているのではなく、むしろ政党システムが先にあって、その政党システムに見合う選挙制度が選択されているという側面が存在することを指摘した[4]。

　また、サルトーリは、政党システムの「構造化」という点に着目し、市民社会に根を下ろし強固な組織を持つ政党を「構造化の強い政党システム」の国と、逆に議会外の政党組織が脆弱で議員政党的な政党を「構造化の弱い政党システム」の国とに分類した。加えて、サルトーリは、小選挙区制は二大政党制を導くとするデュベルジェ法則については、小選挙区制に代表される多数代表制は、有権者に与えられる選択肢が少ないため、「拘束性が強い選挙制度」である一方、逆に比例代表制は「拘束性が弱い選挙制度」であるとした。こうして、サルトーリは、政党システムの構造化という基準と選挙制度の拘束性という基準の二つの基準を掛け合わせ、四つのケースが考えられるとした。すなわち、政党システムの構造化も選挙制度の拘束性も強いという第一のケースでは、選挙制度による政党数の削減の効果がみられる。政党システムの構造化が強い反面、選挙制度の拘束性が弱いという第二のケースでは、選挙制度が持つ効果は政党システムの構造化の強さによって相殺・妨害される。政

党システムの構造化が弱い反面、選挙制度の拘束性が強いという第三のケースでは、特定の地域で多数派を形成することがない、全国的に万遍なく得票を集める中小政党が排除されるという効果のみとめられる。そして、政党システムの構造化も選挙制度の拘束性も共に弱いという第四のケースにおいては、選挙制度が政党システムに影響を及ぼすことはない[5]。

このように、諸外国の選挙制度の国際比較に関する研究においては、小選挙区制が必ずしも二大政党制を導くとは限らないとする研究が存在する。そうした研究者の主張に沿えば、現在の日本の状況において二大政党化が不完全であるというのは、当然のことであるといえる。前述のように、政党システムの構造化が弱い日本では、サルトーリの類型論の3番目に該当するといえ、全国レベルの政党数については、増えることも減ることもあり得るということになる。その実態は前章でみた通りだが、本章では、政党数の増加を促す要因としてどのような要因があるのかをみていくこととする。

(2) 政党助成制度の変遷

近年みられる多党化現象は、どのような理由によって起こっているのであろうか。本章は、並立制導入と当時に導入された政党助成制度について論じるが、政党助成制度という観点から、この近年の多党化現象の背景を探ってみることとする。

まず、政党助成制度の変遷について、ここで簡単に確認する。中選挙区制下における政治腐敗の病理は、自民党のように単独政権を志向する政党が同一選挙区に複数候補を擁立せざるを得ず、必然的に同士討ちが発生し、政党本位ではなく個人本位の選挙戦が展開されがちであり、個人本位の選挙は政策論争ではなく利益誘導を活性化したというものである。中選挙区制を廃止して小選挙区比例代表並立制を導入したの

は、同士討ちを撲滅し、政党本位の選挙を志向したものにほかならない[6]。並立制の導入と同時に導入された政党助成制度も、基本的にはこれと同じロジックであり、政党本位の政治を実現するために政党を強化しようということと、公費によって政治資金を賄うことで、熾烈な政治資金獲得競争とその見返りとなる利益誘導を抑制しようとしたものである。

　こうした目的の下、1994年3月、政党助成法が成立した。政党に対する助成額は国民一人あたり250円であり、2015年分の政党交付金の交付額は約320億円となっている[7]。各党への助成額は衆参両院の各党の議席の割合と、その議席を得るに至った直近の全国規模の衆参両院の選挙における得票の割合によって決定される。

　具体的には、助成額の半分は各党が国会に有する議席数の割合、残りの半分が衆議院および参議院の選挙における得票数の割合で決まる。前者を議席数割、後者を得票数割と呼び、両者はそれぞれ助成額の2分の1ずつである。このうち後者の得票数割の部分については、衆議院と参議院とに2分割されるので、衆議院の得票数割が4分の1、参議院の得票数割が4分の1となる。衆議院の得票数割は、直近の総選挙での得票の割合で決まる。この衆議院の得票数割はさらに半分に分割され、小選挙区選挙における全国集計の得票数の割合で半分、比例代表選挙における全国集計の得票数の割合で半分が決まる。参議院の場合は、得票数割の部分が選挙区選挙における全国集計の得票数の割合と比例代表選挙における得票数の割合とで半分ずつに分割される。そして、そのそれぞれについて、前回の通常選挙と前々回の通常選挙とで得票数の割合の数値を計算した上で、両者の平均値を算出する[8]。

　表3-1は、こうした助成額の算出基準を示したものである。

　こうした形で助成額が算出されるわけであるが、政党助成を受けるにあたっては、次の要件を満たさなければならない。すなわち、5人以上

の国会議員を有する政党か、または1人以上の国会議員を有し、かつ衆議院選挙の小選挙区選挙または比例代表選挙あるいは参議院選挙の選挙区選挙または比例代表選挙において全国集計の得票率が2%以上である政党に対して、公費助成が行われる。

　政党助成制度の概要は以上の通りであるが、この制度が導入された際と現在とでは、次の2点において相違がある。一つは、最初に公費助成がなされた1995年の時点では、衆議院の議席は中選挙区制下で選出されていたので、衆議院の得票割分の助成額は、中選挙区制下での選挙での全国集計の得票率を基準に決定されていた。もう一つの違いは、政党が公費助成のみに頼ることがないよう、公費助成額は各党の前年の収入

表3-1　政党助成額の算出基準

区分			各政党に交付する政党交付金の額の計算				
議員数割 [政党交付金総額の1/2]			議員数割 (1/2)	×	$\dfrac{当該政党の国会議員数}{届出政党の国会議員数の合計}$		①
得票数割 [政党交付金総額の1/2]	衆議院議員総選挙 [前回]	小選挙区	得票数割 (1/2)	×	1/4	×	得票割合	②a
		比例代表	得票数割 (1/2)	×	1/4	×	得票割合	②b
	参議院議員通常選挙 [前回] [前々回]	小選挙区	得票数割 (1/2)	×	1/4	×	得票割合の平均 (前回・前々回)	②c
		選挙区	得票数割 (1/2)	×	1/4	×	得票割合の平均 (前回・前々回)	②d
政党への政党交付金の配分額			① ＋ ②（a〜dの計）				

※ 得票割合＝$\dfrac{当該政党の得票数}{届出政党の得票数の合計}$

（「得票割合」は、有効投票総数に対する得票率と異なる）

※ 総選挙又は通常選挙が行われた場合は、再算定を行う。

出典：総務省HP（http://www.soumu.go.jp/senkyo/seiji_s/seitoujoseihou/seitoujoseihou04.html）
　　　（access:2015年6月30日）を元に筆者作成

額（政党交付金、借入金、重複計上分および繰越金を除外）の3分の2に制限されていたことである。

　公費助成額を前年の3分の2に制限するという基準は、細川内閣による政治改革関連法案の当初案ではなかった規定であるが、細川・河野トップ会談の後に修正された法案の中に盛り込まれたものである[9]。この規定は、政党が公費助成に過度に依存しないように促す効果があると考えられる一方、新規に結成された政党にとって極めて不利な制度であった。

　この前年の収入額によって公費助成額を制限するという規定は、1995年12月に自民党からの提案によって廃止された。その際の廃止の理由は、第一に公費助成の額が前年の収入実績に制限される結果、この3分の2条項をクリアするためにかえって過度な資金集めが行われるおそれがあること、第二に政党の収入源は各党の歴史・事情によって差異があるが、3分の2条項があるために結果的に各党の助成額に不平等が生じるおそれがあること、第三に政党の運営の当否は最終的には選挙を通じた国民の審判に委ねるべきであり、各党が公費助成にどの程度依存するかについては政党の自主性を認めるべきであること、というものであった[10]。

　こうした自民党の提案に対し、国会の審議では、自民党側からの提案によって導入された3分の2条項を政党助成制度の運用開始からわずか1年で廃止するのは朝令暮改であるという指摘がなされた[11]。なお、1994年1月の細川・河野トップ会談の際に細川連立内閣を構成していた政党は7党であったが、このうち新生党、日本新党、公明党、民社党の4党は1994年12月に新進党の結成に加わった[12]。したがって、自民党が前年の収入実績による制限を提案した時点では、新進党は構想の段階で結成されていなかったのに対し、自民党が前年の収入実績による制限の廃止を提案した時点では既に新進党は結成された後ということになる。

このため、政党の公費助成額を前年の収入に制限するという規定は、自民党が新たな政治勢力の結成を困難にさせるという意図をもって導入したものであるとの批判が出された[13]。

結局、この3分の2条項の廃止を盛り込んだ修正案は可決されたので、前年の収入額によって公費助成額を制限するという規定は1995年に1年間だけ運用されたのみとなった。その後も、例えば民主党をはじめとした主要政党の収入源が公費助成に過度に依存し過ぎであるといった批判は国会の内外でも指摘されているが[14]、1995年1月の制度運用開始から20年を経た今日においても、こうした制限は設けられてはいない。

このように、日本における政党助成制度は、1995年の制度導入直後に前年の収入実績による制限の撤廃という変更がなされたが、それ以外は大きな変更が加えられることなく現在に至っているといえる。

(3) 政党助成制度導入後の政党の性質

このように、制度導入直後において部分的な制度変更がなされてはいるものの、わが国の政党助成制度の基本的な特徴は、次のように要約されよう。第一点は、例えばアメリカの公費助成制度におけるマッチング・ファンドとは異なり、政党が公費助成のみに収入を依存するということが制度上は可能となっている点である。第二点は、国会に議席を有しない政治勢力は政党助成法における政党とは認められない反面、選挙による国民の審判を経ていなくとも、5人以上の国会議員の合意によって新しい政治勢力を結成すれば、それが政党助成法における政党として認められるという点である。第三点は、公費助成を受けるにあたって、各党は綱領を提出する必要があるが、各党の掲げる政策や基本理念の内容によって助成の可否が左右されたり、助成額が変動したりするような制度とはなっていない点である。そして、第四点は、党員数の多寡など組織基盤の状況は助成の可否や助成額の多寡に影響しないことである。

最後に、第五の特徴は、得票や議席は全て国会に関するものであり、地方議会や地方の首長選挙は助成額の算出基準の対象外となっていることである。

こうした特徴を一言で表すと、一定数の国会議員間の合意さえあれば公費助成の要件を満たすことが可能となっている制度であり、「市民社会の中の政党」というよりは「議会の中の政党」を支援する制度であるといえる。また、選挙における得票増が助成額の増額に繋がるために、各政党は公費助成額という観点で得票を増加させる誘因を持つのに対して、党員数を増加させることには公費助成額という観点からは必ずしも誘因を有しない。

前述の通り、公費助成は得票数割と議員数割の二つからなり、新党は得票数割分の助成額を受け取れないという意味では、この制度は新党の乱立をある程度抑制する効果を持っているといえる。しかし、議員数割分の観点からは、新党の結成はほとんど阻害されない。加えて、複数の既成政党が合併するという形で新党を結成した場合には、得票数割分と議員数割分の両方の助成額をその得票と議席の割合に応じて受け取ることができるので、新党が既成政党に対して不利となるということはない[15]。

こうした制度的特徴は、公費助成制度導入後の日本の政党システムにどのような影響を与えたのであろうか。一つは、二大政党化を促したことである。すなわち、民主党という新党が自民党に対抗する二大政党の一角として勢力を形成していくことを手助けしたという点が挙げられよう。民主党は公費依存度が高い政党であり、1998年には民政党と新党友愛、また2003年には自由党と合併して勢力を拡大したが、こうした政党合併は同党の公費助成額を得票数割と議席数割の両面で増額させることに繋がった。

だが、他方で、もっと規模の小さい新党の結成も相次いで観察された。前述のように、過去に衆参両院の全国規模の選挙を経験していない新

党でも、5名の国会議員が集まれば政党要件を満たすことができる。したがって、この制度は、4名以下の新党の出現を阻害するという性質は持っているものの、それは裏を返せば、5名以上の小規模の新党の結成

表3-2 1995年以降に結成され、国会に議席を有したことがある政党

	結成	解散・議席喪失	備考
憲法みどり農の連帯	1995.7	1995.7	参院選前結成
市民リーグ	1995.12	1996.10	年末年始結成
新社会党・平和連合（新社会党）	1996.1	1998.7	年末年始結成
民主党	1996.9	-	衆院選前結成
太陽党	1996.12	1998.1	年末年始結成
国民の声	1998.1	1998.1	年末年始結成
黎明クラブ	1998.1	1998.1	年末年始結成
新党平和	1998.1	1998.11	年末年始結成
新党友愛	1998.1	1998.4	年末年始結成
自由党	1998.1	2003.9	年末年始結成
改革クラブ	1998.1	2000.6	年末年始結成
民政党	1998.1	1998.4	
参議院クラブ（無所属の会）	1998.12	2004.7	年末年始結成
保守党	2000.4	2002.12	
政党・尊命	2001.6	2003.11	参院選前結成
保守新党	2002.12	2003.11	年末年始結成
保守クラブ	2002.12	2002.12	年末年始結成
国民新党	2005.8	2013.3	衆院選前結成
新党大地	2005.8	2011.12	衆院選前結成
新党日本	2005.8	2012.12	衆院選前結成
政党そうぞう	2006.9	2009.8	
改革クラブ（新党改革）	2008.8	-	衆院選前結成
みんなの党	2009.8	2014.11	衆院選前結成
日本創新党	2010.4	2012.9	参院選前結成
減税日本	2010.4	2012.11	参院選前結成
幸福実現党	2010.5	2010.12	参院選前結成
たちあがれ日本（太陽の党）	2010.4	2012.12	参院選前結成
新党きづな	2011.12	2012.11	年末年始結成
新党大地・真民主（新党大地）	2011.12	2014.12	年末年始結成
国民の生活が第一	2012.7	2012.11	
日本維新の会（維新の党）	2012.9	-	衆院選前結成
減税日本・反TPP・脱原発を実現する党	2012.11	2012.11	衆院選前結成
日本未来の党（生活の党、生活の党と山本太郎となかまたち）	2012.11	-	衆院選前結成

（続く）

みどりの風	2012.11	2013.12	衆院選前結成
結いの党	2013.12	2014.9	年末年始結成
次世代の党（日本のこころを大切にする党）	2014.8	-	
日本を元気にする会	2015.1	-	年末年始結成
おおさか維新の会	2015.11	-	

※政党名の後ろの括弧内は、党名変更後の政党名を表す。
※「解散・議席喪失」欄には、政党が解散されていなくても、国会に議席を有しない状態となった場合には、その時点の年月を記載。一度国会に議席を有しない状態となった後、再度国会に議席を有するようになり、その後再び議席喪失をしたという場合については「議席喪失」が複数回存在することになるが、その場合には最後のものを記載。
※衆議院解散から衆議院総選挙投票日までの間は、衆議院議員は前職となるが、この間は「現職」とみなしている。したがって、衆議院総選挙の結果として国会の議席を全て喪失した政党については、投票日の時点を「解散・議席喪失」としている。

を促進する効果を持っているものと考えることができる。実際、政党助成制度が発足した1995年以降に結成された新党のいくつかは、この5名というハードルを意識して結成されている。

　表3-2は、政党助成法における政党か否かを問わず、国会に1議席でも議席を有した新党の一覧である。この表にみられるように、5名もしくは5名を少しばかり上回る程度の小規模の政党が多数結成されている。特に、形式上は政党でありながらも無所属という看板を掲げる無所属の会、近い将来の政界再編の起爆剤的な存在となろうという意図が込められたフロム・ファイブなどは、その名称が注目に値する。これらは、政策や基本理念を同じくする議員たちが集う長期的・恒久的な組織となるべくして結成された新党ではなく、公費助成をはじめとした政党が享受できる制度上のメリットを念頭に置いて結成された短期的・一時的な組織としての新党であることが、党名から推察される。

　このほかにも、5名以上10名未満の規模で発足した政党は、国民新党、みんなの党、たちあがれ日本、新党大地・真民主、みどりの風といった政党がある。また、これら以外にも、発足の時点では5名未満であったものの、発足から1ヶ月以内に5名以上10名未満の規模となった政党として、新党日本[16]と改革クラブ[17]がある[18]。

また、もう一つの特徴は、こうした新党の結成時期は年末年始に多いということである。これは、政党助成法の政党要件の基準日が1月1日であることによる。より具体的には、1月1日は官庁は休みであるので、官庁仕事始めの日にあたる1月4日以降の最初の平日までに届け出がなされれば、その年の政党助成金の交付を受ける資格が発生する。こうした年末年始の時期、すなわち1月4日以降の最初の平日を基点に遡って1ヶ月以内に結成された政党としては、市民リーグ（1995年12月結党）、新社会党・平和連合（1996年1月結党・1996年3月に新社会党に改称）、太陽党（1996年12月結党）、自由党、国民の声、黎明クラブ、新党友愛、新党平和、改革クラブ（これら6党はいずれも1997年12月の新進党解党に伴って1998年1月に結党）、参議院クラブ（1998年12月結党・1999年12月に無所属の会に改称）、保守新党（2002年12月結党）、保守クラブ（2002年12月結党）、新党きづな（2011年12月結党）、新党大地・真民主（2011年12月結党）、結いの党（2013年12月結党）、日本を元気にする会（2015年1月結党）の16党がある。

　新党の結成時期としては、衆参両院の選挙前にも多くの新党が結成されており、1995年以降に結成された政党のうちで、衆議院総選挙または参議院通常選挙の公示日から遡って3ヶ月以内に結成された政党は16党にもなる。表3-2にある通り、1995年以降に結成され、国会に議席を有したことがある政党は38党あるが、年末年始の時期と衆参両院の全国規模の国政選挙が迫った時期以外に結成された政党は5党のみであった。

　このように、政党助成制度は、その後の新党の結成に大きな影響を及ぼしており、小規模政党の結成が促進されてきたといえる。

2．「影響」型政党の出現

(1) 空間理論に基づく新党の特徴

　小選挙区制と同時に比例代表制が導入されているから、現行の衆議院の選挙制度において二大政党化が不完全な形でしか観察されなかったのだという議論が存在する。この点については、次節において再び言及することとするが、複数の異なる選挙制度は、政党システムに対してそれぞれに異なる影響を及ぼすメカニズムを持ち得る。近年の学術研究では、例えば上神貴佳が、国政選挙と地方選挙における選挙制度の違いに着目して、それぞれの選挙制度がそれぞれ異なるメカニズムを持ち、それら複数のメカニズムは政党にとっては交差圧力となるとしている[19]。すなわち、互いに打ち消し合う可能性があるというわけである。

　この点については次節で言及することとするが、本節では、一つの選挙制度の内部にも複数の交差するメカニズムが存在し、それらが互いに打ち消し合う可能性があるという点に着目する。同時に、状況や環境に応じてそれら複数のメカニズムのうち、いずれがどれくらいに強力な効果を発現しうるのかという点について検討を加える。具体的には、一般的に二大政党化を促進するという意味で求心的なメカニズムが強いとされる小選挙区制においても、遠心的なメカニズムが内在されており、それらのメカニズムが交差圧力となって候補者や政党の行動や戦略に影響を及ぼしているという点について論じる[20]。

　二大政党制では、二つの政党は、できるだけ多くの有権者の支持を得るため、互いに近似した政策を掲げるようになるとされる。例えば、一次元の軸の上に有権者の政治的選好を表現するとして、図3-1のように中央部に多くの有権者の選好が位置するような状況の場合、政党Aと政党Bはそれぞれ中央部の最も有権者が多い位置に自らの政策位置をとることになる。例えば、図3-2のように、政党Aが中央より左側、政党

第3章　政党助成制度と政党の性質

図3-1

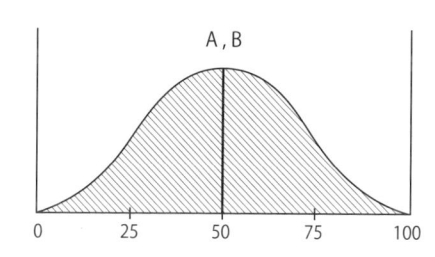

図3-2

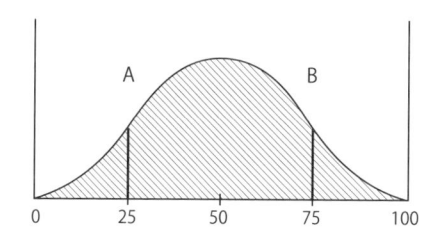

図3-3

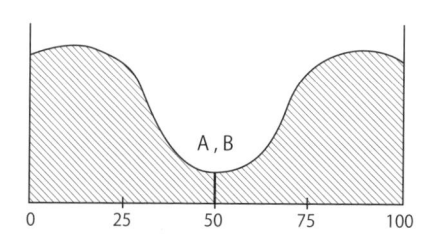

Anthony Downs, An Economic Theory of Democracy, New York: Harper & Row, 1957. を改変

Bが右側に位置していた場合には、政党Aは中央に寄ることでさらに多くの有権者の支持を得ることができるようになり、同時に政党Bも中央に寄ることで多くの有権者の支持を得ることができるので、結果として図3-1のような位置をとることになる[21]。これは、中位投票者定理（median voter theorem）と呼ばれるものである[22]。

なお、この考え方は、選挙の主要な争点が複数であった場合、すなわち、政策的な対立軸が一次元ではなく多次元であった場合についても拡張されている。また、ここでは、相争う候補者が選挙での勝利を最優先するという条件や、候補者が選挙結果を正確に予測できるという確実性の条件が仮定されているが、それらの条件を緩和した場合でも、中位投票者定理

が有効であることが研究されている。カルバート（Randall L. Calvert）によれば、再選よりも政策の実現を優先する候補者が存在すると仮定した場合でも、あるいは候補者が選挙結果を正確に予測できないという不確実性を抱えた状況下にいると仮定した場合でも、完全に中位投票者と

93

同じ位置をとらなくともほぼ中位投票者の位置に近い位置をとるようになるとされている[23]。

なお、有権者が必ず投票に出かけ、かつ自らの選好に少しでも近い政党が勝利する確率を増やそうとする限りは、上述のことは、有権者の分布が図3-3のように両端に多く位置している場合でも同様に発生しうる。有権者の分布は異なるが、図3-4から図3-3の状態への変化は、図3-2から図3-1への変化と同じロジックで生起しうる。

中位投票者定理は、政治空間上に異なる選好を持つ投票者が分布する状況において、中位の投票者の選好の位置が重要であることを示したものであるが、このような形で政治空間上の有権者の分布を用いて政党の政治行動を説明しようとする理論は、空間理論とも呼ばれる。この空間理論の先駆的な提唱者としては、商業における空間立地論を政治に適用し、二大政党の政策が互いに似通って政治空間上の中央部に位置するようになっていることを説明したホテリング[24]や、そうした二大政党の中央部への移動は両端の有権者の支持を失いかねないがために抑制される可能性があることを論じたスミッシーズ[25]などが挙げられる。だが、この空間理論を本格的に投票行動研究の分野で発展させたのは、投票行動研究における経済学的モデルの基礎を築いたダウンズであるといえる[26]。そこで、ここではダウンズの提唱した空間理論について再検討することとする。

先に述べたように、空間理論から中位投票者定理は導出されているものであるが、そこには幾つかの条件が加わる。一つの条件は、有権者が常に投票するという条件である。逆に、有権者が常に投票するわけではなく、自らの選好からある程度近似する範囲内に位置する政党がない場合には棄権するということを想定するならば、例えば図3-4のような場合には、政党Aと政党Bは中央への移動が抑制される。すなわち、政党Aが中央へと移動することによって得られる票数よりも、そうすること

図3-4

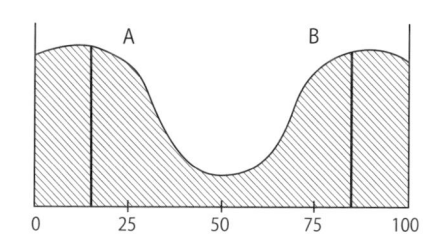

図3-5

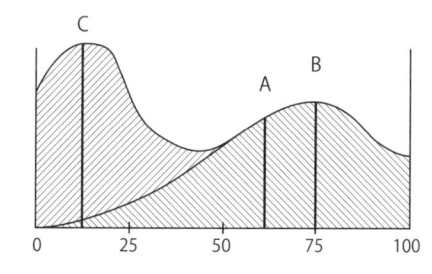

図3-6

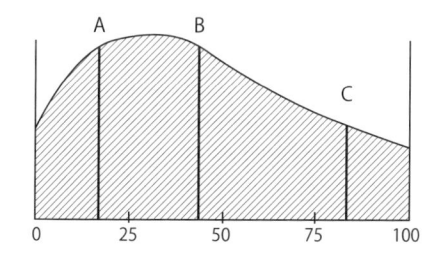

Anthony Downs, An Economic Theory of Democracy, New York: Harper & Row, 1957.を改変

で有権者が棄権して失ってしまう票数の方が多いからである[27]。

有権者の棄権ということに関連して、政治活動を支える活動家の観点から、二つの政党ないし二人の候補者が中央へと移動することが抑制されると論じた研究がある。アルドリッチは、政党幹部や将来自らが立候補することを意図しているような者ではない一般有権者が政治活動への参加・不参加を決定する際には、二つの要因が考慮されるという。すなわち、第一の要因は疎外（alienation）であり、自らの政策選好と政党・候補者の政策とが乖離するほど、その政党・候補者を応援するための政治活動に参加することが躊躇されるようになる。第二の要因は無関心（indifference）であり、自らの政策選好に近い政党・候補者が掲げる政策がそれに対抗する政党・候補者が掲げる政策と近似していくほど、政治活動に参加することが躊躇されるという。そして、これらの二つの要因を合わせて考えると、相争う二つの政党・候補者は、中位投票者の位置から一定以上離れた位置にいる有権者

を動員するために、求心的な移動が抑制されることになるのだという[28]。

　このアルドリッチの指摘は政治活動への参加・不参加に関するものではあるが、有権者が常に何らかの政治行動に参加することを所与の条件として仮定しない場合には、中位投票者定理に修正を加える必要が生じてくることを示すものであるといえる。

　もう一つの条件は、全ての有権者は自らの選好に少しでも近い政党が勝利する確率を増やそうとするという条件である。例えば、図3-5は、ダウンズが20世紀前半の英国における労働党の台頭と自由党の衰退を説明する際に用いたものである。この図では、Aが自由党、Bが保守党、Cが労働党で、右肩下がりの斜線の部分が旧来の有権者層、右肩上がりの斜線の部分が新たに選挙権を得ることになった新有権者層である。ここでは、新たに有権者となった労働者階級の選好に近い労働党が台頭する一方、自由党が衰退し、保守党と自由党による二大政党制から保守党と労働党による二大政党制に移行していくことになる[29]。しかし、図3-6のような場合には、新党Cが結成されたとして、右端に位置する有権者は政党Bに投票する。なぜなら、政党Cの得票がBの得票を上回る見込みが少ないので、政党Cへの投票は結果的に政党Aを利することになり、最も自らの選好に遠い政党Aの政策が実現されることになるからである。この場合、右端の有権者は政党Bに投票することになる。また、同時に、こうしたことが推論できるから、政党Cはそもそも結成されないということにもなろう。

　ところが、ダウンズは、こうした図3-6のような状況下で新党Cが結成され、右端の有権者が政党Cに投票する可能性を指摘している。それは、全ての有権者が自らの選好に少しでも近い政党が勝利する確率を増やそうとするとは限らないと想定した場合である。ダウンズはその例として、20世紀半ばのアメリカの州権民主党の例を挙げている[30]。1948年、州権民主党は、当時の民主党が公民権擁護を推進することに反発した南

部の民主党員たちによって結成された政党であるが、その目的は権力や名声を直ちに獲得することではなく、現存する政党がいつの日か有権者に提示する政策を変更させるところにあったという[31]。

ダウンズは、このような形で、現下の選挙での勝利ではなく、他党の政策選好に影響を与えることを主たる目的としている政党のことを、「影響（influence）」型政党と呼んだ。他方で、現下の選挙での得票最大化を主な目的とする政党のことを「現実（real）」型政党と呼んだ。なお、ダウンズは、「現実」型政党と「影響」型政党は、自らが政権という権力を獲得しようとするか否かという点について違いがあると同時に、前者が現在志向、後者が未来志向であるという点に違いがあるとしている[32]。

もちろん、ダウンズが論じるように、「影響」型政党であっても完全に現在の権力獲得に意欲がないわけではない[33]。だが、現実に存在する政党の志向性として、「現実」型政党としての色彩が強いのか、あるいは「影響」型政党としての色彩が強いのかについて論じる際の尺度としては、こうした区分法は有用であると考える。

このように、空間理論に照らし合わせると、同じ新党といえども、それは1920年代の英国の労働党のような「現実」型政党である場合もあれば、1940年代のアメリカ南部の州権民主党のような「影響」型政党の場合もありうる。それでは、政党助成制度導入以降に登場した政党は、こうした「現実」型政党と「影響」型政党という尺度でみた場合には、どのような特徴を持っているのであろうか。この点については、次項において検討を加える。

(2) 政界再編と「影響」型政党

前項では、ダウンズの空間理論に触れながら、政党を「現実」型政党と「影響」型政党の二つに分類する尺度について論及した。ここでは、

この分類法をさらに細分化して、次のような四分類を用いることとする。
　一つは、現在志向で、単独政権を形成するか、与党第一党として連立政権において中核的役割を演じることを目指す政党であり、一言でいえば政権を担当することを志向する政党である。具体的には、自民党や民主党がこれにあたる。
　二つ目は、「現実」型政党として現在志向であるものの、自らが単独政権を形成したり、あるいは連立政権の中で与党第一党となったりする見込みは当面なく、政権に参画することになったとしても、その役割は主役というよりはむしろ脇役で、与党第一党を支えつつも、与党第一党の掲げる政策に一部修正を迫るという形で自らの政策選好を部分的に実現させることを目指す政党である。具体的には、自公連立における公明党がこれにあたる。
　三つ目は、「影響」型政党ではあるものの、他党の政策に変更を迫るということにとどまらず、近い将来に自らが政権に参画することをも視野に入れている政党である。この政党は、近い将来において政党システムの再編が起こることを期待しており、現在の自党の勢力のみでは単独政権はおろか連立政権の一角を担って政策決定過程に関与することさえ難しいものの、来るべく政党システムの再編を通じて「現実」型政党の一員となることを目指している勢力である。これらの政党は、政界再編の起爆剤的存在となろうとする勢力であり、自らが政権の一員となることを目指しているという意味においては、完全なる「影響」型政党とは異なる。いわゆる「政局」を作り出そうとする勢力ということもできよう。
　最後の四つ目は、他党の政策決定に影響を及ぼすことが主たる目的となっている勢力で、特定の争点や特定の業界、特定の地域に関する利害については明確な政策・主張を標榜している政党である。例えば、郵政民営化に反対した国民新党や、新党大地のように特定地域に立脚する政党がこれにあたる。

もちろん、「影響」型政党であっても全く権力獲得を目指していないというわけではないとダウンズが述べているように[34]、この四つの類型は厳格に区分できるわけではなく、現実に存在する政党がこれら四つの類型のうち複数の性質を同時に持ち合わせるということもあり得ることである。ただ、ここでは、全ての政党が自民党のような政党と同様に現在志向であり、政権獲得や政策実現を目指しているわけではないという点に着目し、概念上の整理のために上述のような類型化を用いることとする。

　前章では、自民・民主の二大政党化が進行したあと、多党化現象がみられたことを確認した。この現象は、本節で論及している空間理論に当てはめて考えた場合、どのように解釈できるだろうか。

　ダウンズの議論によれば、「現実」型政党は政権獲得を目指して中位投票者の政策位置に近づいていく。他方、「影響」型政党は、「現実」型政党が吸い上げられない位置にいる有権者の選好を政策決定過程に反映させるために、「現実」型政党に政策変更を迫るべく結成される。つまり、「現実」型政党のいずれもが吸い上げることができない選好・利害が多い時にこそ、「影響」型政党の活動は活性化されやすいと推論できる。

　すなわち、それは「現実」型政党が中位投票者の選好にあわせる形で似通った政策を提示している時である。政策が似通っている政党が政権をめぐって争っている状態というのは、仮に政権交代が発生したとしても、国家の基本政策が大幅に変更されて社会的混乱を招来するという可能性が低いという意味で、政権交代の実現性が高い状態であり、政権をめぐって相争う政党同士が共に多数の有権者の支持を取り付けようと争っているという意味で、二大政党化している状態である。したがって、二大政党化が進行し、政権交代が現実味を帯びるほどに、こうした二大政党とは異なる目的を持った「影響」型政党が出現する潜在的な可能性も高まるということになる。

前章では、2000年代前半と2000年代後半とでは、日本の政党システムの状況として異なる傾向がみられることを確認した。衆参両院の国政選挙を振り返ると、2003年9月に民由合併がなされて自民・民主の二大政党化ということが意識されるようになった直後に行われた2003年総選挙では、比例代表選挙の名簿届出政党は自民、民主、公明、共産、社民の5党に限定され、続く2004年参院選においても比例代表選挙で議席を獲得した政党はこれら5党のみにとどまった。したがって、2003年総選挙や2004年参院選のあたりが、1990年代の政治改革以降で最も政党の実数が少ない時期であったわけである。
　ところが、民由合併は民主党の所属議員に占める保守系の割合を増加させることになり、対する自民党は小泉首相下での「改革」が前面に押し出されていった。こうして自民・民主の政治空間上の位置が近似していく中で、まさに「影響」型政党の萌芽が出てきたといえる。その契機は小泉首相の郵政民営化の推進と、それに反対する勢力による国民新党の結成である。
　もちろん、国民新党は郵政民営化反対という単一争点のみで自民・民主による二大政党化の動きを一挙に反転させるだけの力を持っていたわけではなく、こうした「影響」型政党の萌芽はみられつつも、しばらくは自民・民主の二大政党化の動きの方が表面上は顕著であった。ただし、二大政党化の動きは「影響」型政党の出現を促進するという反作用をも伴うものであったから、こうした動きはしばらくは顕在化せずとも、底流として進行した。実際、政党の実数としては、2003年総選挙が底であり、2005年総選挙以降は増加を続けてきたのである。そして、政権交代が実現した後の、2012年と2014年の総選挙において、多党化現象が顕在化したのである。
　このように、ダウンズが提起した「現実型－影響型」という概念・尺度を用いると、現実の日本の政党システムの変化と対応しているといえ

る。しかし、二大政党への収斂という求心力的な力学と多党化現象という遠心力的な力学はどこの国でも存在するはずだと考えられるから、ここで一つの疑問が残る。それは、アメリカのように前者の力学が後者の力学を圧倒し、二大政党制が安定している国も世界には存在するのに、なぜわが国の場合には近年これほど強い遠心力的な力学が働いて多党化現象が顕在化しているのかという点である。多くの国々では、こうした遠心力は既存の政党システムを破壊するほどの決定的な影響力を発揮し、政党の乱立が顕在化するまでに至ることは少ないであろうが、なぜわが国では近年政党数の急増という減少がみられたのであろうか。次節では、日本の現行制度においては、こうした遠心力的な力学が働きやすい要因が内在しているのか否かという点について検討を加える。

3．新党の登場を促す複合的要因

(1) 比例代表の存在

　小選挙区制を導入しても中小政党が存続したり、あるいは中小規模の新党が登場したりする理由としては、現行の衆議院の選挙制度が単純小選挙区制ではなく、比例代表と組み合わせた並立制であるからだということが有力な論拠として論じられている。すなわち、比例代表では中小政党が議席を獲得するために議会内の政党システムは二大政党制にはならないというのが、その理由である。

　さらに、選挙における得票率という面でみても、比例区選挙が多党化するのみならず、小選挙区に候補を擁立して選挙運動を展開することによって比例区選挙での得票の上積みをはかろうとする中小政党が存在するため、小選挙区選挙においても多党化のダイナミズムが作用しうる。

　この点については、既に多くの研究者や批評家、あるいは政治家自身によって言及されているので、ここでは詳しく論じないこととする[35]。

(2) 重複立候補

　前項の比例代表の存在は、政党というアクターの立場からみた中小規模政党の乱立の一つの要因である。それに対し、本項の重複立候補は、主に候補者というアクターからみた要因である。多くの政党では、衆議院選挙の候補者は小選挙区と比例区の両方に重複立候補し、そうした候補者たちの比例区の名簿順位は同順位となっている場合が多い。そこでは、惜敗率によって当落が決まるのである。仮に、ここで小選挙区で1位となって当選する見込みがほとんどない候補者がいたとして、そうした候補者であっても衆議院議員として当選できる可能性は残っている。すなわち、他の選挙区の同党の候補者よりも惜敗率が高ければ、比例区で復活当選できる可能性が残っている。

　そのため、小選挙区の選挙を勝ち抜けるだけの自信がない候補者であっても、小選挙区で立候補することになる。衆議院議員として初当選・再選を目指す者にとっては、小選挙区の選挙に立候補することを躊躇させる要因が小さいのである。これが、候補者側の立場からみた、小選挙区における候補者と政党の乱立を生み出す要因の一つである[36]。

　これを逆に政党の立場からみれば、中小政党にとっては、小選挙区に候補を擁立して選挙運動を展開することによって比例区選挙での得票の上積みをはかろうとする選挙戦略は、この重複立候補制によって下支えされている。小選挙区で候補者を当選させるだけの力がない小党の場合は、このような選挙戦略を採用したくとも、有望な人材をリクルートして候補者として擁立させることは困難であろう。しかし、重複立候補によって比例区の復活当選の可能性があることを示すことで、有望な人材を候補者として擁立しやすくなると推察される。

　もちろん、こうした重複立候補は、政党に所属していない無所属の候補にとっては不可能なことである。したがって、小選挙区の選挙で確実

に1位になれるだけの見込みがない候補者の場合は、どこかの政党に所属して重複立候補し、小選挙区で落選しても比例区で復活当選できる道を作っておくことが選挙戦略上の重要課題となる。そのため、仮に単純小選挙区制であったとしたならば無所属で立候補するような候補者たちは、複数人集まって政党を結成し、その政党から比例区の選挙にも重複立候補するという戦略を採用するものと考えられる。比例区に候補者名簿を届け出て候補者を擁立する政党になるための要件は、先に述べた政党助成法に基づく公費助成を受けるための要件よりも緩いものであり、供託金さえ用意できるのであれば、比較的に容易に比例区選挙に候補者を擁立することができる。

　さらに、供託金の原資となる政治資金という面では、政党助成制度の政党要件は国会議員を5人以上集めることで満たすことができる。このため、政治資金という観点からも、無所属の候補者たちが小規模の新党を結成して選挙を戦うということが促進されやすくなっているといえる。

(3) 無所属に不利な選挙運動の規制

　1994年に成立した政治改革関連法案は、中選挙区制下の個人本位の選挙が政治腐敗を生むという考え方に立脚していたため、選挙運動に関して政党本位を促す規定が盛り込まれた。例えば、衆議院の小選挙区選挙に係る政見放送については、無所属の候補者は全く機会が与えられない。また、比例区に候補者を擁立している政党は、比例区の選挙を戦うために選挙運動用自動車を使用することが認められるが、この比例区選挙用の選挙運動用自動車を小選挙区選挙の選挙運動にも転用することが可能である[37]。このように、小選挙区での当選を目指す場合においても、政党に所属することは、その選挙運動の幅を広げ、運動を有利に展開できるような規定となっているのである。こうした規定も、前項の重複立候補制と相まって、大政党に所属していない候補者たちが、無所属では

なくどこかの政党に所属するか、自ら新党を結成して立候補するのを促しているとものと考えられる。

表3-3は、衆議院の小選挙区選挙において、候補者と候補者届出政党（小選挙区選挙に候補者を擁立している政党）および名簿届出政党（比例区選挙に立候補している政党）ができる選挙運動についてまとめたものである。もちろん、当該の候補者がどの政党にも属していなければ、候補者届出政党が行うことができると規定されている選挙運動を実施することはできないので、表中の「候補者届出政党」と「名簿届出政党」

表3-3　候補者・候補者届出政党・名簿届出政党ができる選挙運動の比較

	自動車・拡声機	葉書	ビラ	ポスター	新聞広告	政見放送
候補者	自動車1台と拡声機1セット	3万5000枚を使用できる	7万枚のビラを頒布できる	公営掲示場に1枚ずつ掲示できる（サイズは最大で42×40cm）	5回の新聞広告	-
候補者届出政党（小選挙区選挙に候補者を擁立した政党）	候補者を擁立した都道府県毎に自動車1台と拡声機1セットを使用できる（擁立候補者数が3人超の場合は、人数に応じて増える）	2万枚を使用できる	4万枚のビラを頒布できる	公営掲示場以外の場所に1000枚掲示できる（サイズは最大で85×60cm）	総務省令に定める回数の新聞広告	政令に定めるところにより放送できる
名簿届出政党（比例区選挙に立候補した政党）	立候補したブロック毎に自動車1台と拡声機1セットを使用できる（当該ブロックで擁立した候補者数が5人超の場合は、人数に応じて増える）	-	-	-	総務省令に定める回数の新聞広告	政令に定めるところにより放送できる
公職選挙法の該当箇所	141条1項1号、同条2項、同条3項	142条1項1号、同条2項	142条1項1号、同条2項	143条1項5号、同条11項、同条12項、144条1項、同条4項、144条の2	149条1項、同条2項	150条1項、同条3項

の欄に記載された内容の部分が、無所属の候補者には許されず、政党に所属する候補者のみに許されている選挙運動ということになる。

　表に示した通り、無所属に対して不利な選挙運動の規制が存在していることが確認できる。

註

1　モーリス・デュベルジェ『政党社会学：現代政党の組織と活動』岡野加穂留訳、潮出版社、1970年、p.241.
2　上掲書、p.246.
3　例えば、Vernon Bogdanor, "Conclusion: Electoral Systems and Party Systems", In Vernon Bogdanor and David Butler (eds.), *Democracy and Elections: Electoral Systems and Their Political Consequences*, 1983, p.254.（加藤秀治郎・岩崎正洋訳「バーノン・ボクダノア「選挙制度と政党制」」、加藤秀治郎編訳『選挙制度の思想と理論』芦書房、1998年、p.222.）は、選挙制度が政党システムを決定する基礎的要因であるとする理論は、各国の政治の現実からすると裏付けがないものだとしている。
4　Stein Rokkan, *Citizens, Elections, Parties: Approaches to the Comparative Study of the Processes of Development*, New York: McKay, 1970.
5　Giovanni Sartori, *Comparative Constitutional Engineering: an Inquiry into Structures, Incentives and Outcomes*, 2nd edition, Basingstoke: Macmillan, 1997, pp.32-48.（工藤裕子訳『比較政治学：構造・動機・結果』早稲田大学出版部、2000年、pp.36-55.）
6　この点は、国内においては、多くの論者が指摘しているところであるから、ここでは国際比較という観点からみた場合の日本の中選挙区制の位置付けを論じた研究として、Matthew Soberg Shugart, ""Extreme" Electoral Systems and the Appeal of the Mixed-Member Alternative", In Matthew Soberg Shugart and Martin P. Wattenberg (eds.), *Mixed-Member Electoral Systems: the Best of Both Worlds?*, Oxford: Oxford University Press, 2001, pp.25-51. を紹介する。この研究は、単純な小選挙区制や単純な比例代表制ではなく、両者の中間的な選挙制度を採用する国々の比較研究であるが、中選挙区制下の日本については、政党中心的制度（party-centered system）か個人中心的制度（candidate-centered system）かという観点でみた場合、きわめて個人中心的な制度であったとしている。そして、現行の小選挙区比例代表並立制に移行した後については、個人中心的な側面は弱まったとしている。
7　総務省「報道資料　平成27年分政党交付金の交付決定」、総務省ウェブサイト（http://www.soumu.go.jp/main_content/000352520.pdf）（access:2015年6月30日）

8 なお、ここでいう「議席数の割合」および「得票数の割合」とは、単純な議席率および得票率とは異なる。分子の部分は各党の議席数や得票数であるが、分母の部分は、国会における総議席数や各選挙における有効投票総数ではない。分母については、政党助成金を受け取る要件を満たしている政党のうち、総務大臣に対して届け出をした政党の議席数の合計と得票数の合計が用いられる。つまり、政党助成金を受け取る要件を満たしていない政党や、要件は満たしているものの届け出をしていない政党、そして無所属の議席や得票は除外した上で計算がなされている。
9 1994年1月28日に行われた細川・河野トップ会談の際の自民党側からの提案は、「前年収入の40％」というものであった。その後、同年2月24日の政治改革協議会において、3分の2条項が盛り込まれた。
10 1995年12月8日の衆議院本会議において、この3分の2条項の廃止を盛り込んだ法律の修正案に対して賛成討論を行った斎藤文昭衆議院議員の発言の一部を要約。
11 1995年12月8日の衆議院本会議において、3分の2条項の廃止を盛り込んだ法律の修正案に対して反対討論を行った田端正広衆議院議員の発言の一部を要約。
12 これら4党以外に新進党結成に加わった勢力としては、1994年7月に自民党を離党した海部俊樹を代表として結成された自由改革連合がある。なお、公明党については、一部の議員は新進党結成には参加しなかった。
13 1995年12月8日の衆議院本会議における田端正広衆議院議員の発言の一部を要約。
14 最近では、2015年5月27日の衆議院政治倫理の確立及び公職選挙法改正に関する特別委員会において、穀田恵二衆議院議員が、政党の本部収入に占める公費助成の割合は、自民党が約6割、民主党が約8割にものぼっており、運営資金の大半を税金に依存しているのが実態だと指摘している。
15 これまでにあまりケースは少ないが、例えば1997年末の新進党の解党のように、互いに合意した上で一つの政党が解体・分裂されて複数の新党が結成されるという場合においても、一定の手続きを踏むことでそれら新党は得票割分と議席割分の双方の助成額を受け取ることができる。
16 2005年8月21日の結党の時点では、参議院議員であった荒井広幸の1名の国会議員が所属。このほか同年8月8日の衆議院解散によって国会議員の地位を失った青山丘、小林興起、滝実の3名の前衆議院議員が参加。3日後の8月24日に参議院議員の長谷川憲正が国民新党から移籍して入党し、参議院議員2名と前衆議院議員3名による政党となる。その後、結党から約3週間後に行われた衆議院総選挙においては、当選者は滝実の1名にとどまり、所属国会議員数は衆参あわせて3名となるが、比例区における全国集計の得票率が2.4％となったため、1名でも国会議員が所属していれば政党助成法の政党要件を満たせることとなった。なお、総選挙直後の9月12日には、8月24日に国民新党から移籍して入党していた長谷川憲正が国民新党に復党した。
17 2008年8月28日の結党の時点では、荒井広幸、大江康弘、松下新平、渡辺秀央の4名の国会議員が所属。のち、9月24日に西村眞悟が入党して所属国会議員数は5名となる。なお、結党へ向けての動きの中では、姫井由美子が所属していた民主党を離党して参加する予定であったが、民主党執行部の説得を受けて翻意し、新党結成の記者会見の直前に参加を取りやめた。したがって、改革クラブについては、政党助成法の政党要件である国会議員5名を意

識して結党された政党に含まれるといえる。
18 さらにこのほか、新党の結成ではないものの、政党助成法における政党要件を満たしていない政党が現職国会議員の入党によって政党助成法における政党要件を満たすようになるという形で、政党助成法による政党要件が強く意識された例がある。最近の例では、生活の党と山本太郎となかまたち（政党要件を満たした際に党名変更）がある。
19 上神貴佳『政党政治と不均一な選挙制度 国政・地方政治・党首選出過程』東京大学出版会、2013年、pp.3-4.
20 小選挙区制は必然的に個々の選挙区の地理的区域が小さくなり、他の選挙制度と比べて候補者と地域の有権者との繋がりが緊密になりやすく、全国的な政党間の政策論争よりも選挙区内の地域における候補者個人間の属人的な要素が選挙結果に大きな影響を及ぼし得るという議論がある。ここでは分析対象とはしないが、こうした議論についても、小選挙区制に内在する遠心力のメカニズムの一つということができるだろう。
21 Anthony Downs, *An Economic Theory of Democracy*, New York: Harper & Row, 1957, pp.117-118.（古田精司監訳『民主主義の経済理論』成文堂、1980年、pp.121-122.）
22 ブラック（Duncan Black）は、委員会における委員の投票行動と可決される議案の内容とに関する研究から中位投票者定理を生み出した。詳しくは、Duncan Black, "On the Rationale of Group Decision Making", *The Journal of Political Economy*, Vol.56, 1948, pp.23-34.
23 Randall L. Calvert, "Robustness of the Multidimensional Voting Model: Candidate Motivations, Uncertainty, and Convergence", *The American Journal of Political Science*, Vol.29, No.1, 1985, pp.69-95.
24 Harold Hotelling, "Stability in Competition", *The Economic Journal*, Vol.39, 1929, pp.41-57.
25 Arthur Smithies, "Optimum Location in Spatial Competition", *The Journal of Political Economy*, Vol.49, 1941, pp.423-439.
26 Anthony Downs, *op.cit.*（古田精司監訳、前掲書。）
27 *Ibid.*, pp.118-119.（上掲書、p.122.）
28 John H. Aldrich, "A Downsian Spatial Model with Party Activism", *The American Political Science Review*, Vol.77, No.4, 1983, pp.974-990.
29 Anthony Downs, *op.cit.* pp.128-129.（古田精司監訳、前掲書、p.132.）
30 *Ibid.*, pp.131-132.（上掲書、pp.134-135.）
31 *Ibid.*, pp.127-128.（上掲書、p.131.）
32 *Ibid.*（上掲書）
33 *Ibid.*, p.127.（上掲書、p.131.）
34 *Ibid.*（上掲書.）
35 一例を挙げると、加藤秀治郎『日本政治の座標軸 ──小選挙区導入以後の政治課題──』一藝社、2005年、pp.119-120.
36 小選挙区に加えて比例代表制が並立して導入されていることによって生じる効果に、重複立候補制の下で惜敗率によって小選挙区での落選者が復活当選できるという制度がもたらす効果が加わって、小選挙区の有力候補者が2に収斂していかない理由について論じた研究

としては、例えば、上神貴佳、前掲書、p.247.
37　参議院選挙においては、比例区の選挙運動用自動車を選挙区の選挙運動に転用することはできない。ただし、その逆は可能である。

第4章　政治改革以前の政党別得票状況

1．選挙と地域性に関する過去の研究

（1）地域性と選挙結果との間の関連

　前述のように、「小選挙区制は二大政党制を導く」というデュベルジェ法則が機能するか否かを分けるものは、各党の地域別得票率がどのように偏っているかということにある。そこで、本章と次章では、各政党の得票の地域差に焦点を合わせる。

　もちろん、各政党の得票を規定する要因としては、経済政策や、郵政民営化、憲法改正、原発再稼働などの重要争点の存在が考えられうるが、本章では、具体的な政策・争点については立ち入らないで、制度や社会構造の観点から議論を展開していくこととする。

　ところで、こうした地域性と選挙結果との間の関係を探る研究は、選挙研究の中では社会学的アプローチの一つであるといえる[1]。そうした一連の研究からは、例えば、自民党は農村部で強く都市部で弱いというような言説が導き出されてきた[2]。

　地域性研究の多くは、都市部と農村部における各政党の得票率の違いについて論じている。例えば、市・町・村といった自治体の規模や人口密集度などを都市化を示す尺度として設定し、こうした都市化の度合いを独立変数、各党得票率や投票率を従属変数としたモデルに基づいて研

究を行っている。

　都市化の度合いというものは、例えば国勢調査のような一般的な統計資料からある程度普遍的な尺度で表れてくるものである。産業別従事者構成比にしても、老年人口指数にしても、一般的に用いられている統計資料のほとんどは、後述するように、多かれ少なかれ都市化の度合いと関連しているといえる。こうした一般的な統計資料を用いた分析では、地理的位置関係が考慮されないなどの特徴がある[3]。

　反面、一般的に地域性といった場合には、例えば、岩手県は小沢一郎の人気が高いというような言説も含まれる。このような例は、一般的な統計資料からみてとれる地域性では説明できないが、何らかの岩手独特の風土、あるいはこれまで小沢が築き上げてきた地盤を反映したものであり、前述のような一般的な統計資料から観察できる地域性とはまた別の地域性ということができよう。これを、固有の地域性、あるいはお国柄や土地柄などと呼ぶこととする。後に論じるように、日本の選挙についての数量的な分析の多くは、こうした固有の地域性について焦点をあてるものは少なかったといえる。

　なお、国外においては、こうした都市対農村以外の固有な地域性を焦点においた分析の例が存在する。ここでは、一例として、英国における南北格差の研究を指摘しておきたい。英国の南北格差とは、北部で労働党が強く南部で保守党が強いという現象であるが、ヒース（Anthony Heath）らは、英国には分断された「二つの政治的な国家（two political nations）」が存在するとまで評している[4]。また、カーティス（John Curtice）とスティード（Michael Steed）によれば、この南北格差は1950年代後半に既にみられるとされ[5]、ジョンストン（Ron J. Johnston）とパティ（Charles J. Pattie）によれば、南北格差は1987年総選挙以降にその存在が注目され、多くのジャーナリスティックな分析が格差の拡大を指摘するようになったという[6]。そして、カーティ

110

スとパーク（Alison Park）によると、南北格差は1990年代に入って縮小されつつも、消滅するには至っていないという[7]。さらに、バトラー（David Butler）とストークス（Donald Stokes）によれば、こうした格差の一部は北部に労働者階級が多く居住するという階級分布の偏りによって説明されるが[8]、全てを社会階級に帰すことはできず[9]、ジョンストンとパティによれば、暮らし向きに関する認識が同じでも、南部の有権者は北部の有権者よりも与党を支持する傾向が強いという[10]。このように、英国では多くの研究者が都市対農村以外の固有な地域性の存在を指摘している。なお、この英国の南北格差に関しては邦人研究者もおり、小堀眞裕が1980年代の政党支持における南北分極化について分析し、都市対農村などの軸では説明できない南北格差の存在を明らかにしている[11]。

　ここでは詳しく論じないものの、もちろん、英国における南北格差のほかにも、こうした地域間格差は存在する。一般的によく知られた例を挙げれば、アメリカでは、2000年や2004年の大統領選挙では共和党のブッシュ（George W. Bush）候補が南部諸州を押さえたものの、過去に遡れば、南部諸州が民主党の牙城であったことがよく知られている。さらに、我々は、アメリカ大統領選挙の時期になると、「この州は過去数十年間にわたって勝った方の大統領候補に投票してきた」という報道を耳にするし、大統領選挙の際には内陸部に位置する州と海洋に面した州との間で投票行動に差異が生じてきたことが指摘されている。

　国内においても、地理学などにおいては、例えばクライナー（Josef Kreiner）が、細長い日本列島の地域性を分析する際に、東西の軸や日本海対太平洋の軸など、都市対農村の軸や中央対地方の軸以外の対立軸を想定している[12]。また、安東誠一は、個性豊かな地場産業の存在も見過ごせないと指摘している[13]。

　ところが、クライナーも指摘する通り、現代日本に存在する多元的な

地域性の意味するところを総合的かつ学際的に取り上げる研究は意外に少なく[14]、固有な地域性と政治あるいは選挙との関連を指摘する研究も少ないのが現状である。また、取り上げられたとしても、特定の地域を対象とした事例研究が多く、全国的にどのような差違が生じているかという点については、考慮されていないか、特定地域の分析結果からの推論がなされているにすぎない。全体的に、事例研究は個別に独立して実施され、それらを相互横断的にとらえる試みは少ないといえる。確かに、日本全国を視野に入れた研究の中にも固有な地域性について言及するものもあるが、分析の焦点は固有の地域性にはなく、あくまでも統計的な地域性で投票行動や選挙結果を説明することに当てられ、そうした際に出てくる逸脱事例を補足的に説明するために固有な地域性が取り上げられている[15]にすぎない。

そうした中、NHKによる全国県民意識調査は、例外的な研究である。この調査は、伝統的価値観や生活満足度、近所づきあい、郷土意識といった様々な領域における県民性の違いを浮き彫りにすることを目的とした調査であり、調査の対象領域には政治意識も含まれているのであるが、残念ながらこうした調査は定期的に行われているわけではない[16]。

本章では、都市化の度合いという観点からみた地域間の差違についての分析を主とするが、こうした固有な地域性も補助的に視角に含めながら、これらの固有の地域性の影響を受けたと考えられるような事例についてみていくこととする。もちろん、各々の地域にどのような固有な地域性が存在するのかを明らかにし、それが当該地域の選挙結果にどのように影響しているのかについての因果関係を特定することは、そう簡単にできることではなく、地理学や歴史学、社会学、文化人類学など多岐にわたる周辺諸科学の知識を総動員してはじめて明らかにすることができるものである。しかし、その反面、こうした固有の地域性に最も関わりが深いと考えられる研究領域である日本文化論においてさえも、日

本各地にみられる多元的な地域性を比較分析する試みは盛んとはいえず、武光誠によれば、日本人は自らが単一民族であるという表現を好んで用いる傾向があり、日本文化と外国文化との間の比較は盛んに行われているものの、日本史や日本文学、日本思想といった日本文化についての研究は日本文化の単なる平均像を扱っており、日本国内にある地域性の多元性については重視されていないという[17]。

そこで、本書では、部分的にではあるが、データの中から一般的な統計資料では説明できないそれぞれの地域の特殊性についても視野に含め、選挙結果に表れた固有な地域性の実態を観察し、記述することとした。なお、必要に応じて、前述のNHKの全国県民意識調査において明らかにされた県民意識について参照する。

(2) 都市化と選挙結果との間の関連

日本の選挙研究の中で地域特性を扱った研究は、人口集中地区人口という指標を用いるものが多い[18]。西平重喜の研究[19]や上條末夫の研究[20]、綿貫民輔の研究[21]、沖野安春[22]の研究が、その例である。人口集中地区とは、「1 km^{2}の人口密度が4000人以上で、それが集団として合計5000人以上まとまっている範囲」と定義され、DID人口と呼ぶ場合もある[23]。そして、人口に占める人口集中地区人口の割合を、人口集中地区人口比、DID人口比、あるいは人口集中率などと呼んでいる。

また、人口集中地区人口比だけでなく、人口に占める就業者の比率や人口増加率などの多数の指標を投入して主成分分析を行い、そこから「都市―農村」という第1軸と「活性－停滞」という第2軸を析出して分析する研究もある。代表的なものとしては、小林良彰の研究[24]が挙げられる。さらに、人口集中地区人口を用いず、その他の複数の統計指標を用いる分析もある。例えば、白鳥令は、1969年衆議院選挙について、因子分析を用いて都市化指数という指標を作成し、都市化と選挙結

果との間の関係を論じている。ちなみに、この都市化指数は、定数や面積、有権者数とその増加率、市郡部有権者比率、投票率、各党得票率などの14項目を変数として選び、因子分析によって都市化現象を一つの共通因子として浮かび上がらせ、各選挙区のその因子に対するベクトルを計算するという形で求められたものである[25]。他方、蒲島郁夫は、老年層割合、若年層割合、第一次産業割合、第三次産業割合、人口規模という五つの変数を用いているが、主成分分析にはかけず、それらの変数をそのまま重回帰分析にかけている[26]。

さらに、より単純に、区、市、町、村といった3300余の行政区の都市規模を説明変数とした分析もある。これらの研究では、町と村を町村として一つのカテゴリーにまとめたり、逆に一般市を人口10万人以上と10万人未満とに分けたりしている。これらは、基本的には、都市規模を説明変数とした分析といえる。例えば西平の研究では、6大都市（東京、横浜、名古屋、京都、大阪、神戸）・人口20万以上の市・人口10万台の市・人口5〜10万の市・人口5万未満の市・町村というカテゴリーを用いて分析が行われている[27]。

人口集中地区人口比のみを用いる方法も、多数の統計指標を用いる方法も、どちらも長短はあるだろう。ちなみに小林は、人口集中地区人口比だけでは、東京や大阪では大部分の選挙区が人口集中地区人口比が100％となって区別がつかないことなどを指摘した上で、32変数を用いた分析を行っている[28]。これに対し、上條は、人口集中地区人口比という単一の指標では限界があることは認めつつも、分析が煩雑になる[29]ことと、人口集中度が地域特性にとって最も重要な変数であることは間違いなく、マクロな分析にとっては簡便かつ有効である[30]ことを理由に、専ら人口集中地区人口比を用いて分析を行っている。実際、主成分分析には幾つの変数を投げ込めばよいのかという問題があり、小林自身の研究でも、32変数を用いた分析[31]、28変数での分析[32]、23変数での分析[33]、

8変数での分析[34]など、常に同じ変数を投げ込んでいるわけではない。

なお、このほか、京極純一は人口集中度ではなく第一次・第二次・第三次産業に従事する人口の比率をデータとして衆議院中選挙区を四つに分類した分析を行っている[35]。

また、過去の研究では、目的変数には相対得票率や絶対得票率が設定される場合が多いが、得票率以外のものを目的変数に設定する研究もある。例えば、蒲島は投票率[36]や二つの選挙の間の得票変動[37]を、京極は定数不均衡や立候補の状況[38]を、水崎節文と森裕城は中選挙区制下での票割りや得票の地域的偏り[39]を目的変数として設定している。

加えて、都市の発展段階という側面に着目した分析として、菅澤均の研究が挙げられる。菅澤は、一つの都市圏を中心都市と郊外とに分けた上で、都市圏全体としては人口が増加するが増加は中心都市に限られる第一段階、中心都市に限らず郊外にも人口増加がみられる第二段階、中心都市も人口は増加するが郊外でより急速に人口増加が起こる第三段階、都市圏全体としては人口が増加するが中心都市では人口減少がみられる第四段階といった形で都市の発展段階を類型化している。そして、この類型を用いて都市圏を分類し、第四段階に分類される東京都市圏を主に対象として取り上げて分析を行っている[40]。

(3) 固有な地域性と選挙結果との関連

前述のように、日本の選挙研究における地域特性研究のほとんどは、国勢調査などの一般的な統計指標を用いて地域間の選挙結果の違いを説明しようとするものであり、基本的には、一般的な地域性と選挙結果との間の関連を探る研究であるということができる。そして、その一般的な地域性とは、ほとんどの場合、人口集中の度合いすなわち都市化の度合いを意味するものといってよいようである。

例えば、小林の研究では、32の変数を主成分分析にかけた結果、第

一主成分として「都市―農村」の軸が析出されているが、この第一主成分と人口集中地区人口比との相関係数は-0.943と、極めて高くなっている[41]。なお、小林はこの軸とは別に第二主成分として「活性－停滞」の軸を析出しているが、小林自身も認める通り、第一主成分の寄与率が第二主成分の寄与率に対して圧倒的に高くなっており[42]、基本的には、一般的な統計資料を用いて析出される地域特性とは、都市化の度合いを示すものであるといえる。

他方、固有な地域性と選挙結果との間の関連を探る研究については、その数は少ないものの、皆無というわけではない。こうした固有な地域性と選挙結果との間の関連を探る研究は、大きく分けて二つの流れがあるようである。

一つは、地政学ないし政治地理学といった、地理学系の学者たちによる研究である。この分野の研究の系譜は、横山昭市の論文[43]や高木彰彦の論文[44]にまとめられている。これらの論文の参考文献一覧から主題に選挙という語を含む論文を探すと、日本の政治地理学の中で初めて選挙について扱ったものとして1950年代後半に清水馨八郎の研究[45]が挙げられるものの、この研究は当時としては珍しく[46]、日本の政治地理学における選挙研究への取り組みは1990年代に入ってから本格化してきたようである[47]。したがって、この分野における固有な地域性と選挙結果との間の関連を探る研究は皆無ではないが、十分な研究蓄積がされているとはいえない。

もう一つは、選挙研究者をはじめとした政治学者や、マスメディアの世論調査担当者のようなジャーナリストたちによる研究である。例えば、高畠通敏は、複数の選挙区の事例研究を行い、その結果を一冊の書物に集成しているが、その中で、同じ農村部でも、金権選挙は大都市の周辺に位置する農村地域において最も盛んになることを論じている[48]。さらに、高畠は、やはり同じ農村部でも、農民の土建業への脱農化が進んだ

地域と比べ、北海道や東北のように農民が未だに純粋に農業に頼って生計を立てようとしている地域では、列島改造という開発志向の利益誘導政治が農業切り捨てに繋がることを敏感に感じ取って自民党に対する反発を強めていることを論じている[49]。また、新井久爾夫も、自民党支持率の地域差は単に都市化の度合いでは説明しきれないことを指摘し、伝統的価値観と現状肯定志向の二つの観点から北関東、北陸、南九州などで自民党支持率が高いことを説明している[50]。しかし、こうした統計指標以外の側面から地域特性と選挙結果の関係を考察する試みは未だに少ないといえる。

2．都市化と選挙結果の関係

(1) 人口集中率による各選挙区の類型化

　本書では、1990年代の政治改革以後、すなわち1990年代後半以降の状況を詳しく探ることが主目的である。だが、単に1990年代後半以降のデータのみを分析するのではなく、政治改革以前のデータについても分析を行うことは重要である。政治改革以前の状況と政治改革以後でどのような違いがあるのかを比較することを通じて、政治改革以後の選挙に地域特性がどのような影響を及ぼしているのかということを長期的な時間軸の中で捉えることができる。そこで、ここでは政治改革以前における地域特性と選挙結果の関係についてみていくこととする。

　まず、政治改革以前に行われたそれぞれの衆議院選挙について、都市化の度合いと各党得票率との間の関係がどうなっているのかについて概観することとする。具体的には、各選挙区を人口集中地区人口比に応じてAからGまでの七つのカテゴリーに類型化し、それぞれのカテゴリーにおける得票率を算出し、それを選挙間で比較することとする。なお、これらAからGまでの七つのカテゴリーは、そこに属する人口がほぼ同

数となるような形で分類されている。

分析結果は、図4-1から図4-5に示した通りである。

自民党の折れ線グラフを1958年から1993年まで順を追ってみていくと、得票率の下がり方に特徴があることがわかる。それは、農村的選挙区の得票率は低下が非常に緩慢で、かなり時代が下っても高い得票率が維持されている反面、都市的選挙区における得票率は1960年代には早くも急落していることである。1960年代の選挙の中でも、特に都市的選挙区の得票率の低下が激しかったのは1967年総選挙である。こ

図4-1　人口集中率別・自民党の得票率（選挙区単位）

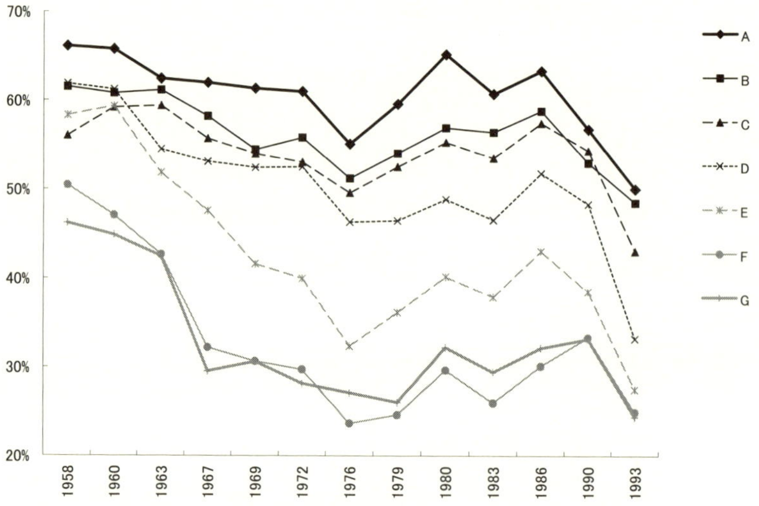

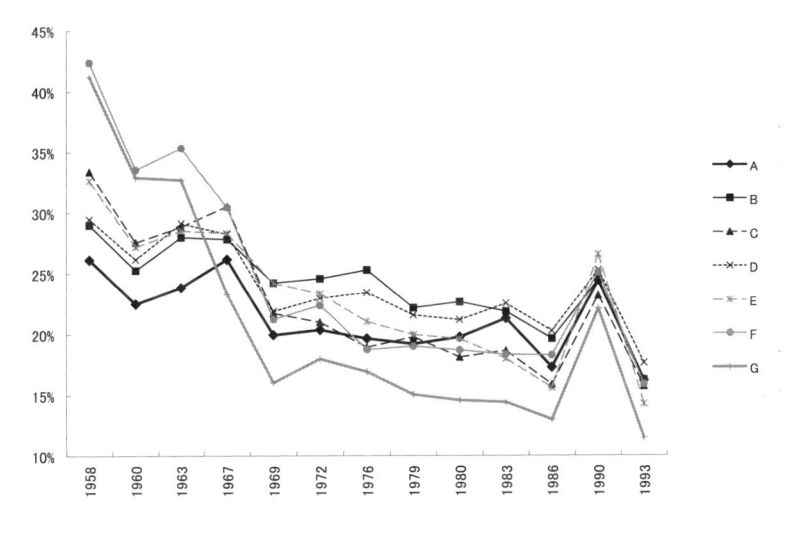

第4章　政治改革以前の政党別得票状況

図4-2　人口集中率別・社会党の得票率（選挙区単位）

図4-3　人口集中率別・民社党の得票率（選挙区単位）

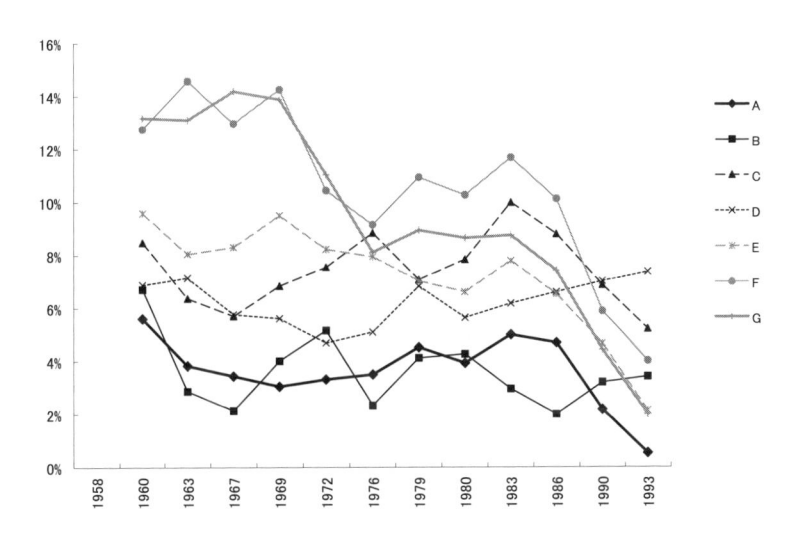

119

図4-4　人口集中率別・公明党の得票率（選挙区単位）

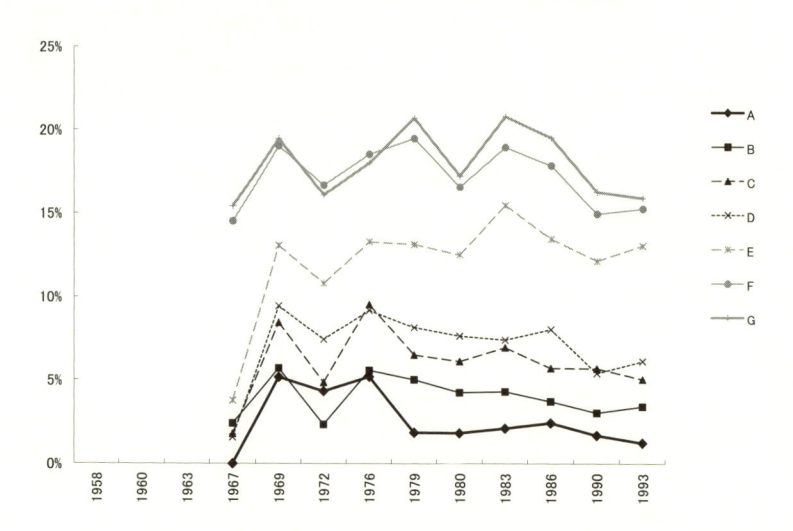

図4-5　人口集中率別・共産党の得票率（選挙区単位）

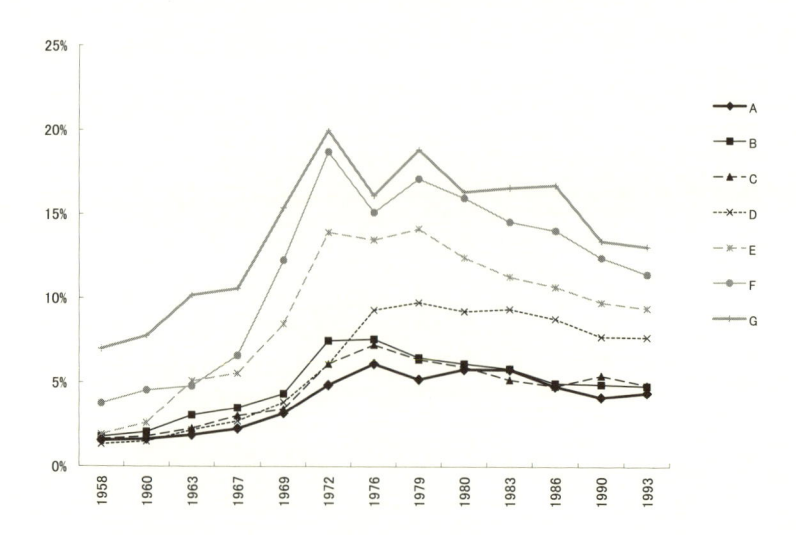

の1967年総選挙は、公明党が初めて総選挙に登場した選挙であったが、都市的選挙区で公明党という新たな競合する勢力が出現したことが契機となって、自民党の都市部での得票率は農村部のそれと比べてかなり低くなるようになったといえる。

　結党当初より、もともと自民党の得票率は都市的選挙区で低く、農村的選挙区で高いという傾向がみられた。例えば、1955年の結党以来初の総選挙となった1958年においては、最も都市的な選挙区であるGでは46.2%の得票であったのに対し、最も農村的な選挙区であるAでは66.1%の得票を獲得した。その差は19.9ポイントだが、1960年総選挙と1963年総選挙においても、AとGの間の得票率の差はそれぞれ20.9ポイントと19.9ポイントであり、しばらくは20ポイント程度のところで推移していた。それが、1967年総選挙の際に、一気に32.4ポイントにまで拡大したのであった。

　こうした1960年代後半において拡大した都市的選挙区と農村的選挙区との間での得票率の差は、1970年代以降も継続してみられた。1970年代に実施された3回の総選挙において、都市的選挙区か農村的選挙区かにかかわらず、全てのカテゴリーで最も得票率が高かったのは1972年総選挙である。逆に、最も都市的なGを除くと、全てのカテゴリーにおいて1976年総選挙の得票率が最も低くなっており、1979年総選挙には程度の差こそあれ得票率は上昇した。ただし、全てのカテゴリーにおいて、1979年総選挙の得票率は1969年総選挙や1972年総選挙の得票率よりも低くなっているので、全体としては、1970年代は都市か農村かを問わず、自民党の得票率が徐々に減少した時期であったといえる。

　1980年代に行われた3回の総選挙では、全てのカテゴリーで、1979年総選挙の際の得票率を上回っている。1980年代は、保守回帰の現象がみられた時期だといわれているが、そのことがこのグラフからも確認できる。ちなみに、保守回帰は都市部の有権者の保身化と深く関わりがあ

るというのが通説ではあるが、このグラフをみる限り、保守回帰の時期に自民党の得票率の増加が農村部と比べて都市部において特に顕著であると断言するのは難しい。むしろ、保守回帰という現象が指摘された時期において、自民党は農村部においても得票率を伸ばしているといえる。

　なお、1970年代から1980年代の時期においては、基本的には都市的選挙区と農村的選挙区との間の得票率の差はさほど変化しなかった。1960年代後半から1980年代までの時期に実施された8回の総選挙において、最も農村的な選挙区であるAと最も都市的な選挙区であるGとの間の得票率の差を計算すると、最も差が大きい1979年総選挙で33.5ポイント、最も差が小さい1976年総選挙で28.0ポイントとなる。すなわち、30ポイント程度のところで一定している。

　こうした状況は、1986年総選挙以後に行われた1990年と1993年の2回の総選挙の際に変化する。最も農村的な選挙区であるAと最も都市的な選挙区であるGとの間の得票率の差は、1990年総選挙の際は23.6ポイント、1993年総選挙の際は25.7ポイントと、1970〜1980年代よりも縮小した。1990年総選挙においては、1986年総選挙と比較して、FやGといった都市的選挙区では得票率が微増した一方で、AからEまでの農村的選挙区ないし中間的選挙区では得票率が下落したことで、農村的選挙区と都市的選挙区との間の得票率の差が縮小することとなった。1993年総選挙では、1990年総選挙と比べれば都市的選挙区と農村的選挙区との間の得票率の差はわずかに拡大しているものの、1970〜1980年代の時期の水準にまで戻ることはなかった。

　1986年総選挙以降の時期は、国際的な農産物取引に関する規制の撤廃が議論された時期であった。1986年総選挙以降、GATTのウルグアイ・ラウンドが開始され、1988年に牛肉・オレンジの自由化について最終合意が取り付けられた。その後、1992年には全ての輸入制限措置を関税に転換する包括的関税化を目指す方向の提案がGATTのダンケ

ル事務局長からなされ、1994年にはこの包括的関税化の方向性を踏襲した最終合意案が調印されるに至り、コメの輸入自由化が決まった。このように、都市的選挙区と農村的選挙区との間における自民党得票率の差の縮小が起こった時期というのは、都市部の住民に比較して農村部の有権者にとって不人気な政策決定がなされたり、そうした政策決定をすることが議論されたりした時期にちょうど当てはまるわけである。

以上、みてきたように、中選挙区制下における自民党得票率の都市―農村間の格差は、結党からしばらくの間が20ポイント程度、1960年代後半から1980年代までが30ポイント程度、1990年代前半が25ポイント程度となっている。このように、時期によって都市―農村間の得票率の格差はその表れ方が異なるのであるが、1958年から1993年までの55年体制下の総選挙を全体的に見渡すと、自民党は農村的選挙区で高い得票率を得る一方で都市的選挙区で得票率が伸び悩むという傾向が明確に表れているといえる。

次に、自民党に次ぐ勢力を誇った社会党についてみていくこととするが、社会党については、左右統一からしばらくの時期と1970年代以降の時期とを比べると、かなり得票率を減少させていることがわかる。その下がり方をみると、農村部での得票率の下がり方は緩やかなのに対して、都市部での得票率の下がり方が急である。1958年にはGで41.2％もの得票率を記録しているが、それがわずか10年足らずの間に23.3％にまで低下してしまっている。

図4-2は、社会党の得票率の推移を示したものである。これをみると、55年体制の初期は農村から都市へと向かうにつれて得票を増加させていたが、1960年代後半からはこの傾向が崩れたことがわかる。ただし、逆に最も農村的なAの得票は、最も都市的なGの得票を上回ってはいるが、中間的地域の得票はAの得票をさらに上回っている。そして、グラフからは、こうした状況が55年体制が崩壊するまで永続していたこ

とが読み取れる。

　図4-3の民社党のグラフをみると、同党が都市部依存の傾向を持っていることが比較的容易に理解できる。このグラフをみて指摘しておくべき点は二点である。一つは、農村選挙区での得票率の動きが鈍いのに対して、都市部での得票率の変動が激しいことである。もう一つは、都市と農村における得票率の格差は、急速に1970年代後半に縮まり、55年体制末期には中間的地域を最も得意とする政党に変質したことである。

　図4-4にあるように、公明党は、当初はFやGといった都市的地域を得意とする反面で中間的地域や農村的地域は苦手としていたが、中間的地域でもEのようにやや都市的な色彩を持つ地域については得意とする地域へと変貌してきているという点である。

　図4-5の共産党のグラフは、都市にいくほど得票率が高くなるという傾向をかなり鮮明に示している。都市部ほど得票率の揺動の幅が大きいという点については民社党と同様だが、民社党の都市部での得票率の変動が農村部での得票率の推移とかなり独立した形で進行していることがあるのに対して、共産党の場合は、都市部と農村部の得票率の変動は、かなりの程度まで連動しているようである。

　なお、図は割愛するが、新自由クラブは都市部で強い政党であった。社民連については、そもそも擁立されている候補者の数が少ないので断定的はしにくいが、最も得票率が高かったのはGかEであるから、やや都市的な中間的地域や都市的地域で強い政党であるといえる。

(2) 選挙区別得票データを用いた回帰分析

　次に、選挙区別得票データと回帰分析の手法を用いて、中選挙区制下の地域性と選挙結果との間の関連を探る。ここでは、他の多くの地域特性研究に従い、人口集中地区人口比を都市化の度合いとして設定し、都市化の度合いと各党の相対得票率との関係を探ることによって、一般的

な地域性が選挙結果に与える影響をはかることとする[51]。

都市化の度合いを表す人口集中地区人口比については、基本的には分析対象となる選挙からみて時間的に最も近いところで実施された国勢調査の結果を用いる。つまり、1958年4月から1963年3月の間に実施された選挙の場合は、1960年10月に実施された国勢調査のデータと組になり、1963年4月から1968年3月までに実施された選挙の場合は1965年国勢調査と組になる。以下、このように進めて選挙データと国勢調査データの組を作成していく[52]。そして、都市化の度合いをX軸、各党得票率をY軸にとって回帰分析を行う。

こうすることで、都市化の度合いと各党得票率との間の関係を、相関係数や回帰係数といった形の数値でみることができる。なお、回帰分析にあたっては、各選挙区の定数を考慮し、ケース毎に異なる重みをつけた[53]。

回帰分析の結果は、表4-1から表4-2に示す通りである。

自民党の相関係数は、-0.753から-0.505の間にある。特に、1967年から1990年までの間は、-0.7台という強い逆相関を示し続けている。また、1958年から1963年までの間や、最後の1993年も-0.5台か-0.6台で、かなりの逆相関となっている。1950年代後半から1960年代後半にかけての約10年間で逆相関の関係が-0.5台から-0.7台へと強まっていき、その後は-0.7台に止まり続け、最後に1990年代前半に若干逆相関が弱まって-0.6台になっている。回帰係数は-0.468から-0.226の間にあり、やはり1960年代後半から1980年代後半までの間の回帰式の傾きが大きくなっている。詳しくみてみると、1950年代後半に-0.2台だったのが1960年代後半までには-0.4台になり、そのまま1980年代後半までは-0.4台に止まり続け、最後に1990年と1993年が-0.3台になっている。全体的にみて、自民党は農村部で強く都市部で弱いという一般的言説が裏付けられた形となっている。

社会党は、かつては都市部で強い政党だったが、時代が下るにつれ

表4-1　1958年衆院選〜1979年衆院選・相対得票率と
　　　　人口集中率との間の回帰分析の結果

選挙	政党	相関係数	決定係数	標準誤差	回帰係数	定数項	P値
衆58	自民	-0.505	0.255	0.093	-0.226	0.671	***
	社会	0.532	0.283	0.075	0.197	0.249	***
	共産	0.631	0.398	0.019	0.065	-0.001	***
衆60	自民	-0.582	0.339	0.087	-0.258	0.680	***
	社会	0.359	0.129	0.078	0.125	0.226	***
	民社	0.435	0.189	0.052	0.104	0.045	***
	共産	0.637	0.406	0.022	0.075	-0.001	***
衆63	自民	-0.629	0.396	0.086	-0.290	0.675	***
	社会	0.346	0.119	0.073	0.112	0.240	***
	民社	0.472	0.223	0.067	0.150	0.007	***
	共産	0.582	0.338	0.031	0.093	-0.001	***
衆67	自民	-0.728	0.530	0.103	-0.422	0.689	***
	社会	-0.078	0.006	0.078	-0.024	0.288	
	民社	0.512	0.262	0.065	0.150	0.003	***
	公明	0.748	0.560	0.046	0.202	-0.042	***
	共産	0.713	0.509	0.024	0.096	0.003	***
衆69	自民	-0.702	0.493	0.108	-0.408	0.684	***
	社会	-0.183	0.033	0.066	-0.047	0.237	***
	公明	0.671	0.450	0.057	0.198	0.007	***
	民社	0.500	0.250	0.064	0.142	0.005	***
	共産	0.782	0.612	0.033	0.158	-0.011	***
衆72	自民	-0.751	0.565	0.099	-0.434	0.693	***
	社会	-0.128	0.016	0.062	-0.031	0.233	**
	共産	0.775	0.600	0.045	0.212	-0.003	***
	公明	0.643	0.413	0.056	0.182	-0.011	***
	民社	0.332	0.110	0.066	0.090	0.023	***
衆76	自民	-0.710	0.504	0.110	-0.415	0.648	***
	社会	-0.223	0.050	0.069	-0.059	0.238	***
	公明	0.639	0.409	0.060	0.187	0.005	***
	共産	0.670	0.449	0.041	0.140	0.027	***
	民社	0.273	0.074	0.074	0.079	0.020	***
	新自由ク	0.252	0.063	0.077	0.075	-0.003	***
衆79	自民	-0.743	0.552	0.112	-0.468	0.711	***
	社会	-0.206	0.042	0.069	-0.054	0.226	***
	公明	0.718	0.516	0.061	0.238	-0.037	***
	民社	0.273	0.074	0.078	0.083	0.021	***
	共産	0.703	0.494	0.050	0.186	0.000	***
	新自由ク	0.355	0.126	0.053	0.076	-0.014	***
	社民連	0.104	0.011	0.029	0.011	0.000	*

*:$p<0.05$,　**:$p<0.01$,　***:$p<0.001$

表4-2　1980年衆院選～1993年衆院選・相対得票率と
　　　　人口集中率との間の回帰分析の結果

選挙	政党	相関係数	決定係数	標準誤差	回帰係数	定数項	P値
衆80	自民	-0.752	0.565	0.105	-0.449	0.740	***
	社会	-0.248	0.061	0.069	-0.067	0.231	***
	民社	0.266	0.071	0.077	0.080	0.020	***
	公明	0.685	0.469	0.057	0.200	-0.026	***
	共産	0.650	0.422	0.049	0.156	0.010	***
	新自由ク	0.341	0.116	0.057	0.078	-0.018	***
	社民連	0.099	0.010	0.031	0.012	-0.001	***
衆83	自民	-0.753	0.568	0.105	-0.453	0.724	***
	社会	-0.301	0.091	0.074	-0.089	0.245	***
	公明	0.691	0.478	0.068	0.246	-0.043	***
	民社	0.244	0.059	0.082	0.077	0.028	***
	共産	0.633	0.400	0.051	0.157	0.004	***
	新自由ク	0.389	0.151	0.053	0.084	-0.026	***
	社民連	0.037	0.001	0.032	0.004	0.004	
衆86	自民	-0.747	0.558	0.103	-0.436	0.749	***
	社会	-0.196	0.038	0.068	-0.051	0.200	***
	公明	0.696	0.485	0.062	0.228	-0.037	***
	民社	0.250	0.062	0.071	0.069	0.023	***
	共産	0.698	0.487	0.045	0.166	-0.007	***
	新自由ク	0.343	0.118	0.047	0.065	-0.020	***
	社民連	0.069	0.005	0.035	0.009	0.002	
衆90	自民	-0.711	0.506	0.091	-0.349	0.676	***
	社会	-0.059	0.003	0.073	-0.016	0.250	***
	公明	0.693	0.480	0.054	0.198	-0.041	***
	共産	0.677	0.459	0.039	0.137	-0.002	***
	民社	0.163	0.026	0.064	0.040	0.023	
	社民連	0.100	0.010	0.034	0.013	0.000	*
衆93	自民	-0.630	0.397	0.125	-0.392	0.619	***
	社会	-0.231	0.053	0.055	-0.050	0.184	***
	新生	-0.069	0.005	0.108	-0.029	0.116	
	公明	0.676	0.457	0.058	0.204	-0.047	***
	日本新党	0.486	0.236	0.077	0.165	-0.025	***
	民社	0.067	0.005	0.065	0.017	0.023	
	共産	0.681	0.464	0.036	0.128	-0.002	***
	さきがけ	-0.002	0.000	0.070	-0.001	0.026	
	社民連	0.010	0.000	0.038	0.001	0.006	

*:p<0.05,　**:p<0.01,　***:p<0.001

て都市部で伸び悩み、最終的には都市部を不得手とする政党へと変質していったとも指摘されている[54]。回帰分析の結果は、おおむねこれを裏付けるものである。1950年代後半には、相関係数は0.5台であったが、その後急速に下がり続け、1960年代後半にはついにマイナスの値となる。相関係数はさらにそれ以降も下がり続け、1970年代後半には-0.2台となり、1980年代後半までは-0.2台か、わずかに-0.2台を外れるところで推移する。そして、1990年にいったん-0.059という数値を記録するが、1993年には再び-0.2台に戻っている。ただし、回帰係数は原点からそれほど大きく外れた数値にはなっていない。回帰係数は-0.089から0.197の間におさまっている。回帰分析の結果を見渡すと、社会党は、近年になって都市部で伸び悩むようになったというよりは、むしろ1960年代前半までを例外として、その存続期間のうちの大半において、どちらかといえば農村部に基盤を置いてきたというべきである。なお、1967年の回帰式のみが5%有意水準を満たさないが、ちょうどこの頃に都市的政党から農村的政党へと移行したのだといえよう。

　民社党は、当初は都市部依存の傾向が強かったが、この傾向は徐々に弱まっていったようである。これは、工業化の進展が都市への人口集中を引き起こしていた時代には大企業の工場が集中する都市部において民社党が多くの得票を得ていたのが、やがて日本の産業構造の中でサービス業などの第三次産業が中核的な地位を占めるようになると、工業には不向きだが都市部への通勤者のための住宅地としては適しているような地域が開発されて人口集中が進み、都市的な地域で民社党の得票が伸び悩むようになっていったためだと考えられる。結党されて最初の選挙である1960年の相関係数は0.435で、1960年代は0.4台から0.5台を記録する。その後数値は低下し、1970年代後半には0.2台となり、そのまま1980年代後半まで0.2台で推移する。1990年と1993年はそれぞれ0.163と0.067で、都市部依存の傾向は日本の産業構造の変化とともに弱

くなったとみてよいだろう。なお、1990年と1993年の回帰式については5％有意水準を満たしていない。回帰係数は1960年代は0.1台であったが、その後は0.1に届いていない。このように、都市部依存の傾向は時の経過と共に弱まってきているが、社会党のように農村部依存型にまで変質してしまったわけではないので、いちおうは都市部依存の傾向を持つ政党であると評価できよう。

　公明党は、明らかに都市部依存の政党であるといえる。相関係数は最低でも0.639で、最も高い時は0.748にも達している。回帰係数は0.2の前後に止まっている。したがって、大まかにいえば、自民党が人口集中率が1％増加する毎にだいたい0.4％ずつ得票率を低下させていくのに対して、公明党がその半分にあたる0.2％を吸収し、自らの得票を増加させているわけである。

　共産党は、公明党と同様に都市部依存の政党である。相関係数については公明党とほぼ同水準であり、1960年代前半までは0.5台になることもあったが、1960年代後半以降は、最低でも0.633、最高では0.782という強い相関を示している。ただし、回帰係数については、公明党よりもやや小さい数値となっている。1960年代半ばまでは0.1未満であり、その後も一度だけ0.2を超えたことがあるものの、ずっと0.1台で推移している。したがって、前述の公明党ほどではないにせよ、自民党が人口集中度が高くなるにつれて減らしていく得票のうちの半分程度の票を吸収しているということになる。

　新自由クラブは合わせて5回の衆議院選挙において候補者を擁立しているが、相関係数は最初の1976年が0.252であるほかは、0.3台半ばあたりを保っている。回帰係数は0.065から0.084の間である。基本的には都市型の政党であるといえる。他党の相関係数と比較してみると、民社党よりは都市型依存の傾向がやや強いものの、公明党や共産党に比べると都市型依存の傾向はかなり弱いものとなっている。

社民連については、候補者の数が少なく、候補者が擁立された選挙区の数が少ないことから、回帰分析では明確な傾向がみえにくくなっている。相関係数は全てプラスの値なので、どちらかといえば都市型の政党といえるが、相関係数の値は最高でも0.104なので、ほとんど相関がないと判断される。また、社民連は6回の衆議院選挙において候補者を立てているが、そのうちの半分にあたる3回については、回帰式が統計的に有意ではなかった。

　新生党と日本新党、さきがけのいわゆる新党は1993年のデータしかないが、自民党からの離党組を核にして結成された新生党とさきがけの2党と、候補者のほとんどが新人である日本新党とでは、異なる傾向が表れている。日本新党は、相関係数こそ公明党や共産党には及ばないものの、都市型政党であるといえる。特に、回帰係数に関しては共産党よりも高い数値となっている。新生党とさきがけについては、ほとんど相関関係がみられず、さらに回帰式は統計的に有意ではない。

　全体をみると、都市化の度合いが選挙結果に及ぼす影響は、55年体制の初期にあたる1950年代後半から1960年代前半にかけて行われた選挙と体制崩壊前夜にあたる1990年と1993年の選挙においてやや弱い傾向がみられるものの、55年体制成立から選挙制度改革までの間はあまり変化していないといえる。都市部で強い政党がある時期を境に都市部で弱くなるというように、傾向が完全に逆転するという例は少ない。ただし、社会党については、都市部で強かったのが途中から都市部で弱くなっており、この点は特筆すべきである。

　相関ないし逆相関が強まったり弱まったりする例については、複数みうけられるが、基本的には、自民党が都市化度の高いところほど得票を減らすのに対して、社会党以外の野党が逆に都市化度の高いところほど得票を増やしている。社会党については、1963年までの3回の総選挙においてのみ、都市化度の高いところほど得票を増やしていたが、そ

れ以降の10回の選挙では、自民党ほど明確な傾向が表れているわけではないものの、都市化度の高いところほど得票を減らすようになっている。なお、当然のことながら、社会党と第三党以下を合算した野党全体としては、自民党とは逆に都市部にいくほど得票率を増やすという状況となっている。したがって、中選挙区制下における都市と農村の間の各党得票率の差を一言で表すと、都市化するほど自民党の得票が減る反面、野党の得票が増えるという図式になっていたといえる。

註

1 選挙研究には、大別すると、社会学的アプローチ、心理学的アプローチ、経済学的アプローチの三者が存在する。例えば、Martin Harrop and William L. Miller, *Elections and Voters*, Basingstoke: Macmillan, 1987, pp.130-172. は、このような三分類を用いている。また、Edward G. Carmines and Robert Huckfeldt, "Political Behavior: An Overview", In Robert E. Goodin and Hans-Dieter Klingemann (eds.), *A New Handbook of Political Science*, Oxford: Oxford University Press, 1996, pp.223-254. においても、政治行動を説明するモデルが同様に三者に大別されている。

2 例えば、小林良彰『現代日本の政治過程 日本型民主主義の計量分析』東京大学出版会、1997年、pp.156-167; 西平重喜『日本の選挙』至誠堂、1972年、pp18-27; 石川真澄『データ戦後政治史』岩波新書、1984年、pp.205-208.

3 例えば、経度や緯度は厳密に数値化できる尺度であるから、こうしたものを一般的な統計資料の範疇に含めるのだとすれば、地理的位置関係は考慮されることになる。こうした例は他にもあり、夏みかんやりんごの生産高という統計資料は南日本か北日本かを区別するだろう。しかし、これらの数値は、人口集中率や産業人口構成比、農業総生産高などと同程度に一般的な統計資料であるとはいい難いし、実際に第2節で列挙する過去の研究においても、こうした数値を変数として取り上げた研究はない。したがって、本書でいう一般的な統計資料の範疇には、経度や緯度、個別農作物の生産高などは含めないこととする。また、一般的な統計資料には、国勢調査に代表されるような統計資料を指すこととし、政治意識調査のようなものは含めないこととする。

4 Anthony Heath, Roger Jowell and John Curtice, *How Britain Votes*, Oxford: Pergamon Press, 1985, p.75.

5 John Curtice and Michael Steed, "Electoral Developments, 1955-1970", In David Denver

and Gordon Hands (eds.), *Issues and Controversies in British Electoral Behaviour*, London: Harvester Wheatsheaf, 1992, p.304.

6　Ron J. Johnston and Charles J. Pattie, "Voting in Britain since 1979: A Growing North-South Divide?", In Jim Lewis and Alan Townsend (eds.), *The North-South Divide: Regional Change in Britain in the 1980s*, London: Paul Chapman, 1989, pp.213-247.

7　John Curtice and Alison Park, "Region: New Labour, New Geography?", In Geoffrey Evans and Pippa Norris (eds.), *Critical Elections: British Parties and Voters in Long-term Perspective*, London: SAGE, 1999, pp.124-147.

8　David Butler and Donald Stokes, *Political Change in Britain: The Evolution of Electoral Choice*, London: Macmillan, 1974, p.122.

9　Id.at p.137.

10　Ron J. Johnston and Charles J. Pattie, "The Changing Electoral Geography of Great Britain", In David Denver and Gordon Hands (eds.), *Issues and Controversies in British Electoral Behaviour*, London: Harvester Wheatsheaf, 1992, pp.310-315.

11　小堀眞裕「80年代英国の政党支持における南北分極化（The North-South Divide）についての一考察　～南北における労働党の得票格差についての研究～」『琉大法学』第56号、1996年、pp.72-104.

12　例えば、ヨーゼフ・クライナー「日本の地域性の現在　――ひとつの問題提起」、ヨーゼフ・クライナー編『地域性からみた日本　多元的理解のために』所収、新曜社、1996年、pp.1-12.

13　安東誠一「現代日本経済の地域性　――高度成長が完成させた垂直的地域構造」、ヨーゼフ・クライナー編『地域性からみた日本　多元的理解のために』所収、新曜社、1996年、p.48.

14　ヨーゼフ・クライナー、前掲論文、p.11.

15　例えば、水崎節文「一人区における自民党の完敗　―八九年参議院選挙の分析を通じて―」『レヴァイアサン』第10号、1992年、pp.82-103. では、1983年参院選と1989年参院選の二つの選挙の間の得票率変動を分析し、山形・高知・福井の3県で自民党または対立政党の候補者の出身地で平均的な変動から逸脱する地域が見られることを指摘している。しかし、この論文の本旨は、「各選挙区内での自民党の相対得票率の減少は、候補者の個人的支持要因によって影響を受けた特定の地域を除いては、ほぼ同率であらわれていることを示す」ことにあり、逸脱事例に焦点を当ててはいない。

16　NHK放送世論研究所編『日本人の県民性――NHK全国県民意識調査』日本放送出版協会、1979年、p.283. において述べられているように、元々は政党支持意識などにみられる大きな地域差の背景にある県民性の違いを明らかにしようということで、こうした調査が企画された。

17　武光誠『県民性の日本地図』文藝春秋、2001年、pp.7-9. 武光は、ここで、日本が一民族、一言語、一文化であるとする主張は、明治以後の権力者の手で意図的に広められたものであると主張している。

18　人口密度ではなく人口集中地区人口を採用する理由の説明は、西平重喜、前掲書、pp.21-22. にある。

19 上掲書.
20 上條末夫『戦後日本の総選挙』北樹出版、1991年.
21 綿貫譲治「選挙運動と候補者要因」、綿貫譲治・三宅一郎・猪口孝・蒲島郁夫『日本人の選挙行動』所収、東京大学出版会、1986年、pp.137-163.
22 沖野安春「参議院選挙と投票行動の変化」、白鳥令・沖野安春・阪上順夫編『分割統治―比例代表制導入後の日本―』所収、芦書房、1983年、pp.141-171. なお、沖野の研究では、人口集中地区人口比と人口集中地区人口の伸び率の二つを用いて47都道府県を五つの分類に類型化している。
23 上條末夫、前掲書、p.29.
24 小林良彰『計量政治学』成文堂、1985年; 小林良彰『現代日本の政治過程 日本型民主主義の計量分析』、前掲書.
25 白鳥令『世論・選挙・政治 変わる日本人の政治意識』日本経済新聞社、1972年、pp.127-131.
26 蒲島郁夫「八九年参院選 －自民大敗と社会大勝の構図－」『レヴァイアサン』第10号、1992年、pp.7-31.
27 西平重喜、前掲書、pp.18-21.
28 小林良彰『計量政治学』、前掲書、pp.13-31.
29 上條末夫、前掲書、p.29.
30 上掲書、p.11.
31 小林良彰『計量政治学』、前掲書、pp.13-31.
32 上掲書、pp.81-97.
33 上掲書、pp.52-80.
34 小林良彰『現代日本の政治過程 日本型民主主義の計量分析』、前掲書、pp.150-191.
35 京極純一『政治意識の分析』東京大学出版会、1968年、pp.181-231.
36 蒲島郁夫『政治参加』東京大学出版会、1988年、pp.133-154.
37 蒲島郁夫、前掲論文.
38 京極純一、前掲書、pp.181-231.
39 水崎節文・森裕城「中選挙区制における有権者の選挙行動と地域的分布」『選挙研究』第10号、1995年、pp.16-31.
40 菅澤均『都市化と投票行動の研究』恒星社厚生閣、2002年.
41 小林良彰『計量政治学』、前掲書、pp.3-9.
42 上掲書、pp.5-9. その数値を記すと、第一主成分の寄与率は0.495、第二主成分は0.163である。
43 横山昭市「日本政治地理学の軌跡」、高木彰彦編『日本の政治地理学』所収、古今書院、2002年、pp.3-20.
44 高木彰彦「政治地理学の研究動向と今後の課題」、高木彰彦編『日本の政治地理学』所収、古今書院、2002年、pp.21-36.
45 清水馨八郎『戦後日本の選挙の実態』古今書院、1958年.
46 横山昭市、前掲論文、p.11.
47 高木彰彦「政治地理学の研究動向と今後の課題」、前掲論文、p.31.

48　高畠通敏『地方の王国』潮出版社、1986年、pp.244-245.
49　上掲書、p.246.
50　新井久爾夫『選挙・情報・世論　流動する投票態度』日本放送出版協会、1988年、pp.61-70. なお、新井は前述のNHK全国県民意識調査のプロジェクトチームの一員であり、新井はこの調査の結果からこのような説明を行っている。なお、同様の指摘は、NHK放送世論研究所編、前掲書、p.60. にもみられる。
51　選挙結果と一般的な地域性との間の関係を探る研究の中には、小林良彰『計量政治学』、前掲書. のように、地域性を表す指標として多数の統計指標を収集した上で分析を行うものもある。しかし、既述の通り、多数の統計指標を収集して主成分分析を行うと、第一主成分は人口集中地区人口比との相関係数が非常に高くなる。つまり、結果的には、人口集中地区人口比という単一の指標を用いて分析を行った場合と大きな差が出るとは考えにくいのである。このような理由から、本章では一般的な地域性を表す指標として人口集中地区人口比という指標のみを用いることとした。
52　いわゆる平成の大合併によって市区町村の境界が全国各地で変更されていた時期については、例外的にこの組み合わせの仕方を変えることとした。具体的には、2009年衆院選と2010参院選については、時間的には2010年10月実施の国勢調査が最も近いのであるが、2005年国勢調査のデータと組み合わせることとした。これは、合併の結果、同一の市区町村が複数の衆院小選挙区にまたがるようになっているケースがかなりの数にのぼるので、合併前の区分で得られたデータを使用する方が適切と考えられたためである。
53　もし単純に選挙区別のデータを回帰分析にかけた場合、定数6の選挙区も定数2の選挙区も同じ1ケースとして扱われてしまう。このことを回避するために、定数が多い選挙区のデータには大きな重みをつけるのである。1993年のデータを例に用いて説明する。日本全国に129の中選挙区が存在するので、元々のデータとしては129個のケースが存在することになる。北海道1区は定数が6なので、北海道1区のデータと全く同じデータセットを新たに5組作成し、元々のデータと合わせて、北海道1区のデータが6個存在するようにする。他方、北海道2区の定数は4なので、新たに3組作成し、元のデータと合わせて4個とする。これを沖縄全県区まで繰り返すと、総定数と同数の511組のデータセットが出来上がることになる。このデータセットを回帰分析にかけるのである。
54　この点について、石川真澄『戦後政治構造史』日本評論社、1978年、pp.113-116. は、次のように述べている。

　社会党がそれでもまだ農村より都市に強いという見方ができるのは、自民党が都市で弱いために、相対的にそう見えるのである。社会党は、非都市では自民党の34％の勢力だが、大都市では59％の力がある。社会党が都市政党であるとしても、それはあくまで「自民党に比べれば」ということであって、絶対的な力では、社会党はれっきとした農村政党である。

　旧来使いなれてきた保守・革新の枠組を用いれば、革新政党のうち公、民、共3党は都市政党で、社会党は農村政党である。「革新は都市」という十把一からげの言い方は70年代では通用しない。

　公、民、共の3党は都市を離れるに従って弱くなり、社会党は農村に近づくほど強くなるということから、革新全体の支持率には、保守ほどの地域差が現れない。

（中略）

表現が粗雑になるのを恐れずにいえば、それは「大都市で革新が強いのではない。多少強いには強いが、それよりも保守が弱過ぎるのである。保守を弱くしているのは、潜在的支持者の多くを、棄権で失っているからである」ということである。
(中略)
　農村では、保守系候補者の集票組織が末端まで整い、選挙のたびに支持者の多くは投票所に出掛ける。しかし、農村を離れ都会に出て来た人々は、もはやそのような集票組織から自由である。都会ではそのような離村新居住者が新たな集票組織＝後援会に組み入れられる機会はきわめて少ない。それがあるのは、保守系の場合よりも、公明党や共産党のほうがむしろ強い。こうして、「元保守支持者」たちは農村にいた時のような地縁的利害や義理による投票から逃れるが、公明、共産両党に流れる人々以外の相当大量の人々は今さら保守以外の候補に投票する積極的な動機を持ち得ない。革新側にとってはそこのところが問題なのだけれども、ともかくそのようにして、農村から都会へ出て来た人々は棄権者の群に加わる。

第5章　政治改革以後の政党別得票状況

1．都市―農村の軸でみた地域性

（1）都市規模と各党得票率

　これまで述べたように、中選挙区制下においては、都市にいくほど自民党の得票率が低くなる一方、野党の得票が増えるという状況であった。

　それでは、政治改革以後の今日の政党システムを都市―農村の軸でみた場合には、どのようなことがいえるだろうか。この点がここでの関心事である。できるだけ様々な単位で収集されたデータを同時並行的に用いることで、都市―農村の軸でみた今日の政党システムの実像に迫ることとするが、最初に、最も簡便な手法として、自治体の規模の違いによる各党得票率の違いをみることとする。

　具体的には、日本全国の市区町村を、政令市（東京特別区を含む）・人口30万以上の一般市・人口10万以上30万未満の一般市・人口10万未満の一般市・町村の五つの都市規模別カテゴリーに分類した上で、都市規模と得票との間の関係を探ってみることとする。

　図表は割愛するが、2005年総選挙のように例外もあるものの、基本的には自民党は都市規模が大きくなるほど得票率を減らす傾向にある。逆に、共産党は都市規模が大きくなるほど得票率を増やす傾向にある。

石川真澄は、戦後の高度経済成長期において農村部から離れた者たちを受け入れてきた都市部においては、農村部と比べて保守勢力の集票組織の影響力が弱いために自民党の得票率が低いのだと説明しているが[1]、グラフに表れた傾向はこの指摘と合致している。

　社会党／社民党は、民主党が結党される前、自民党、新進党に続く第三党として臨んだ1995年参院選とそれ以外の選挙との間で、得票率に大きな差がある。1995年参院選に関しては、町村から一般市までの間では大きな差違はみられないが（政令市を除く四つのカテゴリーのうちでは最高が10万人未満の一般市で18.00％、最低が30万人以上の一般市で17.01％）、政令市に関してはやや弱い傾向にある（14.47％）。これは、55年体制においても、1970年代以降に継続してみられた傾向と同じである。1996年総選挙以降は、全国平均の得票率自体が10％に達しないので、都市規模の違いによる差違も小さいものとなっている。ほぼ横這いに近いといえるが、町村と政令市の得票率を比較すると、町村の方が高いのが10回、政令市の方が高いのが3回であった。また、1996年総選挙以降の13回の選挙で、町村や政令市ではなく、それらの中間的地域での得票率が最も高かったというケースは11回あった。したがって、社会党／社民党は、農村的地域や中間的地域に比べて都市的地域で弱いといえる。これは、最も都市的な地域においては、社会党／社民党は他の野党と比べて目新しさという点でのアピールが弱い反面、農村的地域や中間的地域では後述するように基本的には他の野党の勢力が弱く、自民党に反対する投票者の票が社会党／社民党に集まりやすいためであると推察される。

　自由党は結党から民主党への合流までの間に3回の国政選挙を経験したが、都市規模の違いによる得票率の違いはみられない。自由党は、目新しさを好む都市部の有権者から一定の支持を得る一方で、党内で中心的な役割を果たしている政治家に過去に自民党に所属していた経験を持

つ者が多いため、農村部でも都市部と同程度の支持を得ることができたためであると考えられる。

なお、自民党出身者が多いさきがけや保守党についても、同様の傾向がみられる。

みんなの党と維新の会/維新の党については、都市規模が大きくなるほど得票率が高くなる傾向がみられる。ただし、みんなの党については、党が存在した間に実施された2009年総選挙から2013年参議院選挙までの4回の選挙のうち3回については、人口10万以上30万未満の市よりも、人口30万以上の市の得票率の方が低かった。維新の会/維新の党については、初めて国政選挙に参入した2012年総選挙以降の3回のうち2回で、人口30万以上の市よりも政令市の得票率の方が低かった。

都市規模と得票率の関係を読み解く際に、解釈が難しいのが新進党である。町村部から一般市までは、新進党は都市規模が大きくなるにつれて得票率を伸ばしているが、人口30万人以上の市で最も高くなり、そこを境に政令市では得票率を減らしている。1995年の場合も1996年の場合も、政令市を除けば、町村から人口30万人以上の市にかけて、都市規模が大きくなるほど得票率が伸びるという関係が観察されるので、全体としてみれば、都市規模が大きくなるほど得票率が高くなるといえるのかもしれない。特に、1995年の場合は、政令市の得票率は人口30万人以上の市での得票率よりも若干下がる程度で、人口10万以上30万人未満の市での得票率もわずかながら高くなっているので、基本的には都市規模と得票率との間に相関がみられるといってよいだろう。しかし、1996年の場合では、わずかではあるが、政令市の得票率は町村部よりも低くなっている。ちょうど社会党および社民党のように、中間的地域や農村的地域に比べて大都市で弱く、中間的地域と農村的地域との間の得票率の差はほとんどないものと解釈する余地もある。このように、新進党に関しては、都市規模と得票率との関係は少し捉えにくいものと

なっている。したがって、新進党の場合、都市規模と得票率との間の関係については、経験した国政選挙の数が2回しかないというケース数の少なさもあって、特に最も都市規模の大きい政令市については、明確な関係性は認められないといえる。

　民主党は、新進党とは異なりケース数は多数あるものの、結党から現在に至るまでの間に関係性が変化している。民主党は、町村から人口10万未満の市、人口10万以上30万未満の市と、都市規模が大きくなるにつれて得票率が高くなっている。だが、結党からしばらくの間は、それより都市規模の大きいところではわずかながら得票率が低かったり、あるいは得票率が人口10万以上30万未満の市よりも高くなってはいたとしても、町村から人口10万以上30万未満までの伸びに比べれば、得票率の上昇の仕方が鈍かったりしている。

　このように、都市規模が中規模のところで最も得票が高いことがあるとはいえ、都市規模の大きいところと小さいところのどちらでより得票を得ているかという二者択一的な観点でみれば、結党からしばらくの間の民主党は、都市規模の大きい地域での得票が高い政党であった。2001年参議院選挙のみ例外であるが、2004年参議院選挙までについては、こうした傾向が当てはまる。

　ところが、2005年総選挙以降は、都市規模の大きいところで得票率が高いという傾向はほとんどみられなくなり、2012年総選挙以降の直近3回の選挙については、どちらかといえば都市規模の大きいところで得票率が低くなっている。このように、民主党は、時期が下るほど、結党当初は得意としてきた都市規模の大きな地域での得票率が伸び悩むようになっている。

　もともと都市規模の大きい地域を得意としながら、近年になってその傾向がみられなくなってきている政党としては、民主党のほか、公明党が挙げられる。公明党はもともと都市規模の小さいところでも一定程度

の得票を得てきた政党ではあるが、2012年と2014年の総選挙においては、都市規模の大きい地域での得票が高いという傾向はみられなくなっている。

　政党横断的にみてみると、一定・増加・減少のいずれにしても、町村部から人口10 〜 30万の市までの関係性が比較的に明瞭であるのに対して、それより都市規模が大きくなると、少し複雑な関係性がうかがえる。

　また、時期的な観点では、2000年代前半までの選挙でみられる都市規模と得票率との間の関係よりも、2000年代後半以降の選挙でみられる都市規模と得票率との関係の方が若干弱い傾向にあるというような形で変化が生じている。既に述べた通り、その典型例は民主党や公明党であるが、その他の政党、例えば、自民党の場合も、町村での得票率と政令市での得票率との差は、2000年に16.0ポイントに達しているのをはじめ、20世紀中に行われた4回の選挙では、最低でも14.5ポイントの差がある。その後の2001年参議院選挙では11.5ポイント、2003年総選挙では10.2ポイント、2004年参議院選挙に10.0ポイントとなり、それ以降は全て10ポイントを下回っている。1995年参議院選挙から2004年参議院選挙までの7回の選挙における数値の単純平均は13.1ポイントであった。これに対し、2005年以降に行われた選挙では、両地域の得票率の差は最高でも8.0ポイント、最低では0.0ポイントであった。なお、2005年から2014年までの選挙の数値を単純平均すると、5.7ポイントとなる。

　自民党以外の政党についても同様の数値を計算すると、民主党はそれぞれ2004年までは政令市の得票が平均して5.6ポイント高いのに対し、2005年から2014年までの選挙の数値を単純平均すると、逆に政令市の得票率が0.7ポイント低くなっている。公明党も2004年までは政令市の得票率が1.9ポイント高いのに対して、2005年から2014年の単純平均では0.4ポイントとわずかではあるが、逆に町村の得票率の方が高くなっている。共産党の数値はそれぞれ5.8ポイントと2.4ポイントであった。

このように、2000年代前半以前と2000年代後半以降とでは、都市規模と各党の得票率の間の関係が変化し、その差が縮小したり、あるいはそれまでみられた差が消滅して逆の関係性がみられるようになったりする傾向がある。

2000年代前半から2000年代後半へと向かう時期というのは、一方では民主党と自由党が合併して民主党の保守色がそれまでよりも強まった時期であり、他方では小泉政権下において郵政事業の公社化・民営化が議論されるなど、いわゆる構造改革が進展し、自民党が農村部の有権者・支援団体の反感を買いかねない政策を展開していた時期であった。

反面、この小泉改革は、都市部の有権者を採り込むという側面も持ち合わせていた。実際に、小泉政権下の看板政策であった郵政民営化が争点となった2005年総選挙においては、都市部の選挙区で自民党が前回総選挙に比べて大きく得票を伸ばした。また、平成の市町村合併それ自体が、都市住民の負担のもとで農村部に地方交付税を配分するという従来のシステムにメスを入れるものであるという意味において、自公政権が都市における支持基盤の拡大を目指して実行した政策であるという側面もある[2]。

このように、一方では民主党が農村的地域へと触手を伸ばし、他方で自民党が都市的地域の有権者に支持されやすい政策に着手したことが契機となって、都市規模と得票率との間の関係が以前よりも弱まったのだと考えられる。

このように、2000年代前半以前の時期と2000年代後半以降の時期とを分けて考えると、後者の時期のほうが自民党の得票率が都市規模の違いに左右されなくなってきている。詳しくは次章で論じるが、小選挙区比例代表並立制の選挙を繰り返すうちに、自民党の得票率の都市―農村間の格差が縮減していくという現象が観察されたといえる。同様に、自民党以外の政党でも、得票率の都市―農村間の格差は小さくなっている

ことが、本項における都市規模別の分析より指摘することができる。

これは、前述のダウンズの空間理論に従えば、都市－農村という政治空間において、自民党や民主党といった主要な政党が中央へと収斂してきたことを示すものであると解釈できる。

(2) 小選挙区単位の得票状況

これまでみたように、一口に55年体制崩壊後の時期といっても、1990年代半ばから2000年代前半にかけての時期と、2000年代後半以降の時期においては、都市―農村の軸で各党の得票率をみた際に変化が生じていることが確認された。そうした変化の要因としては、民由合併や構造改革が考えられることを述べたが、ここではそれらとは別の要因も考慮する必要がある。それは、2000年代において、いわゆる平成の大合併と呼ばれる市町村合併が起きたことによって、数値の集計単位が変化したことである。平成の大合併のピークは、2004年後半から2006年前半にかけての時期である。この大合併の結果、農村的な町村だった地域が新たに市となったり、あるいは人口10万未満の比較的小さな規模の市が周辺町村と合併して人口規模の大きな市となったりするといった変化が生じており、実態としては農村的な地域が都市規模の大きな自治体のカテゴリーの中に含まれるようになっている。

こうしたデータ分析上の問題点を解消するために、ここでは、衆議院の小選挙区を単位とした各党の得票データを用いて分析を行うこととする。衆議院の小選挙区の区割りは、国勢調査の結果に基づいて改変がなされ、これまで2003年総選挙と2014年総選挙には新しい選挙区割りで選挙が実施された。ただし、選挙区の数は約300でほぼ同一であるから、大規模な市町村合併が行われた時期をまたいだ通時的な動きを観察する際の分析単位としては、市区町村という単位よりは適切であろう。

なお、どの選挙区を都市的とみなし、逆にどの選挙区を農村的とみな

すかについては、先に説明した人口集中地区人口の指標を用いる。具体的には、人口集中地区人口比に応じて市区町村をAからGまでの七つのカテゴリーに分け、人口集中地区人口比と得票との間の関係をみることとする。人口集中地区人口比からみて最も農村的な地域はカテゴリーAに、農村的な地域はB、やや農村的な地域はC、中間的な地域はD、やや都市的な地域はE、都市的な地域はF、最も都市的な地域はGに分類される。ちなみに、それぞれのカテゴリーに属する人口は、いずれも日本の総人口の約7分の1になるようになっている。この結果は、図5-1から図5-14に示されている。

人口集中地区人口は、いわゆる昭和の大合併が行われた頃に導入され、1960年国勢調査より測定されている指標である。すなわち、市とされた地域の内部に農村的な地域が存在するという事態が出現するようになり、市・町・村という行政区画の名称のみでは都市的地域と農村的地域が判別できないために、この判別をするための簡便な基準として導入された。したがって、都市規模によるカテゴリーに加えて人口集中地区人口比によるカテゴリーによる分析を行えば、前者の分析を後者の分析で補完できることになる。もし両者の分析結果がかなり似通ったものであれば、両者の分析から導き出された結論は、それだけ妥当なものであると判断することができる。

人口集中地区人口比の指標を用いた小選挙区単位の集計結果は、図5-1から図5-14の通りである。全体としては、都市規模別の分析とほぼ同様の結論を導き出すものであった。

2004年以前の選挙において、自民党は最も都市的なGと比較して、最も農村的なAにおける得票率が平均で13.3ポイント高くなっている。これに対し、2005年以降の選挙においては、平均で7.1ポイントと差が縮小している。

民主党については、2004年以前の平均では、都市的地域で5.6ポイン

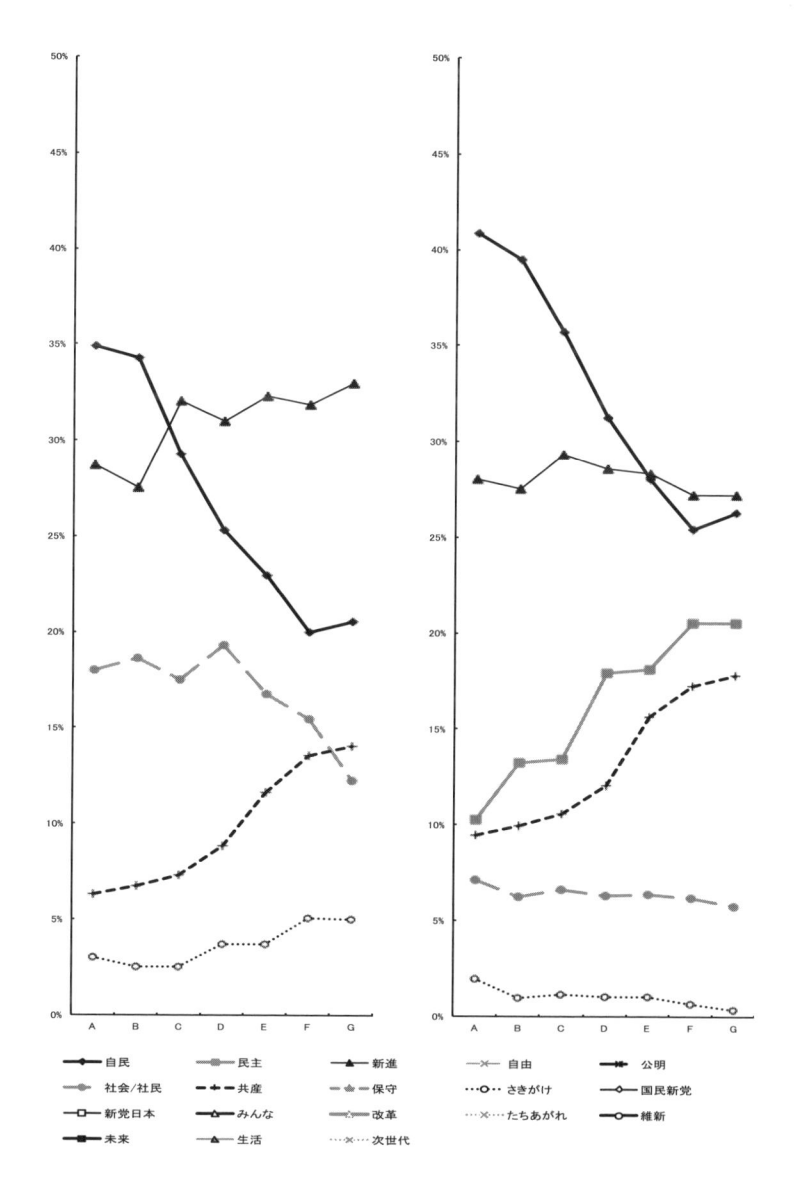

第5章 政治改革以後の政党別得票状況

図5-1　1995参院選比例区の得票率　　図5-2　1996衆院選比例区の得票率

凡例：自民、民主、新進、自由、公明、社会/社民、共産、保守、さきがけ、国民新党、新党日本、みんな、改革、たちあがれ、維新、未来、生活、次世代

145

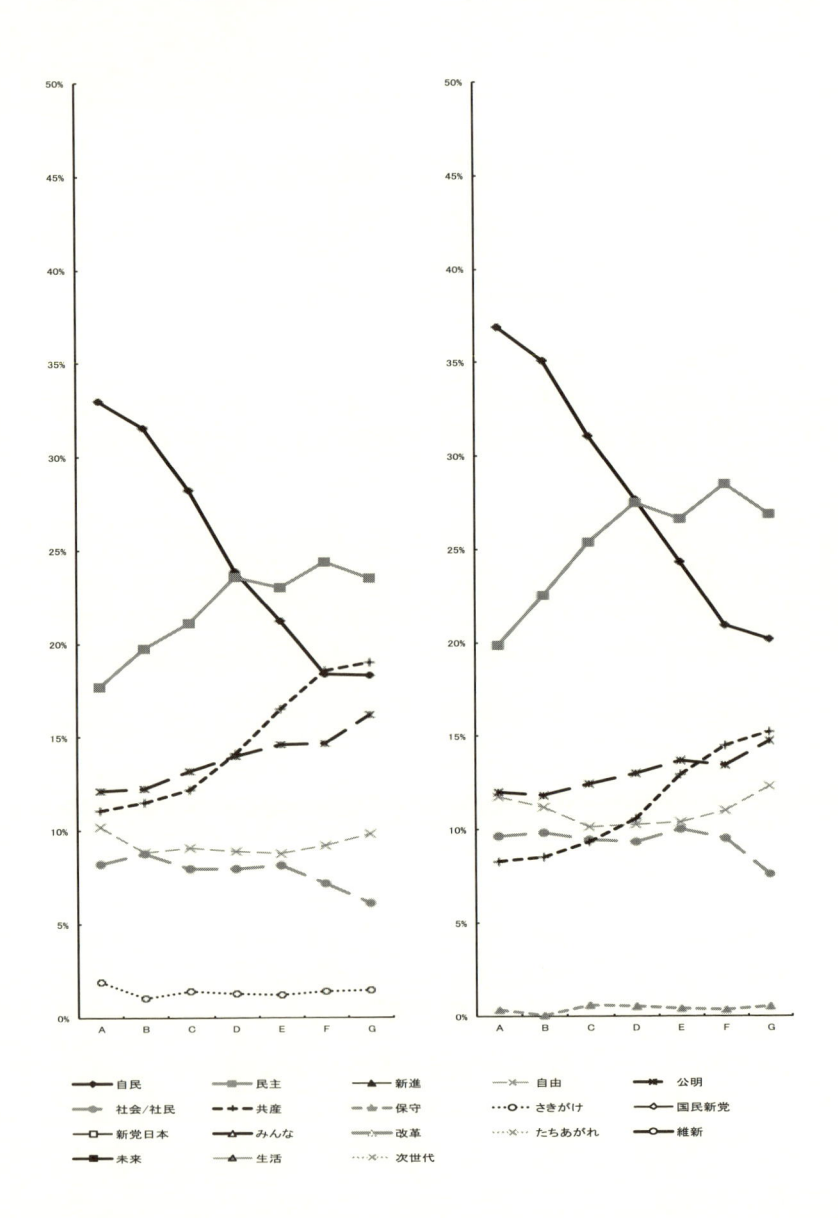

図5-3　1998参院選比例区の得票率　　　図5-4　2000衆院選比例区の得票率

凡例:
─◆─ 自民　　─■─ 民主　　─▲─ 新進　　──×── 自由　　─✳─ 公明
─●─ 社会/社民　　─＋─ 共産　　─▲─ 保守　　⋯○⋯ さきがけ　　─◇─ 国民新党
─□─ 新党日本　　─▲─ みんな　　─✳─ 改革　　⋯×⋯ たちあがれ　　─○─ 維新
─■─ 未来　　─▲─ 生活　　⋯×⋯ 次世代

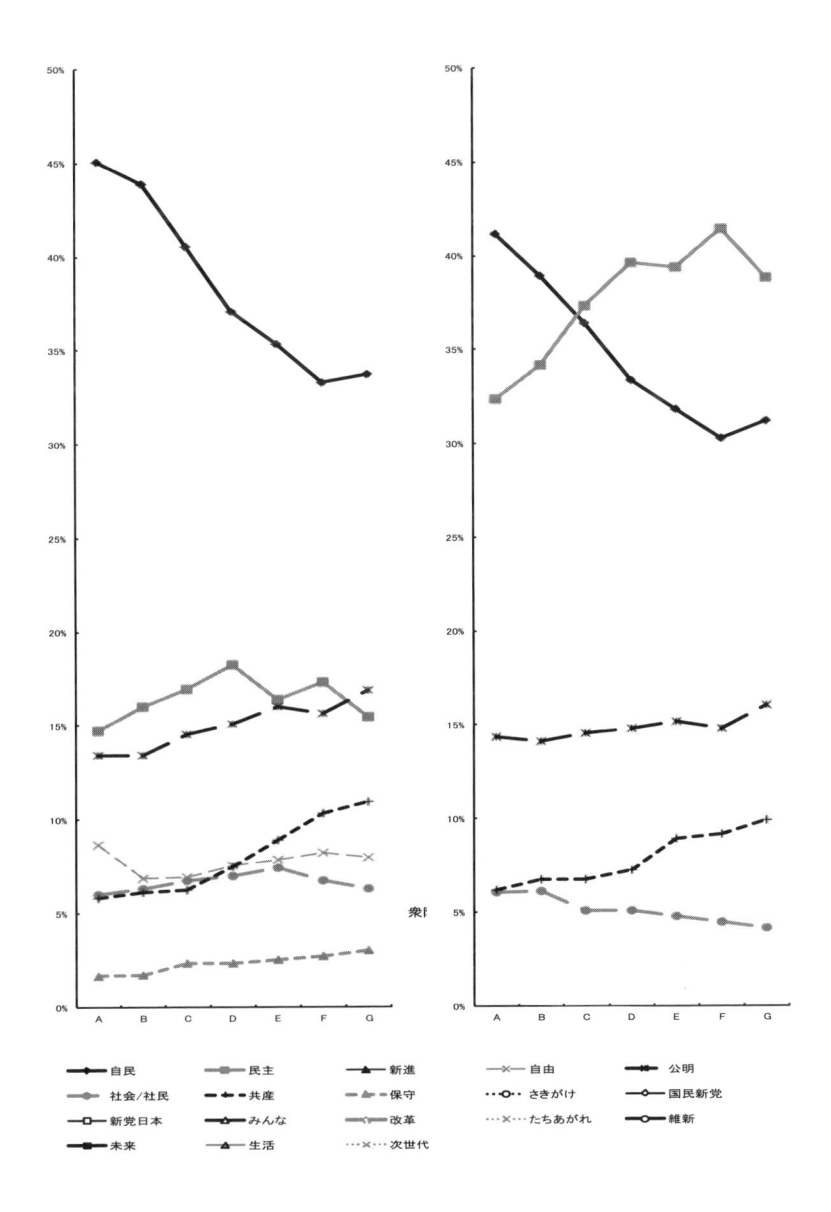

第 5 章　政治改革以後の政党別得票状況

図5-5　2001参院選比例区の得票率　　図5-6　2003衆院選比例区の得票率

凡例:
- ◆ 自民
- ■ 民主
- ▲ 新進
- ※ 自由
- ◆ 公明
- ● 社会/社民
- ─◆─ 共産
- ─▲─ 保守
- ⋯○⋯ さきがけ
- ─○─ 国民新党
- ─□─ 新党日本
- ─▲─ みんな
- 改革
- ⋯×⋯ たちあがれ
- ─○─ 維新
- ■ 未来
- ▲ 生活
- ⋯ 次世代

147

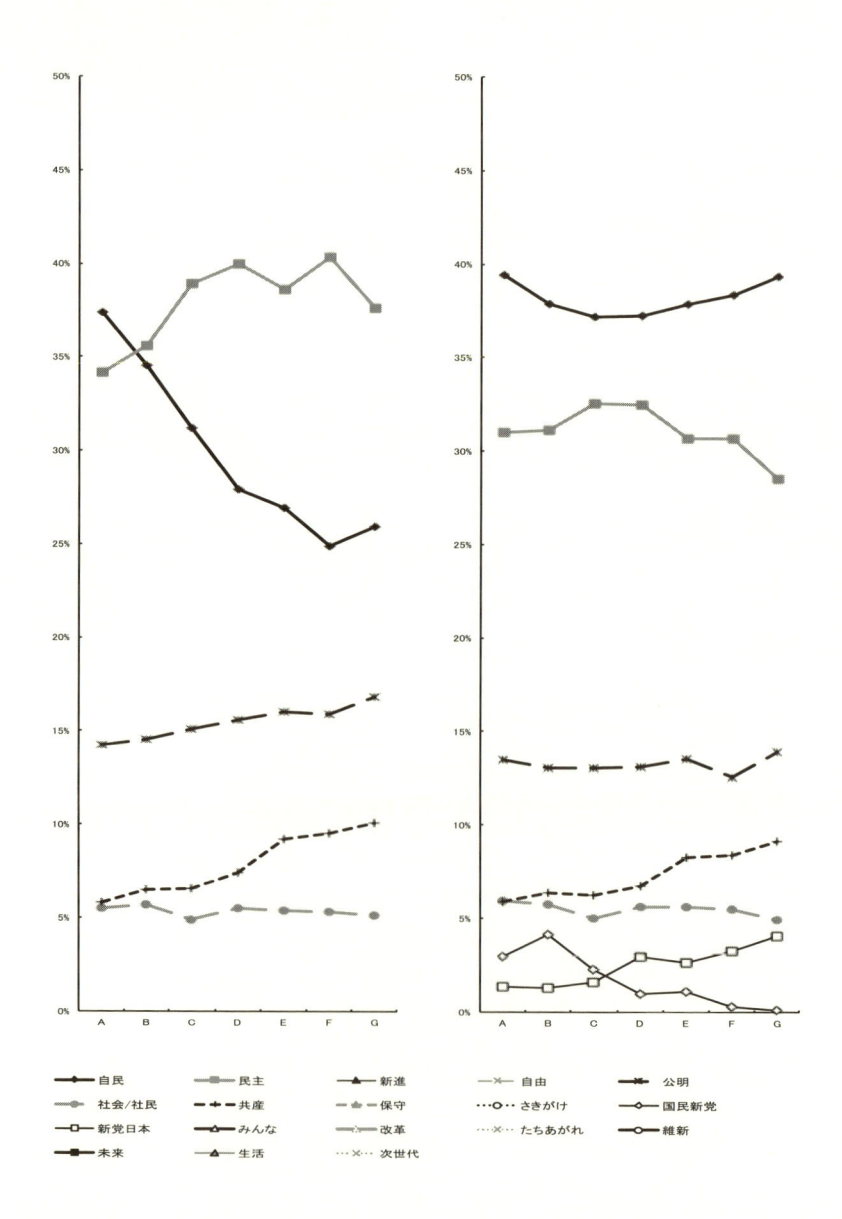

図5-7　2004参院選比例区の得票率　　　図5-8　2005衆院選比例区の得票率

凡例:
- ◆ 自民
- ■ 民主
- ▲ 新進
- ※ 自由
- ✳ 公明
- ● 社会/社民
- ＋ 共産
- □ 保守
- ○ さきがけ
- ◇ 国民新党
- □ 新党日本
- △ みんな
- ▽ 改革
- ✕ たちあがれ
- ○ 維新
- ■ 未来
- ▲ 生活
- ✕ 次世代

148

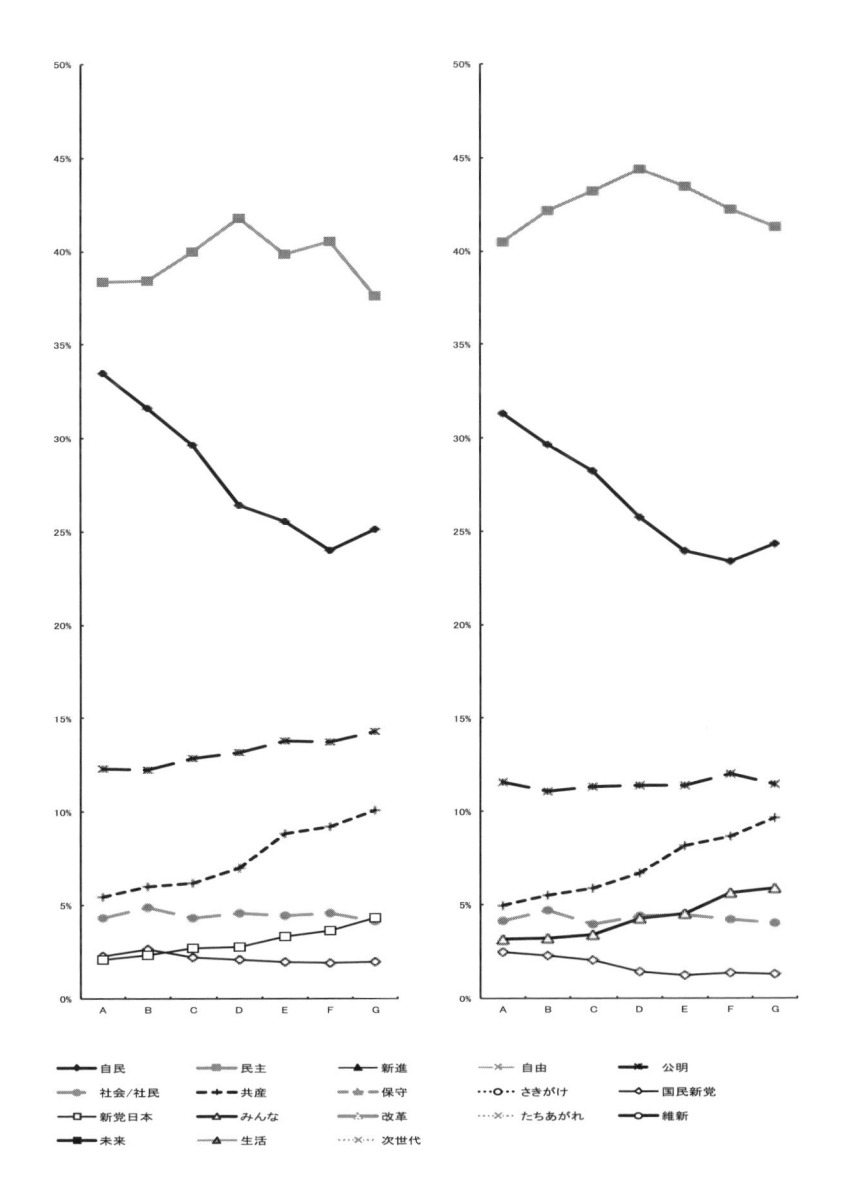

第 5 章 政治改革以後の政党別得票状況

図5-9　2007参院選比例区の得票率　　　図5-10　2009衆院選比例区の得票率

―◆― 自民　　―■― 民主　　―▲― 新進　　―※― 自由　　―✳― 公明
―●― 社会/社民　―+― 共産　　― ― 保守　　…○… さきがけ　―◇― 国民新党
―□― 新党日本　―△― みんな　― ― 改革　　…✕… たちあがれ　―●― 維新
―■― 未来　　―▲― 生活　　…✕… 次世代

149

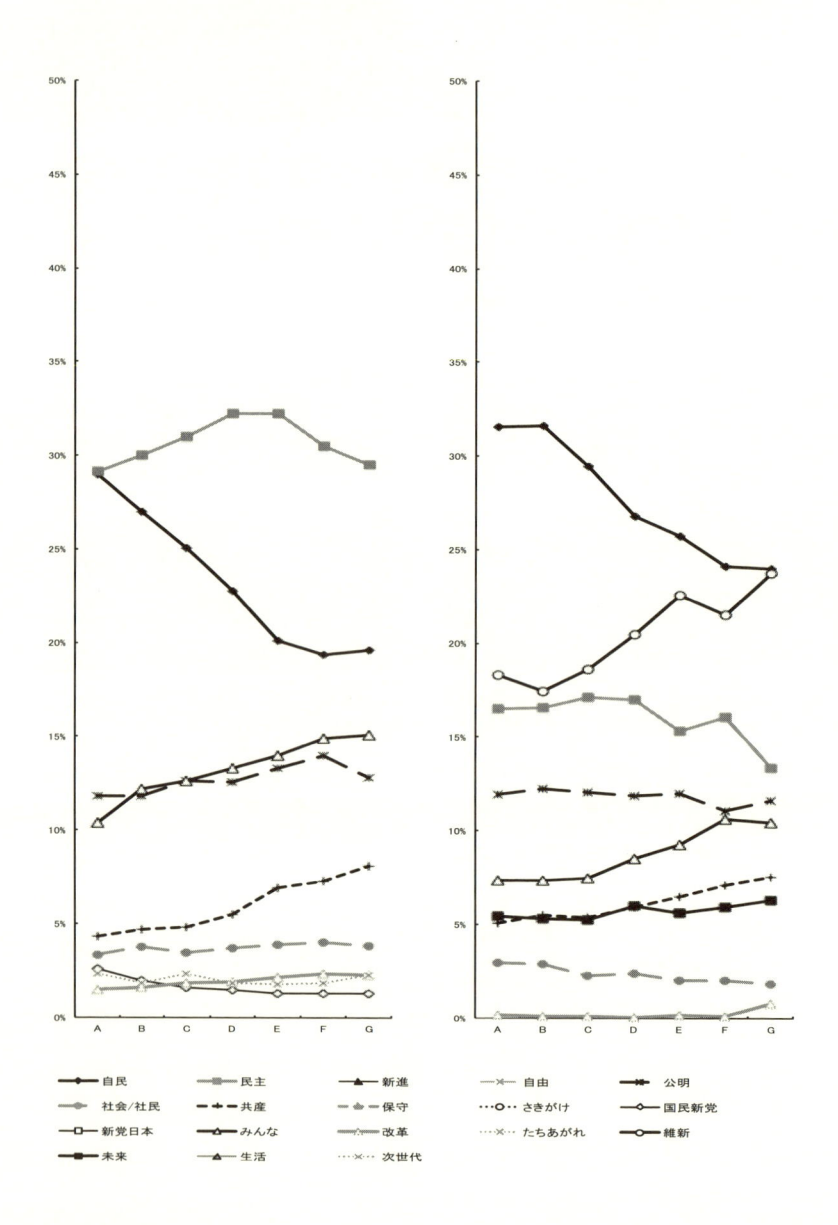

図5-11　2010参院選比例区の得票率　　図5-12　2012衆院選比例区の得票率

凡例:
- 自民
- 民主
- 新進
- 自由
- 公明
- 社会/社民
- 共産
- 保守
- さきがけ
- 国民新党
- 新党日本
- みんな
- 改革
- たちあがれ
- 維新
- 未来
- 生活
- 次世代

第5章 政治改革以後の政党別得票状況

図5-13 2013参院選比例区の得票率

図5-14 2014衆院選比例区の得票率

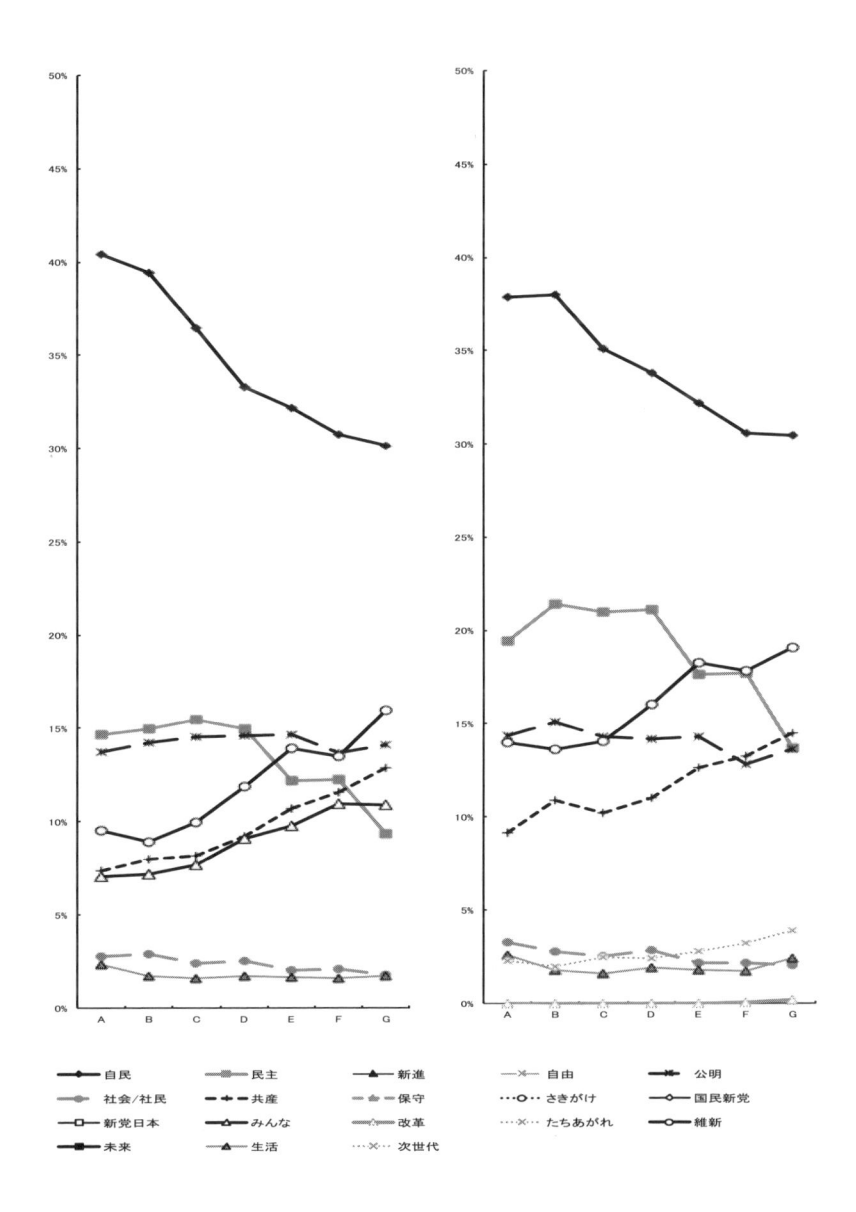

ト高いという状況であったが、2005年以降の平均では、逆に都市的地域で2.3ポイント低いという結果となった。

公明党は2004年以前の平均では都市的地域で2.9ポイント高かったのに対し、2005年以降の平均は0.4ポイントとなった。これらの党に対して、共産党の変化は緩慢ではあるが、それでも2004年以前の平均が6.3ポイントであるのに対して2005年以降が4.2ポイントとなり、都市と農村の差違は縮小傾向にあった。なお、社会党／社民党については、2004年以前の平均では都市的地域で1.9ポイント低かったのに対し、2005年以降の平均では0.6ポイント低いという状況であった。

前述の市区町村を単位とした分析では、2000年代半ばを境にして、都市規模の違いによる各党得票率の差が小さくなる例があることをみた。しかし、先に述べた通り、この時期はいわゆる平成の大合併が行われていたため、実態として都市化度と各党得票率との間の関係性が弱くなったわけではなかったとしても、両者の関係性が弱くなっていることを示すような数値が算出される可能性があることが危惧される。ここではこの点を克服するために人口集中地区人口比という指標を用い、分析の単位も市区町村ではなく衆議院の小選挙区として同様の分析を行った。だが、以上の通り、その分析結果は市区町村を単位とした分析とほぼ同じ傾向が表れた。したがって、2000年代前半から2000年代後半にかけて生じた都市化度と各党得票率との関係性の変化は、平成の大合併による市町村の境界線変更に伴う集計単位の変化のせいだとはいえそうにない。

(3) 小選挙区単位のデータによる分析

先に述べた通り、衆議院の小選挙区を単位としたデータを用いて、人口集中地区人口比と各政党の比例代表における相対得票率との関係を視覚的に図示したものが図5-1から図5-14であるが、ここでは、より詳細な分析を行うこととする。具体的には、人口集中地区人口比という都市

化度を表す指標と各党得票率との間の相関関係について、回帰分析を用いて浮き彫りにする。

　もちろん、小選挙区単位で集計したデータではなく、市区町村単位の集計データを用いて、人口集中地区人口比と各党得票率の二つの指標の相関関係を探るべく回帰分析を行うことも可能である。しかし、ここでは小選挙区を単位とした分析を行うこととした。

　市区町村を分析の単位とすると、ケース数は増えるものの、ケース毎の人口規模に大きなばらつきが出る。例えば、2000年国勢調査のデータでは、福島県檜枝岐村の人口は757人で、人口81万4901人の東京都世田谷区との間に大きな差がある。ちなみに、2000年国勢調査の時点で全国の市区町村のうち町村は2258で、ケース数の上で全体の約3分の2を占めるが、これらの地域に属する人口は日本の総人口の2割強に過ぎない。そのため、市区町村のデータをそのまま用いて回帰分析を行うと、人口の割に町村部における選挙結果が過大に回帰式の算出の際に影響を及ぼすことになる。これに対し、衆議院の小選挙区を単位とした場合は、最も人口の少ない高知1区と最も人口の多い兵庫6区とでも、その差は約2倍程度である。そのため、都市化の度合いと得票率との間の関係を回帰分析によって探る際のデータとして、小選挙区を単位として算出した値を用いることとした。

　それぞれの選挙について各党得票率と人口集中地区人口比との間で単回帰分析を行った結果は、表5-1から表5-4にある通りである。

　これらの表を見渡すと明らかな通り、1990年代後半から2010年代前半までに行われた14回の選挙に関して、自民党はそのうち13回で統計的に有意な関係がみられた。農村部での得票が高いという傾向が鮮明である。統計的に有意でなかったのは2005年総選挙で、このときだけ、都市と農村との間の得票率の差がほとんどみられない。

　2004年までの選挙においては、全ての主要政党の中で相関係数の絶

対値が最も大きく、最も強い相関・逆相関をみせている。これらの選挙の相関係数を単純に平均すると、その値は-0.747で、1995年から2001年までと2004年の6回の選挙については強い逆相関、2003年総選挙についてもかなりの逆相関を示している。決定係数は最低で0.449、最高で0.671と高い数値となっている。回帰係数の値を単純に平均すると、-0.181となる。

2005年以降の7回の選挙については、既述の通り、2005年総選挙を除く6回の選挙で統計的に有意な逆相関の関係がみられる。2007年参議院選挙以降は相関係数は-0.519から-0.688の間にあり、かなりの逆相関がみられる。2007年、2010年、2012年、2013年の4回においては、全ての主要政党の中で相関係数の絶対値が最も大きく、最も強い相関・逆相関をみせている。また、2009年と2014年の2回については、相関係数

表5-1　1990年代後半の各党相対得票率と人口集中率との間の回帰分析の結果（小選挙区単位）

選挙	政党	相関係数	決定係数	標準誤差	回帰係数	定数項	P値
参95	自民	-0.749	0.561	0.053	-0.205	0.401	***
	新進	0.284	0.081	0.065	0.065	0.267	***
	社会	-0.280	0.079	0.052	-0.052	0.201	***
	共産	0.694	0.482	0.031	0.100	0.033	***
	さきがけ	0.308	0.095	0.027	0.030	0.017	***
衆96	自民	-0.727	0.529	0.058	-0.208	0.460	***
	新進	0.007	0.000	0.064	0.002	0.278	
	民主	0.549	0.301	0.055	0.122	0.083	***
	共産	0.707	0.500	0.032	0.108	0.063	***
	社民	-0.105	0.011	0.034	-0.012	0.072	
	さきがけ	-0.110	0.012	0.024	-0.009	0.015	
参98	自民	-0.819	0.671	0.042	-0.200	0.381	***
	民主	0.450	0.202	0.046	0.077	0.167	***
	共産	0.707	0.500	0.031	0.103	0.079	***
	公明	0.403	0.162	0.030	0.044	0.110	***
	社民	-0.217	0.047	0.028	-0.021	0.091	***
	自由	-0.038	0.001	0.034	-0.004	0.095	
	さきがけ	0.013	0.000	0.016	0.001	0.013	

*:p<0.05,　**:p<0.01,　***:p<0.001

表5-2　2000年代前半の各党相対得票率と
　　　人口集中率との間の回帰分析の結果（小選挙区単位）

選挙	政党	相関係数	決定係数	標準誤差	回帰係数	定数項	P値
衆00	自民	-0.794	0.630	0.049	-0.215	0.422	***
	民主	0.434	0.188	0.058	0.093	0.190	***
	公明	0.281	0.079	0.032	0.032	0.111	***
	自由	0.001	0.000	0.046	0.000	0.109	
	共産	0.674	0.454	0.029	0.090	0.055	***
	社民	-0.112	0.013	0.036	-0.014	0.103	
	保守	0.098	0.010	0.011	0.004	0.002	
参01	自民	-0.734	0.539	0.044	-0.160	0.489	***
	民主	0.144	0.021	0.039	0.019	0.150	*
	公明	0.335	0.112	0.035	0.041	0.124	***
	共産	0.632	0.400	0.023	0.064	0.038	***
	自由	0.027	0.001	0.040	0.004	0.074	
	社民	0.065	0.004	0.035	0.008	0.061	
	保守	0.518	0.268	0.008	0.016	0.013	***
衆03	自民	-0.705	0.496	0.008	-0.141	0.417	***
	民主	0.520	0.270	0.010	0.100	0.290	***
	公明	0.143	0.021	0.007	0.017	0.129	*
	共産	0.525	0.276	0.004	0.045	0.046	***
	社民	-0.224	0.050	0.005	-0.022	0.062	***
参04	民主	0.366	0.134	0.045	0.060	0.337	***
	自民	-0.739	0.546	0.042	-0.157	0.403	***
	公明	0.251	0.063	0.034	0.030	0.136	***
	共産	0.597	0.356	0.022	0.055	0.043	***
	社民	-0.039	0.001	0.020	-0.003	0.055	

*:$p<0.05$,　**:$p<0.01$,　***:$p<0.001$

表5-3　2000年代後半の各党相対得票率と
　　　　人口集中率との間の回帰分析の結果（小選挙区単位）

選挙	政党	相関係数	決定係数	標準誤差	回帰係数	定数項	P値
衆05	自民	-0.045	0.002	0.044	-0.007	0.386	
	民主	-0.148	0.022	0.038	-0.020	0.323	*
	公明	0.017	0.000	0.031	0.002	0.132	
	共産	0.483	0.233	0.020	0.039	0.048	***
	社民	-0.073	0.005	0.024	-0.006	0.059	
	国民新党	-0.381	0.145	0.030	-0.042	0.045	***
	新党日本	0.441	0.195	0.019	0.032	0.003	***
	大地	0.022	0.000	0.006	0.002	0.004	
参07	民主	0.065	0.004	0.050	0.011	0.386	
	自民	-0.643	0.413	0.042	-0.120	0.359	***
	公明	0.234	0.055	0.031	0.026	0.116	***
	共産	0.618	0.382	0.021	0.057	0.038	***
	社民	-0.012	0.000	0.026	-0.001	0.046	
	国民新党	-0.122	0.015	0.014	-0.006	0.026	*
	新党日本	0.522	0.273	0.012	0.024	0.014	***
衆09	民主	0.091	0.008	0.041	0.013	0.451	
	自民	-0.598	0.358	0.038	-0.097	0.331	***
	公明	0.052	0.003	0.030	0.005	0.112	
	共産	0.649	0.422	0.019	0.054	0.035	***
	社民	-0.075	0.006	0.019	-0.005	0.046	
	みんな	0.251	0.063	0.036	0.031	0.022	***
	国民新党	-0.195	0.038	0.021	-0.014	0.027	***
	新党日本	0.418	0.175	0.006	0.010	0.001	***
	大地	0.030	0.001	0.006	0.003	0.004	
	改革	0.206	0.042	0.003	0.002	-0.001	***

*:$p<0.05$,　**:$p<0.01$,　***:$p<0.001$

表5-4　2010年代前半の各党相対得票率と
　　　　人口集中率との間の回帰分析の結果（小選挙区単位）

選挙	政党	相関係数	決定係数	標準誤差	回帰係数	定数項	P値
参10	自民	-0.688	0.473	0.040	-0.131	0.327	***
	民主	0.041	0.002	0.041	0.006	0.311	
	みんな	-0.464	0.104	0.043	0.050	0.102	***
	公明	0.190	0.036	0.033	0.022	0.118	
	共産	0.583	0.340	0.018	0.045	0.032	***
	社民	0.056	0.003	0.026	0.005	0.036	
	たちあがれ	-0.039	0.002	0.002	-0.003	0.023	
	改革	0.342	0.117	0.008	0.010	0.013	***
	国民新党	0.323	0.215	0.008	-0.014	0.026	***
衆12	自民	-0.642	0.412	0.038	-0.108	0.349	***
	民主	-0.201	0.040	0.036	-0.025	0.176	***
	維新	0.374	0.140	0.053	0.073	0.155	***
	公明	-0.067	0.004	0.032	-0.007	0.125	
	みんな	0.321	0.103	0.035	0.040	0.059	***
	未来	0.095	0.009	0.029	0.009	0.050	
	共産	0.448	0.201	0.017	0.029	0.042	***
	社民	-0.204	0.042	0.019	-0.013	0.033	***
	国民新党	-0.104	0.011	0.006	-0.002	0.003	
	大地	0.032	0.001	0.006	0.003	0.004	
	改革	0.187	0.035	0.005	0.003	0.000	**
参13	自民	-0.660	0.435	0.047	-0.139	0.441	***
	民主	-0.358	0.128	0.037	-0.048	0.165	***
	公明	0.031	0.001	0.034	0.004	0.141	
	みんな	0.360	0.130	0.038	0.049	0.055	***
	共産	0.608	0.370	0.024	0.062	0.055	***
	維新	0.431	0.186	0.049	0.080	0.067	***
	社民	-0.132	0.017	0.025	-0.011	0.032	*
	生活	-0.102	0.010	0.020	-0.007	0.023	
	大地	0.059	0.004	0.005	0.005	0.006	
	みどりの風	0.045	0.002	0.008	0.001	0.007	
衆14	自民	-0.519	0.269	0.043	-0.089	0.391	***
	民主	-0.211	0.045	0.058	-0.043	0.210	***
	維新	0.397	0.157	0.054	0.081	0.104	***
	公明	-0.066	0.004	0.034	-0.008	0.144	
	共産	0.583	0.340	0.025	0.061	0.072	***
	次世代	0.304	0.092	0.015	0.016	0.015	***
	生活	-0.053	0.003	0.022	-0.004	0.022	
	社民	-0.175	0.031	0.022	-0.013	0.034	**
	改革	0.360	0.129	0.001	0.001	0.000	***

*:$p<0.05$,　**:$p<0.01$,　***:$p<0.001$

の絶対値の大きさは共産党に次ぐものとなっている。

　民主党の場合は、2004年までの選挙においては、2001年参議院選挙の時のみ相関係数の値が0.144となっていて都市化度と得票率との関連性がみられないが、それ以外の選挙では相関係数は0.4を超え、かなりの相関がみられる。なお、回帰係数の平均値は0.080で、極めて大まかにいうと、自民党が人口集中地区人口比が1％上がるごとに得票率を0.18％減らしていく一方で、その半分弱を民主党が吸収していくという計算になっている。

　自由党は、1998年から2001年までの3回の選挙のどのケースでも、人口集中地区人口比と得票率との間にほとんど相関はみられない。なお、自由党の回帰直線は、いずれも統計的に有意ではない。

　公明党は、1998年から2004年までの5回の平均をとると、相関係数は0.292となっており、やや相関がみられる。特に1998年の相関係数は0.403で、かなりの相関となっている。

　社会党／社民党は、1995年、1998年、2003年に相関係数がそれぞれ-0.280、-0.217、-0.205となっており、やや逆相関が認められる。それ以外の選挙では、ほとんど相関関係はみられないが、おおむね数値はマイナスであり、農村部で得票がやや多い状況となっている。相関係数の絶対値が0.2以上となっているのは、2004年までの7回の選挙では3回あるのに対し、2005年以降の7回の選挙では2012年の1回きりである。

　共産党は、2004年まで相関係数の平均値は0.652、最低が2003年の0.550、最高が1998年の0.707と、強い相関を示している。回帰係数の平均値は0.081で、自民党が人口集中地区人口比が増えるごとに減らしていく得票のうちの半分弱を吸収している計算になる。

　新進党の場合、相関係数は1995年には0.284で、やや相関がみられたが、1996年には0.007と、ほとんど相関がみられない。前項の1995年と1996年のグラフを比較すると、AとBの相対得票率はほぼ同じであるが、

1996年には、Cよりも集中度が高い地域で相対得票率を大きく減らしている。これらのグラフから、新進党は1995年にはやや都市部を得意とする政党だったが、1996年には都市部の票が取れなくなったために、相関関係がほとんど観察されなくなったといえる[3]。回帰係数は1995年が0.065、1996年が0.002となっている。つまり、1995年には人口集中地区人口比が1%増えるごとに約0.2%ずつ減っていく自民党の得票を、共産党と共に吸収するという役割を果たしていたが、1996年にはその役割は民主党に奪われてしまった形となっている。なお、1996年の回帰直線は、統計的には有意ではない。

さきがけは、1995年では相関係数が0.308でやや相関がみられるが、1996年と1998年にはほとんど相関がみられない。

こうした通時的な変化を全体的に見渡すと、先にみた分析結果と同様の結果となったといえる。すなわち、相関係数や回帰係数の値をみると、2000年代後半以降、都市化の度合いと各党の得票率の間の関係が変化し、その差が縮小したり、あるいはそれまで観察された差が消滅して逆の関係性がみられるようになったりしている[4]。

すなわち、自民党と民主党は都市－農村の軸の上で共に中央へと移動し、この面での両党の差は小さくなっていったといえる。いい換えれば、政治改革から約10年が経過した時点で、都市―農村の軸における中位投票者定理は、中央への収斂が完了するという一つの到達点に達したといえる。

2．各地方に表れた固有な地域性

（1）地域政党の出現

前節でみたように、政治改革以後の国政選挙においては、都市部と農村部の間の各党得票率の差は、全体的に縮小してきた。その動きは、特

に2000年代前半までの時期において顕著であり、2005年総選挙においてはその差はほとんど消滅した。その後、都市部と農村部との間の自民党得票率の差は拡大に転じてはいるが、2009年以降の3回の総選挙での差は2003年以前の総選挙における数値と比べれば常に小さくなっている。

　2009年以降の直近3回の総選挙における自民党得票率の都市―農村間の格差、すなわち最も農村的なAと最も都市的なGとの間の得票率の差は、2009年が11.0ポイント、2012年が15.6ポイント、2014年が11.7ポイントとなっており、この3回の単純平均は12.8ポイントとなる。これは、1958年から1993年までの55年体制下で行われた全ての総選挙における都市―農村間の得票率の差を単純平均した数値である27.9ポイントと比較しても、1996年から2003年までの小選挙区比例代表並立制の導入から3回分の総選挙での単純平均の数値である21.5ポイントと比較しても、かなり低い値となっている。

　それでは、現行の小選挙区比例代表並立制という制度を採用し続ける限り、こうした傾向は継続するのであろうか。より具体的にいえば、過去においては得票を農村部を中心とする地方に大きく依存してきた自民党が、そうした地方への得票依存度を低くしていく中で、農村部を中心とする地方が抱える政治的利害に対してかつてほど敏感に反応しなくなっていくという状況は継続するのだろうか。そして、その結果として、自民党を含む各政党の得票率は都市―農村間で大きな差違が生じない状況が継続し、政党間の勢力分布は日本各地で一様なものになっていくのであろうか。

　そもそも、小選挙区制という選挙制度自体は、地方毎に多様な政党システムを生み出す余地がある制度である。小選挙区制を採用する国の代表の一つとされるイギリスでは、北アイルランドはイギリス全体の政党システムとは全く異なる政党システムが形成されており、グレート・

ブリテン島の内部でも、スコットランドやウェールズでは、イングランドには存在しない地域政党が勢力を保っている。これはイギリスのみにみられる特徴ではなく、同じく小選挙区制を採用するカナダにおいても、特定の地方でのみ候補者を擁立する地域政党が一定の議席を確保する例が観察できる。

　先に述べた通り、自民党や民主党のように、単独過半数あるいは単独過半数に迫る議席を確保しようとする政党は、当然にして小選挙区選出議席の過半数を制することを目指す。比例区選出議席のうちの一定部分が中小規模の政党で占められることを考慮すれば、できれば過半数を大きく上回る議席を獲得したいところである。

　しかし、単独過半数の確保を目指していない中小政党にとっては、こうしたロジックは当てはまらない。中小政党は、全国的には大政党に匹敵するだけの得票を獲得できる見込みがなくても、特定の選挙区で集中的に得票することで大政党の候補者の得票を上回ることができれば、小選挙区制下でも議席獲得が可能である。

　もちろん、中小政党にとっては、小選挙区制よりも中選挙区制や比例代表制のほうが議席獲得の可能性が高まる。だが、中選挙区制や比例代表制の場合は、議席獲得のために最低限必要とされる得票率の水準が小選挙区制よりも低くなるため、特定の地方で集中的に得票するという戦略ではなく、全国的に得票の最大化を目指すという戦略を採る余地も残される。ところが、小選挙区制の場合は、議席を確実に確保するためにはその選挙区における過半数の得票が必要であるから、特定地域に得票を集中させるという戦略が有力な選択肢となる。

　同時に、衆議院において採用されている比例代表制が全国を11のブロックに分割して実施されているという点も、特定の地方に得票を集中させて小選挙区の議席を確保しようとする中小政党の戦略を後押しすることになると考えられる。もし仮に比例区の180議席が全国を1区と

する方式で選出されている場合には、単純計算で0.56%の得票率を得ることができれば、1議席を確保できる。これに対し、11ブロック制では、最も定数の多い近畿ブロックにおいても、単純計算で3.45%の得票率を得ることが必要となる。最も定数の少ない四国ブロックでは、単純計算で16.67%の得票率が必要となる。このため、既存の党組織が日本の全国各地に展開され、豊富な人的リソースを保持しているような場合でもなければ、リソースの限られた中小政党にとっては、特定の地方で集中して得票を得るという戦略を採用することが、効率的に議席を獲得する上で必要となってくる。

　1994年に成立した政治改革関連法の中でなされた選挙制度改革には含まれないものの、2001年参議院選挙より導入されている非拘束名簿式比例代表制も、リソースの限られた中小政党が特定の地方に集中的にリソースを投入することを促すような側面を持っている。かつての拘束名簿式比例代表制では、選挙運動の態様は地域間で差違が生じる余地はなかったが、非拘束名簿式比例代表制では、選挙運動の態様は地域間で差違が生じる余地が出てきている。

　非拘束名簿式が導入される前の参議院の比例区で各政党が行うことができた選挙運動は、政見放送と選挙公報に限られていた。そして、各政党の名簿に登載された比例区の候補者に対しては、候補者個人として独自の選挙運動を展開する資格は与えられていなかった。政見放送も選挙公報も、報道機関ないし政府機関が全国的に法律の規定に基づいて実施するものであるから、地域間の差違は生じる余地がなかった。

　ところが、非拘束名簿式の導入に伴い、各政党の名簿に登載された比例区の候補者にも、独自の選挙運動を展開することが認められるようになり、選挙カーを走らせたり、個人演説会を開催したり、街頭でビラを配布したりすることが可能となった。報道機関ないし政府機関が全国的に法律の規定に基づいて実施する政見放送や選挙公報とは異なり、街頭

演説をはじめとしたそれ以外の選挙運動については、候補者や政党の側で実施する地域を選択し、限定することが可能である。

同時に、そもそも17日間という限られた選挙期間中に日本の全国各地で一様にこうした選挙運動を展開するということは物理的・時間的にも不可能である。このため、全国を1区として実施している参議院の比例区選挙においても、その選挙運動という側面に着目するならば、政党や候補者が特定の地方にリソースを集中的に投入するという戦略を選択することが可能となったのである。実際、2013年参院選では、60名を超える比例区候補者が特定の地域を集中的にターゲットにしていた候補者だとされている[5]。

このように考えると、目前に控えた選挙において単独過半数を獲得しようと企図しているわけではない政党、特に限られたリソースしか有していない中小政党は、大政党とは異なる戦略を採る可能性が十分に考えられる。すなわち、選挙区の境界線などに沿う形で特定地域に活動を集中させ、そうした地域で集中的に得票することで自党の議席の最大化をはかるという戦略である。

本節では、前章で指摘した各地方の固有な地域性についてみていくわけであるが、同時に、このような観点も交えながら、各政党の得票率を地方毎にみていくこととする。

(2) ブロック別の各党得票率

衆議院の全国11ブロックを単位に分析した場合、各ブロックの特徴としてどのようなことが浮かび上がるのであろうか。

14回の選挙で、全国総計で得票率が1位だった政党が11ブロックの全てで得票1位となったケースは、参議院選挙では2001年と2013年の自民党、2007年の民主党の3回である。衆議院選挙では、2009年の民主党と、2014年の自民党である。その他の選挙、すなわち14回のうち

9回の選挙では、必ず11ブロックのうちのいずれかで、全国総計で得票1位だった政党とは別の政党がいずれかのブロックで得票1位を獲得している。このように、多くの選挙でブロック毎に異なる特徴が表れており、政党毎に得意とする地方や不得意とする地方があるようである。以下、どの政党がどの地方を得意としているのかについて、大まかにみていくこととする。

2000年代前半までの時期と2000年代後半以降の時期とに分け、まず2000年代前半までの時期についてみてみることとする。

自民党は、2000年代前半までの7回の選挙では、四国は常に1位、東北、北陸信越、中国、九州は6回の選挙で1位であった。特に中国と四国は突出して強く、2004年を除いた1995年から2003年までの6回の選挙でみると、2位の政党に得票率の差が3%以内にまで迫られたことがなかった。他方で、北海道と東海では、7回のうち1位になったのは、小泉旋風が巻き起こったとされる2001年参議院選挙のみであった。南関東、東京、近畿では1位を取ったのは2回のみであった。

民主党は、北海道では2001年参議院選挙を除いて1996年以来常に1位を取った。民政党などと合流した1998年以降は、2001年を除き、南関東、東京、東海で1位を取った。近畿は、1996年には自民党や新進党の半分にも及ばなかったが、その後は2001年を除けば1位を獲得するか、自民党との差が1%以内の接戦で2位となるかのいずれかである。

自由党は、党が存在した1998年から2001年までの3回の選挙の全てで、東北が突出して強い。東北のほかに強いのは南関東や東京で、逆に弱いのは北海道や中国、四国、九州となっている。

公明党は比較的どのブロックでも万遍なく得票しているが、近畿と中国で強く、得票率が常に15%を超えている。この期間で比例区選挙に候補者を擁立したのは5回で、そのうち4回は近畿の得票率が最も高く、残る1回は中国の得票率が最も高かった。逆に、北陸信越では、得票率

は一桁台か、高くても10％程度に止まっている。

社民党は、社会党から社民党へと移行する際に大幅に得票率を減らした。最も減らしたのは北海道である。1995年には北海道で突出して強かったが、1996年には北海道ブロックには立候補もせず、1998年以降も全国平均を下回ることが多い。一貫して強いのは東北、北陸信越、九州で、特に九州で強い。

共産党は東京と近畿で強く、東北、中国、九州などで弱い。

新進党は、1995年には、南関東、東京、東海、近畿といった自民党の不得意な地域で優位に立つことができたが、1996年には民主党の登場もあってその優位が揺らぎ、東海と近畿は1位を維持したものの、南関東や東京では自民党に1位の座を奪われた。

次に、2000年代後半以降の時期についてみてみよう。

自民党は、2000年代後半以降の7回の選挙では、四国で5回1位となっているのが最多で、逆に北海道と近畿の3回が最少、その他のブロックは4回1位となっている。2005年以降の7回の選挙で自民党の全国での比例区得票が1位であったのは2005年、2012年、2013年、2014年の4回であるが、北海道は2005年に民主党に次ぐ2位となり、近畿は2012年に維新に次ぐ2位となっている。四国は、全国的な得票が2位であった2010年にも1位を獲得した。なお、自民党が1位を獲得できなかった場合に1位を獲得しているのは、全て民主党である。そして、自民党は1位を獲得できなかった場合でも、必ず2位にはなっており、3位以下に転落したことはない。

民主党が参議院第一党の地位を獲得して「ねじれ国会」が現出することになった2007年参議院選挙から、惨敗して政権転落することとなった2012年総選挙の前までの期間に行われた選挙、すなわち2007年参議院選挙、2009年総選挙、2010年参議院選挙の3回において、民主党は比例区で最多得票を得ている。このうち2007年と2009年では、全てのブ

ロックで1位を獲得し、2010年については、四国を除く10ブロックで1位を獲得している。これら3回の選挙以外では、民主党はいずれのブロックでも1位を獲得するということは稀である。唯一の例外が、2005年総選挙の際の北海道である。

　政権を転落することとなった2012年総選挙では、全国での比例区得票は、自民党に大差を付けられたのみならず、維新の会の得票にも及ばず3位となった。その際、維新の会の得票を上回って2位を確保できたのが、北海道と東北の二つであった。なお、北海道と東北は、2013年参議院選挙と2014年総選挙においても自民党に次いで2位であった。

　逆に、2012年総選挙において得票率が特に伸び悩んだのが、近畿と九州である。近畿と九州では、自民党と維新の会のみならず、公明党の得票にも及ばず、4位となった。その後の2013年と2014年においては、九州では維新の得票が伸び悩んだために順位は4位から3位へと上がるものの、公明党の得票に及ばないという状況は続いている。近畿については、維新の会/維新の党と公明党のみならず、共産党の後塵を拝することとなって順位が5位に転落している。

　首都圏に位置する北関東、南関東、東京の三つのブロックについては、みんなの党との競合がみうけられる。これらの三つのブロックでは、2012年には自民党、維新の会に続く3位であったが、2013年には北関東と南関東は4位、東京では6位となった。北関東と南関東では、2013年には維新の会の得票を上回るものの、公明党とみんなの党の得票に及ばず4位となった。東京では、維新の会の得票を上回ることができないという状況が続いた上に、公明党とみんなの党、そして共産党の得票にも及ばなかった。なお、これら首都圏の3ブロックについては、選挙直前にみんなの党が解党された2014年総選挙においては、自民党に次ぐ2位の得票であった。

　中国と四国は、2012年が自民党、維新の会に続く3位、2013年は維

新の会の得票を上回るものの公明党の後塵を拝することになって3位、2014年は自民党に次ぐ2位となった。北陸信越と東海については、2012年は自民党、維新の会に続く3位であったものの、2013年と2014年ではいずれも2位であった。

このように、民主党は、北海道や東北のように2位を確保し続けることができる地域がある一方で、東京や近畿のように時には5位や6位にまで転落してしまう地域もあった。これは、自民党が政権を転落して野党である期間においても必ず2位以内となっているのとは対照的である。

公明党は、2005年以降の7回の選挙のうち5回で、九州の得票率が最も高くなっている。残りの2回については、それぞれ近畿と四国が1回ずつ得票率が最も高くなっている。最も得票率が低い地域については、2004年以前と同じく、北陸信越の得票率が常に最低となっている。

社民党は、2004年以前と同じく、東北、北陸信越、九州の得票率が他の地域より高い。2005年以降の7回の全てにおいて、九州での得票率が最も高い。2番目に得票率が高いのは、その時々によって東北か北陸信越のいずれかとなっている。

共産党も、2004年以前と同じく、東京と近畿の得票が高い。特に2013年参議院選挙では、東京では自民党に次いで2位の得票となった。逆に得票率が低いのは、中国や九州である。この点についても、基本的な傾向は2004年以前と変わらない。

みんなの党は、2009年から2013年までの4回の選挙に登場しているが、北関東、南関東、東京という首都圏に位置する三つのブロックでの得票率が高い。特に、2013年参議院選挙においては、民主党の得票を上回り、南関東で自民党に次ぐ2位、北関東では自民党、公明党に続く3位、東京では自民党、共産党に続く3位となった。2009年と2010年では、渡辺喜美のお膝元である北関東の得票率が最も高かったが、2012年と2013年では、南関東の得票率が最も高くなっている。逆に得票率

が低いのは、北海道、中国、四国、九州である。

　維新の会／維新の党は、2012年以降の直近3回の選挙に立候補しているが、近畿での得票率が突出して高い。2012年には1位を獲得し、2013年と2014年も自民党に次ぐ2位となっている。近畿ほどではないが、南関東、東京、東海なども他の地域と比較すると得票率が高い傾向にある。逆に得票率が常に低いのは北海道である。

　未来の党は、2012年総選挙の1回しか候補者を擁立していないが、東北の得票率が突出して高く、次いで東海が高くなっている。逆に、北海道、中国、四国、九州は得票率が低い。

　生活の党は、2013年と2014年の2回のみ立候補しているが、東北の得票率が突出して高く、その他には北関東、南関東、東京、北陸信越の得票率が他地域よりも高めである。低いのは、北海道、近畿、中国、四国、九州である。

(3) 各ブロックの地域性

　前項では、ブロック別の各党の得票状況の概要を確認したが、ここで各ブロックの特徴をさらに浮き彫りにするため、都市化の度合いの割に各政党がそれぞれのブロックでその程度健闘しているのかを探ることとする。具体的には、北海道から九州までブロックごとに人口集中地区人口比を算出し、300小選挙区を単位として分析した際に導き出された回帰式にその値を代入し、都市化の度合いから各政党がそれぞれのブロックでどれくらいの得票率を得られるはずかを予測する。次に、その予測値と実測値とを比較し、実際の得票が都市化の度合いから予測される得票率よりも高ければ、都市化以外の何か別の地域特性がその政党を利しており、逆に実際の得票が予測された得票率よりも低ければ、都市化以外の何か別の地域特性がその政党に不利に働いていると判定する[6]。

　表5-5から表5-8は、予測値と実際の得票率との差を示している。

これらについても、2000年代前半以前と2000年代後半以後とに分けて考察してみることにする。

まず、表5-5と表5-6にある2000年代以前の状況であるが、自民党は中国で常に予測より高い。また、北関東と四国、九州についても、7回のうち5回ないし6回は予測よりも実際の得票率の方が高くなっており、予測を下回ったケースについても、その幅は1ポイント未満となっている。ただし、これら四つのブロックの中で比較した場合には中国や四国、九州に比べて自民党の北関東での強さは限定的であるから、全般的にみると、自民党は中国、四国、九州の西日本で強く、近畿以東では基本的に弱いといえるだろう。確かに、近畿以東のブロックでも、常に弱いのは北海道、東北、東海、近畿の四つのみで、北関東、南関東、東京、北

表5-5　1990年代後半の国政選挙の比例区データによる
　　　　回帰分析予測値と実際の得票率との差

選挙	ブロック	北海道	東北	北関東	南関東	東京	北陸信越	東海	近畿	中国	四国	九州
参95	自民	-2.21	-0.63	0.35	0.12	1.05	-0.16	-1.70	-0.79	3.95	6.26	0.39
	新進	-8.92	0.02	-0.63	-1.92	-2.20	1.83	4.83	1.53	-0.74	-3.37	0.54
	社会	11.16	0.50	-1.09	-0.06	-3.34	0.50	-1.71	-3.09	0.91	-1.18	4.42
	共産	1.38	-0.84	0.18	-1.98	0.49	-0.52	-1.77	3.86	-1.41	0.54	-2.22
	さきがけ	0.29	-1.13	-0.06	1.77	1.17	-0.47	-1.26	1.03	-0.53	-0.43	-0.95
衆96	自民	-2.82	-2.08	0.84	-0.21	1.30	-1.26	-1.42	-1.17	6.72	3.93	0.47
	新進	-6.85	5.32	-1.22	-1.36	-3.35	2.44	5.15	1.25	-3.90	-3.68	0.36
	民主	14.63	-2.32	1.77	2.97	3.09	-0.74	-0.76	-4.15	-1.59	-0.22	-3.99
	共産	1.03	-1.21	0.33	-0.99	0.95	-0.85	-0.98	2.63	-1.80	1.42	-2.29
	社民	-6.35	1.55	-1.51	0.19	-0.63	-0.48	-0.56	-0.10	-0.28	0.32	3.56
	さきがけ	-0.90	-1.17	0.11	-0.83	-0.67	2.05	-1.01	1.83	0.07	-1.19	0.65
参98	自民	-0.77	-1.47	-0.78	-1.64	-0.15	-2.30	-1.77	-2.16	2.75	2.18	2.00
	民主	2.50	-2.91	0.56	0.42	-0.56	2.30	4.28	-2.75	-2.14	-4.62	-3.60
	共産	1.53	-1.60	-0.10	-1.13	0.26	-0.56	-2.14	2.35	-2.17	1.13	-2.45
	公明	-0.99	-3.07	-0.37	-1.75	-1.38	-3.62	-0.74	1.83	1.90	2.61	0.01
	社民	-0.97	1.73	-1.54	-0.11	-1.51	1.87	-1.93	-1.22	-0.82	-0.04	3.00
	自由	-3.04	4.49	-0.84	0.93	1.03	-0.08	0.34	-1.01	-1.31	-2.08	-2.26
	さきがけ	-0.70	-0.40	-0.08	-0.13	0.31	1.14	-0.29	0.71	-0.45	-0.55	-0.25

表5-6 2000年代前半の国政選挙の比例区データによる
　　　　　　　　　回帰分析予測値と実際の得票率との差

選挙	ブロック	北海道	東北	北関東	南関東	東京	北陸信越	東海	近畿	中国	四国	九州
衆00	自民	-1.06	-1.16	0.93	-0.01	-1.69	1.73	-0.42	-1.45	3.78	2.47	0.52
	民主	5.40	-1.77	0.25	1.02	0.77	2.45	5.87	-3.16	-1.85	-2.12	-3.64
	公明	-0.61	-2.61	-0.31	-1.27	-1.49	-3.63	-1.39	2.43	2.70	1.33	1.65
	自由	-2.72	5.37	1.53	1.04	2.67	0.19	-1.20	-1.41	-2.04	-2.55	-1.64
	共産	0.60	-1.25	-0.07	-1.35	-0.04	-0.10	-1.09	3.09	-0.98	1.79	-2.10
	社民	-0.41	1.01	-1.22	0.38	-2.33	0.66	-2.05	-0.06	-0.38	0.36	3.67
	保守	-0.43	-0.32	-0.38	-0.47	-0.02	-0.32	0.92	0.90	-0.34	-0.32	-0.36
参01	自民	-2.25	-0.76	0.86	1.37	1.40	1.46	-0.28	-2.25	1.92	1.11	-0.25
	民主	5.21	-2.20	0.65	1.29	-0.71	1.31	4.40	-1.79	-0.24	-2.25	-2.68
	公明	-1.06	-3.07	-0.08	-2.04	-1.67	-4.40	-1.19	2.64	2.40	2.84	2.47
	共産	1.53	-0.47	-0.01	-1.59	0.62	0.03	-1.17	2.60	-0.77	1.16	-2.03
	自由	-1.49	5.80	0.20	1.36	0.36	0.52	-0.86	-0.62	-2.06	-2.12	-1.51
	社民	-0.92	1.06	-1.57	-0.30	-0.28	1.37	-1.53	-0.85	-1.37	-0.72	4.40
	保守	-1.02	-0.36	-0.05	-0.09	0.28	-0.29	0.64	0.27	0.12	-0.03	-0.41
衆03	自民	-2.75	-0.39	1.75	2.11	2.26	0.67	-0.77	-2.09	0.29	-0.04	0.02
	民主	2.76	2.39	1.25	1.01	-0.68	1.95	3.82	-1.67	-1.89	-3.14	-4.69
	公明	-1.04	-2.64	-0.64	-1.42	-1.42	-4.35	-0.59	2.24	3.10	2.23	2.27
	共産	0.77	-0.27	-0.93	-1.22	-0.06	0.44	-0.96	2.23	-0.82	1.28	-1.08
	社民	0.27	0.91	-1.43	-0.48	-0.09	1.29	-1.49	-0.72	-0.69	-0.33	3.49
参04	民主	4.33	2.48	0.74	0.16	-0.79	1.58	4.57	-1.40	-1.89	-3.90	-4.27
	自民	-2.68	-0.37	0.34	1.65	1.63	0.57	-2.04	-1.70	1.05	1.01	1.82
	公明	-0.84	-3.32	-0.11	-1.20	-1.71	-3.82	-0.80	2.27	3.20	1.82	2.02
	共産	0.41	-0.31	-0.37	-1.20	-0.24	0.29	-0.67	2.53	-0.98	0.78	-1.42
	社民	-0.84	1.52	-0.49	0.39	0.49	1.20	-1.26	-1.37	-0.71	-0.67	2.15

陸信越では実際の得票率が予測値を上回る場合もある。しかし、7回の選挙を平均すると、その上回った幅というのは1ポイント未満となるのである。

　自民党は都市部を不得意とするが、最も都市的な東京で、1998年と2000年の2回を除けば予測得票率よりも実際の得票率が高い。予測からの乖離は小さいとはいえ、これは興味深いことである。この分析結果からみると、東京は都市化が非常に進んでいるから自民党の得票率が低くはなっているが、東京という土地柄が自民党を拒否しているわけではなく、むしろ都市化の度合いからすれば得票率がさらに低くなってもおか

しくはないことになる。

　民主党は、程度の差はともかく東西で鮮明な違いが表れている。一瞥しただけで、どの表でも下の方、つまり西日本の地域ではマイナスの符号が並んでいるのがみてとれる。逆に東海や北陸信越よりも東の地域については、北海道、北関東、南関東で常にプラスとなっている。北陸信越と東海は1996年を除く5回でプラスとなっている。東北については、民由合併の前は弱かったが、合併以降は強くなっている。自民党の場合と同様、興味深い結果となったのは、東京のケースである。東京は1996年から2004年までの6回のうち、3回がプラス、3回がマイナスであった。なお、最もプラスの数値が大きかったのは1996年であった。東京は都市化しているが故に民主党が多くの得票を獲得したが、東京という土地柄が民主党に有利な状況を作り出しているわけではないようである。

　なお、その他の政党の状況について簡単に触れると、以下のようになる。

　自由党は東北、北関東、南関東、東京、北陸信越といった東日本で強く、東海以西の西日本と北海道で弱いが、特に目立つのは、東北での強さと、中国、四国、九州といった西日本や北海道における弱さである。東北での強さは、小沢の影響と、後述するような農業を営みながらも反自民の感情を持つ者の多さに起因すると考えられる。逆に西日本における弱さはこの地域において自民党が強いことの裏返しであろうし、北海道の場合も民主党が強いことの裏返しだと考えられる。

　公明党については、東北や北陸信越での弱さが目立ち、近畿以西の西日本で強い傾向がみられる[7]。

　社民党は、九州でかなり強く、東北もだいぶ強い。旧社会党時代では、北海道が強かった[8]。

　共産党は、近畿で強い。これは、京都における共産党の強さを反映し

たものであろう。逆に、最も弱いのは九州となっている[9]。これは、九州が特に南部を中心に伝統志向の強い地域で保守の地盤となっているのに加えて、沖縄や大分で社民党が一定の勢力を保っているため、競合しやすいのだと考えられる。

　新進党は、北陸信越、東海、近畿という日本の中央部で1995年と1996年の2回の選挙を通じて1ポイント以上強く、1996年については東北が5.3ポイントも強い。東海や近畿で強いのは、一つには、後で触れるように、民社党の支援団体であった同盟系の労働組合がこの地域で強かったことが影響しているのであろう。また、特に近畿で新進党が健闘したのは、この地域における創価学会の勢力の強さも影響していると考えられる。北陸信越ブロックで強いのは、後述するように羽田の影響があると考えられる。

　逆に、新進党は、北海道や四国で弱い。北海道については、伝統的に非自民勢力が一定の得票を得てきたが、保守色の強い新進党より、革新色のある社会党や民主党に票が流れたのであろう。四国については、前述のように自民党が強固な支持基盤を守り、新進党が入り込む余地がなかったのであろう。

　ところで、自民党が西日本で強く民主党が東日本で強いという東西格差を生み出す要因については、いくつか考えられる。例えば、1993年に関税化が決定される等、コメに対する政策は以前より大きな論争を生んできたが、同じ農村部でもコメの生産高は東北地方で高く西日本では低い。前述の通り、高畠は、西日本の農民が脱農化して土建業へと変質していったのに対し、東北では農民が未だに農業に純粋に頼って生活の展望を切り開こうとしているので、自民党の開発志向の利益誘導政治が農業切り捨てにつながることを敏感に感じ取って反自民の感情をつのらせていると指摘しているが[10]、ここでの分析結果は、この指摘と合致している。

東日本と西日本の違いについては、農業だけでなく、工業などの経済構造にもみられることが指摘されている。近代的工業の立地は、戦前に西日本臨海部に始まったが、内陸部に道路網が展開すると、関連工場・企業間のきめ細かな連携がとれる北関東と東北の立地条件が向上し、1970年代半ば以降は関西以西の臨海部が停滞期をむかえている。他方、産業化の歴史という面では西日本の方が長く、企業が育ちやすい土壌となっており、ベンチャーや海外進出など積極的な企業行動をとる中堅中小企業の数は西日本で卓越しているとも指摘される[11]。

例えば東北と中国はともに人口集中度が40％台で、むしろ中国の方が東北よりも人口集中度が高いにもかかわらず、中国での自民党得票率は東北でのそれよりも高いことが多い。中国における自民党の得票率が東北の得票率を下回ったのは2003年の1回のみで、それもわずか0.2ポイントに過ぎない。逆に、1996年には、中国の得票率は東北のそれを7.5ポイントも上回っている。なお、中国と東北との間ほど顕著ではないにしても、人口集中度が同じ40％台にある四国と東北の間でも、同様の違いがみられた。

このように、全般的にみれば、確かに自民党は農村部で強く都市部で弱いが、特に農村部において、各地方間の差違が存在することが分かる。

次に、表5-7と表5-8に示した2000年代後半以降の状況をみてみよう。まず、自民党であるが、2005年から2014年までの7回の選挙で、常にプラスの数値となっているのは、南関東と東京の二つである。逆に常にマイナスとなっているのは、北海道、東北、近畿の三つである。西日本に位置する中国、四国、九州については、全体としては自民党が強い地域である。2005年にはこれら三つのブロックは全てマイナスの値となっているものの、中国と九州は2007年以降の6回の選挙では全てプラスの値である。四国についても、2005年以降の7回の単純平均はプラスとなっている。その他のブロックについては、東海が7回のうち2005年を

除く6回でマイナス、北陸信越が7回のうち2005年と2007年を除く5回でプラスとなっている。北関東は、2005年、2007年、2014年の3回がプラス、2009年から2013年までの4回がマイナスとなっている。ちょうど、みんなの党が存在した期間がマイナスとなっている。2000年代前半までの傾向と比較すると、全体としては、2000年代前半までの時期に強かった地域は2000年代後半以降の時期においても強く、2000年

表5-7 2000年代後半の国政選挙の比例区データによる回帰分析予測値と実際の得票率との差

選挙	ブロック	北海道	東北	北関東	南関東	東京	北陸信越	東海	近畿	中国	四国	九州
衆05	自民	-8.95	-1.75	2.06	4.37	2.31	-0.01	0.39	-1.25	-1.54	-0.03	-1.15
	民主	2.96	2.18	0.35	-1.18	-0.72	1.08	3.75	-1.67	-2.70	1.72	-1.79
	公明	-1.91	-1.34	-0.26	-1.17	-0.99	-4.00	-0.89	1.61	2.45	1.53	2.65
	共産	-0.13	-0.19	-0.42	-1.11	0.27	0.35	-0.85	1.79	-0.79	1.82	-1.06
	社民	-0.76	1.30	-1.06	-0.06	-0.80	0.60	-1.77	0.25	-0.48	-0.13	2.20
	国民新党	-1.43	2.01	-2.02	-1.05	-0.38	4.15	-1.90	-1.13	5.47	-2.77	1.71
	新党日本	-2.63	-1.68	1.92	0.83	0.96	-1.63	1.85	1.01	-1.88	-1.62	-2.02
	大地	12.85	-0.53	-0.56	-0.62	-0.66	-0.52	-0.57	-0.61	-0.54	-0.52	-0.55
参07	民主	3.69	3.75	-0.22	1.86	-0.83	0.62	3.85	-2.01	-2.96	-1.38	-3.58
	自民	-1.52	-0.96	1.19	1.25	1.91	-0.42	-1.34	-1.90	2.34	-0.53	0.90
	公明	-1.46	-2.45	-0.16	-1.43	-1.98	-3.89	-0.72	2.47	1.77	2.38	2.41
	共産	0.20	-0.30	-0.30	-0.96	0.00	0.08	-0.69	2.53	-0.90	0.66	-1.65
	社民	-0.83	0.90	-0.16	-0.19	-0.13	1.36	-1.13	-0.96	-1.00	-0.67	2.41
	国民新党	-0.16	-0.30	-0.11	-0.45	-0.09	0.43	-0.35	-0.17	1.48	-0.42	0.49
	新党日本	-0.39	-0.55	-0.02	-0.17	0.93	1.92	0.22	0.03	-0.53	-0.28	-0.76
衆09	民主	-1.87	3.44	-0.11	0.45	-1.76	2.39	3.98	-0.10	-2.39	1.23	-4.07
	自民	-1.77	-1.07	-1.54	0.86	1.91	0.40	-0.98	-2.09	4.04	2.86	1.27
	公明	-0.92	-1.78	-0.16	-1.61	-1.38	-4.06	-0.87	1.35	1.48	1.61	3.70
	共産	-0.22	0.05	-0.46	-0.97	0.77	0.31	-1.04	1.70	-0.48	0.93	-1.15
	社民	-0.85	1.50	-0.69	0.08	0.18	0.58	-1.15	-0.54	-0.74	-0.22	1.60
	みんな	-4.49	0.97	3.88	2.27	0.79	-3.50	0.71	-0.54	-3.74	-3.49	-0.51
	国民新党	-1.60	-2.04	-0.49	-0.28	0.00	3.26	-0.21	0.01	2.91	-2.06	0.39
	新党日本	-0.80	-0.51	0.24	0.04	0.40	1.13	0.17	0.33	-0.57	-0.50	-0.62
	大地	12.45	-0.49	-0.54	-0.61	-0.66	-0.49	-0.55	-0.60	-0.51	-0.48	-0.52

第5章　政治改革以後の政党別得票状況

表5-8　2010年代前半の国政選挙の比例区データによる
　　　　　　　　　　　回帰分析予測値と実際の得票率との差

選挙	ブロック	北海道	東北	北関東	南関東	東京	北陸信越	東海	近畿	中国	四国	九州
参10	自民	-1.41	-0.46	-1.55	0.02	0.74	1.63	-0.85	-1.43	1.23	3.06	1.81
	民主	8.03	2.43	-1.49	-0.53	-0.14	1.72	3.17	-1.18	-1.45	-2.42	-2.80
	みんな	-3.77	-0.75	4.97	2.32	0.12	0.74	1.07	-0.03	-3.22	-2.17	-3.39
	公明	-0.40	-3.05	0.00	-1.09	-2.38	-3.99	-1.01	1.83	2.04	1.86	3.51
	共産	0.28	-0.22	-0.44	-1.07	0.60	0.15	-0.94	2.01	-0.73	0.48	-1.07
	社民	-1.36	0.63	-0.36	0.03	0.09	0.58	-0.90	-0.88	-1.00	-0.48	2.21
	たちあがれ	-0.17	1.17	-0.40	-0.04	0.49	-0.83	-0.27	-0.29	2.27	-0.33	-0.44
	改革	-0.71	0.17	-0.03	0.28	-0.08	-0.16	0.02	0.17	-0.04	0.17	-0.16
	国民新党	-0.04	-0.35	-0.49	-0.21	0.06	0.13	-0.22	-0.04	1.15	0.19	0.37
衆12	自民	-0.46	-1.58	-0.25	0.47	0.58	1.38	-0.52	-2.29	5.05	0.26	0.98
	民主	2.51	2.09	-0.97	1.81	0.31	2.08	2.53	-3.51	-0.04	-0.49	-1.31
	維新	-8.19	-2.03	-1.83	-2.68	-2.84	0.68	-1.10	9.32	-1.44	2.76	-1.38
	公明	-0.89	-2.97	0.66	-1.25	-1.61	-3.78	-1.08	0.79	1.99	2.81	3.58
	みんな	-2.90	-0.57	3.90	3.27	1.86	-0.05	0.64	-2.60	-1.90	-2.50	-1.71
	未来	-2.59	3.59	0.41	0.45	0.92	-0.55	1.56	-0.84	-1.46	-1.96	-1.62
	共産	0.61	0.41	-0.29	-0.76	0.34	0.27	-0.63	0.95	-0.70	0.34	-0.77
	社民	-0.46	0.99	-0.67	-0.26	0.11	0.77	-0.54	-0.85	-0.67	-0.43	1.95
	国民新党	-0.12	-0.18	-0.15	-0.10	-0.07	-0.19	-0.14	-0.10	-0.17	-0.19	0.90
	大地	12.66	-0.49	-0.55	-0.62	-0.67	-0.49	-0.55	-0.61	-0.52	-0.49	-0.53
	改革	-0.23	0.82	-0.19	-0.25	1.13	-0.14	-0.20	-0.25	-0.16	-0.13	-0.17
参13	自民	-3.57	-0.93	-0.22	1.71	1.52	1.93	-1.09	-3.41	4.37	1.41	1.40
	民主	3.85	2.07	-1.09	0.16	-1.40	1.54	5.01	-2.38	-0.90	-2.26	-1.09
	公明	-0.17	-2.65	0.31	-1.71	-2.27	-4.23	-0.80	1.55	2.75	3.27	2.78
	みんな	-2.78	-0.09	4.57	3.74	2.32	-0.36	0.47	-3.12	-2.74	-1.34	-2.32
	共産	0.65	-0.04	-0.13	-0.78	2.11	0.48	-1.32	1.08	-1.02	0.88	-1.56
	維新	-6.57	-1.71	-2.08	-3.00	-3.23	-1.07	-0.64	9.12	-0.84	-0.26	-0.35
	社民	-0.71	0.76	-0.66	-0.22	0.00	1.31	-0.92	-0.92	-0.85	-0.27	2.37
	生活	-0.74	2.63	0.07	0.40	0.59	0.77	-0.51	-0.85	-0.27	-0.85	-0.79
	大地	10.75	-0.29	-0.48	-0.52	-0.38	-0.29	-0.46	-0.63	-0.48	-0.33	-0.58
	みどりの風	-0.42	0.32	-0.13	0.23	0.22	-0.19	0.34	-0.32	0.06	-0.33	0.06
衆14	自民	-2.70	-2.22	0.83	2.24	1.72	0.83	-0.17	-2.96	3.55	-0.52	0.15
	民主	9.78	3.40	-0.56	0.19	-0.44	3.08	4.87	-5.08	-1.74	1.63	-2.41
	維新	-6.51	-0.97	-1.42	-1.69	-4.19	0.07	-0.56	9.12	-1.76	-0.98	-1.90
	公明	-1.52	-2.83	0.81	-0.95	-1.49	-4.63	-1.44	0.87	2.65	1.71	3.75
	共産	0.31	-0.05	0.74	-0.40	2.12	0.30	-1.51	0.64	-1.12	0.33	-1.49
	次世代	-1.20	-0.40	0.34	0.59	1.28	-0.34	-0.27	-0.77	1.17	0.63	-0.47
	生活	-1.89	2.71	0.28	0.71	0.92	0.43	-0.29	-0.71	-1.99	-2.02	-0.17
	社民	-0.27	0.61	-0.75	-0.36	0.16	0.35	-0.58	-0.85	-0.63	-0.73	2.59
	改革	-0.03	0.00	-0.02	-0.04	0.23	0.00	-0.02	-0.04	-0.01	0.00	-0.02

175

代前半までの時期に逆に弱かった地域は2000年代後半以降の時期においても弱くなっている。

　民主党については、東北、北陸信越、東海が常にプラスで、北海道が2009年を除く6回でプラス、南関東が2005年と2010年を除く5回でプラスとなっている。逆に、近畿、中国、九州が常にマイナス、北関東と東京が7回のうち6回でマイナス、四国が7回のうち4回でマイナスとなっている。2000年代前半までの傾向と比較すると、まず、四国で健闘することがあるものの、近畿以西の西日本を不得意としているという点は変化していないといえる。北海道、北陸信越、東海を得意としている点も変化はない。興味深いのは、東北と首都圏である。東北は、先にみたように、2003年に小沢一郎率いる自由党と合併したことが契機となって値がプラスに転じている。その小沢が民主党を離党した後も、民主党の東北の数値はプラスとなっている。首都圏については、北関東と東京が2000年代前半までの単純平均がプラスであったのに対して、2000年代後半以降の単純平均がマイナスに転じている。北関東は2004年までの数値は全てプラスであったが、2005年と2009年はわずかにマイナス、2010年から2013年までは1ポイント以上のマイナスとなっている。東京は2004年までは3回がプラスで3回がマイナスであったが、2005年以降は7回中6回がマイナスである。南関東は2000年代前半以前も2000年代後半以降も単純平均はそれぞれ1.3ポイントおよび0.4ポイントとプラスだが、プラスの幅はやや小さくなっている。

　公明党については、近畿以西の西日本で強いという傾向が明確である。逆に数値がマイナスとなっている地域についても、北陸信越で大きくマイナスの数値となっている点も2000年代前半以前の時期と変わっていない。全体的な傾向としては、2000年代前半以前からあまり変わっていないといえる。ただし、維新の会が国政進出した2012年総選挙以降は、近畿ブロックでの優位が弱まっているようである。

社民党については、2000年代前半までの時期と同様、2000年代後半以降の時期においても、九州と東北で強いという傾向が表れている。北海道と南関東で2000年代前半までの時期の単純平均がプラスだったのが2000年代後半以降にはマイナスに転じるといった変化はみられるものの、数値の変化の大きさとしてはさほど大きくはなく、2000年代前半以前と2000年代後半以降との間であまり大きな変化はみられない。

　共産党も同様で、2000年代半ばにおいて大きな変化が生じたということはない。ただし、維新の会が国政に進出し、民主党が政権転落することとなった2012年総選挙以降については、近畿ブロックでのプラスの値がそれまでと比べて低くなっており、2013年と2014年については、東京でのプラスの値が近畿でのプラスの値を上回るようになっている。

　2000年代後半以降に結成された政党については、みんなの党が首都圏を得意とし、維新の会/維新の党が近畿を得意としていることが目立つ。なお、みんなの党については、結成後初の国政選挙となった2009年総選挙においては、候補者を擁立したのは11ブロック中7ブロックにとどまった。

　また、当然のことながら、北海道の地域政党として結成された新党大地は3回の総選挙と1回の参議院選挙で比例区に候補者を立てたが、衆議院選挙においては北海道ブロックのみに候補者を擁立し、他のブロックには候補者を擁立しなかった。そして、参議院選挙でも、得票は著しく北海道に集中している。

　国民新党や新党日本は、結党直後に行われた2005年総選挙ではそれぞれ11ブロックのうち半分以下のブロックでしか候補者を擁立しないなど、ブロック別に比例区選挙が実施される衆議院選挙においては、そもそも候補者を擁立しなかったブロックがかなりの数に上っている。そして、単純に候補者を擁立したブロックとそうでないブロックとの間で差が生じている。国民新党と日本新党の参議院選挙における比例区得票

をみると、国民新党は中国、新党日本は北陸信越で相対的に強かったようである。

改革クラブ/新党改革については、2009年、2012年、2014年の3回の総選挙を経験しているが、いずれも候補者が擁立されたのは11ブロックのうち1ブロックのみである。

たちあがれ日本は、国政選挙に臨んだのは2010年参議院選挙の1回のみだが、党首の平沼赳夫のお膝元である中国での得票が他の地域より相対的に高く、実際の得票率と回帰予測値の間の差もプラスとなっている。

未来の党は2012年総選挙の1回のみに立候補しているが、東北ブロックでの得票が他の地域より高く、実際の得票率と回帰予測値の間の差もプラスであった。

生活の党は2013年参議院選挙と2014年総選挙に立候補しているが、どちらのデータでも東北ブロックでの得票が他の地域より高く、実際の得票率と回帰予測値の間の差もプラスであった。

次世代の党については、東京での得票が他の地域より相対的に高く、実際の得票率と回帰予測値の間の差もプラスとなっていた。

このように、2000年代後半以降に結成された政党を見渡すと、複数の政党が衆議院選挙の際に全国11ブロックの一部にしか候補者を擁立していないのがわかる。具体的には、国民新党、新党日本、新党大地、改革クラブ/新党改革、生活の党は、衆議院選挙においては、常に11ブロックのうちの複数のブロックで候補者を擁立していない。これに加えて、みんなの党は結党から解党までの間に2回の総選挙を経験したが、そのうちの1回では複数のブロックで候補者の擁立を見送った。

すなわち、2000年代後半以降の時期に結成された政党の多くは、衆議院選挙の際、複数のブロックにおいて、有権者に比例区選挙で自党に投票する機会を提供することができていないのである。これらの政党は、国会に議席を有する「国政政党」ではあっても、「全国政党」にはなり

きれない政党、あるいは、むしろ「地域政党」として存在感をアピールしている政党であるといえる。

　もちろん、2000年代前半以前の時期においても、1996年総選挙の際のさきがけや2000年総選挙の際の保守党が、11ブロックのうち複数のブロックで立候補しなかったという例がある。しかし、2000年代前半以前の時期において行われた総選挙では、国会に議席を有する政党のうちで複数のブロックで候補者を擁立しない政党が2党以上あるということはなかった。ところが、2000年代後半以降の時期に行われた4回の総選挙においては、こうした複数のブロックで候補者を擁立しない政党は常に2党以上となっている。したがって、「全国政党」になりきれない政党が複数登場するようになってきたのは、2000年代後半以降の時期にみられる一つの特徴であるといえる。

　これは興味深い事実である。ここで分析しているのは比例区の得票率であるとはいえ、前述のように、現行の衆議院の選挙制度は全体としては小選挙区制的な制度である。すなわち、有権者を拘束する度合いが強い制度である。ただし、日本の場合は政党制の構造化が弱いため、現行制度は必ずしも二大政党制を導くとは限らない。拘束性の強い選挙制度と政党制の構造化が弱い状態の組み合わせは、特定地域で集中的に得票することがない中小政党を排除するという効果を生み出す。したがって、この時期に結成された新党が地域政党的な性質を少なからず帯びているというのは、サルトーリの指摘通りの状況といえるのである。

　2000年代前半以前から今日まで存続し続けている政党については、基本的には、どのブロックを得意・不得意とするのかについては、大きな変化は生じていない。ただし、自民党はみんなの党が進出した時期においては本来得意としている北関東での優位が少し弱まり、民主党も、みんなの党が多数の議席を獲得した時期においては北関東で振るわなかった。公明党と共産党についても、2012年に維新の会が国政進出し

てからは、近畿でのプラスの値が小さくなっている。したがって、さほど極端な形で表れているわけではないが、2000年代後半以降の時期に結成された政党の影響を受けて、既存の政党の得票が特定の地域で伸び悩むという現象も生じているといえる。

(4) 都道府県別の分析

　前項では11ブロックごとの特徴を概観したが、分析の単位を都道府県にした場合、どのような特徴が浮かび上がってくるのであろうか。

　これまでと同様に、小選挙区を単位とした回帰式を用いて、それに都道府県ごとの人口集中率を代入し、予測値と実際の得票率の差をとることにする。

　実際の得票率が回帰分析による予測値よりも10ポイント以上大きかったケースについて、選挙や政党の区別なく、実際の得票率との差が大きいケースを順に並べたのが、表5-9と表5-10である。なお、前者が2000年代前半までの時期、後者が2000年代後半までの時期である。

　まず、2000年代前半までの時期についてみてみよう。

　最も差が大きいケースは、2000年の自由党の岩手のケースで、実際の得票率は予測値と比べて30.1ポイントとなっている。以下、2001年の社民党の沖縄のケースで27.9ポイント、2001年の自由党の岩手のケースで27.9ポイント、1996年の新進党の岩手のケースで23.6ポイントと続き、実際の得票率が10ポイント以上高かったのは、14道府県にわたって33ケースある。14道府県とは、北海道、岩手、富山、石川、福井、長野、滋賀、京都、岡山、愛媛、高知、熊本、大分、沖縄である。紙幅の都合上、これら14道府県の全てについて詳細な論及はしないが、以下、地理的・社会的状況と有力政治家の影響という二つの観点から若干の検討を加える。

　これらの一部については、地理的ないし社会的な状況などである程度

表5-9 実際の得票率と回帰予測値の差が大きいケース（1995-2004）

選挙	政党	都道府県	差
2000	自由	岩手	30.1
2001	社民	沖縄	27.9
2001	自由	岩手	27.9
1996	新進	岩手	23.6
1995	さきがけ	滋賀	23.0
1995	社民	大分	22.9
1998	自由	岩手	22.5
1995	新進	長野	16.5
1995	新進	岩手	16.5
1996	社民	大分	15.6
1995	新進	熊本	15.6
1996	民主	北海道	14.6
1996	さきがけ	滋賀	14.6
2000	民主	長野	14.4
2004	民主	岩手	14.1
2000	自民	石川	13.4
2003	社民	大分	13.2
2000	社民	大分	13.2
1996	自民	岡山	12.7
1996	新進	長野	12.6
2003	民主	岩手	12.4
1995	自民	富山	12.1
1996	新進	熊本	12.0
1998	さきがけ	滋賀	11.4
1996	自民	富山	11.3
1996	共産	高知	11.2
1995	社会	北海道	11.2
1995	共産	京都	10.8
1995	自民	愛媛	10.7
1995	自民	福井	10.6
2001	自民	石川	10.2
1995	自民	石川	10.2
2004	自民	福井	10.1

表5-10　実際の得票率と回帰予測値の差が大きいケース（2005-2014）

選挙	政党	都道府県	差
2010	みんな	栃木	20.9
2010	社民	沖縄	18.8
2009	みんな	栃木	17.3
2013	社民	沖縄	17.2
2012	未来	岩手	17.1
2007	社民	沖縄	16.7
2012	みんな	栃木	16.6
2007	民主	岩手	16.1
2013	みんな	栃木	15.6
2013	生活	岩手	15.2
2014	生活	岩手	15.1
2005	国民新党	富山	14.7
2013	維新	大阪	14.4
2009	国民新党	富山	14.4
2014	維新	大阪	14.2
2010	民主	岩手	14.2
2012	維新	大阪	13.4
2005	国民新党	島根	13.1
2007	自民	山口	12.9
2005	大地	北海道	12.9
2012	大地	北海道	12.7
2009	大地	北海道	12.5
2005	民主	岩手	12.4
2014	社民	沖縄	12.4
2013	自民	石川	12.3
2012	自民	山口	11.9
2009	民主	岩手	11.2
2010	自民	福井	11.2
2013	自民	山口	11.0
2010	たちあがれ	岡山	11.0
2012	社民	沖縄	10.9
2013	大地	北海道	10.7
2014	自民	富山	10.6
2014	自民	福井	10.5
2014	共産	高知	10.4
2014	社民	大分	10.3
2010	たちあがれ	秋田	10.2
2005	社民	沖縄	10.2
2014	自民	山口	10.1

まで説明することが可能と考えられる。

　北海道は、開放的な土地柄であり、旧来の考え方にとらわれず、個人主義的な考え方も浸透している。これは、土地の広さや明治以降の開拓の歴史の影響といえるが[12]、革新王国北海道の背景にはこうした土地柄や道民の気質があるようである。2000年代前半までの時期については、民主党が結成される前の1995年参議院選挙では社会党、その社会党から多数の議員が移籍して民主党が結成された後に行われた1996年総選挙以降では民主党が、北海道で多数の得票を得た。

　富山、石川、福井の北陸3県では、前述の通り、自民党がかなり強い。これらの県で自民党が強いのは、郷土意識の強さや生活満足感の高さに原因があると思われる[13]。

　京都は、1995年に共産党が10.8ポイントとなっている。共産党は1995年以外にも、最低7.0ポイントとなっている。京都で共産党が強いという言説は、単に都市化の度合いで説明できるものではなかったといえる。1960年代に京都の政治意識について研究した太田雅夫らは、政界や財界の中心地でも大工業都市でもない京都の有権者が革新勢力を支持する傾向にあるのは、京都は単なる地方都市以上の別格であるという自意識が強く、東京の政治支配や経済中心主義を嫌悪する反面、東京に対するコンプレックスを感じつつ、教育と学問を尊重し「他に負けじ」と新知識の導入を積極的にはかろうとする市民的伝統が政治の世界に反映されているためだとしたが[14]、こうした説明が1960年代のみならず55年体制崩壊以降においても妥当性があることが示された形であるといえる。

　沖縄では、2001年に社民党が27.9ポイントという数値を記録している。社民党はこの選挙以外にも、1998年に9.2ポイント、2003年に9.2ポイントと高い数値を記録している。したがって、もともと社民党は沖縄で強いといえる。これは、いうまでもなく、米軍基地問題の影響や、

沖縄の辿ってきた歴史の影響であろう。

　他方、有力政治家の影響と考えられるケースもある。実際の得票率と回帰予測値との差は、全国平均の得票率が低い中小政党が特定の都道府県で飛びぬけて高い得票をした場合に、その数値が大きくなりがちである。実際、表5-9の上位にある三つのケースについては、そうしたケースとなっている。あるいは、かつては自民党に投じられていた保守層の票が、有力政治家が新党を結成したり政党所属を変えたりすることによって、新党ないし移籍先の政党に投じられるようになるといった場合にも、その差は大きくなりやすい[15]。

　岩手のケースは、その典型である。いうまでもなく、かつて自民党の幹事長を務めた小沢一郎は1995年と1996年には新進党に所属していたが、1995年には16.5ポイント、1996年には23.6ポイントの差がみられる。1997年末の新進党解党後、小沢は自由党を結成するが、2000年には30.1ポイント、2001年には27.9ポイントと、非常に大きな差が出た。新進党時代よりも自由党時代のほうが差の数値が大きいのは、新進党よりも自由党の方が全国平均の得票率が低いという部分に負っているものと推察される。そして、民主党と自由党とが合併した後も、新進党時代や自由党時代よりは数値は小さくなるものの、2003年に12.4ポイント、2004年に14.1ポイントと、小沢の所属政党である民主党の岩手での数値は10ポイントを上回った。

　小沢と同様に、1990年代の政界再編の際に新党を結成した有力政治家としては、他に細川護熙、羽田孜、武村正義らが挙げられるが、彼らの選挙区がある県においても、岩手ほどではないが同様の傾向はみられる。羽田の選挙区がある長野については、1995年に新進党が16.5ポイント、1996年に新進党が12.6ポイント、2000年に民主党が14.4ポイントとなっている。武村の選挙区がある滋賀については、さきがけが1995年に23.0ポイント、1996年に14.6ポイント、1998年に11.4ポイン

トとなっている。細川の選挙区のある熊本については、新進党が1995年に15.6ポイント、1996年に12.0ポイントとなっている。

その他、首相の選挙区がある県でも、差が大きくなっている場合がある。特に首相の選挙区がある県の人口規模が小さい場合には首相の所属政党の数値は高くなりやすくなると考えられるが、1995年の大分、1996年の岡山、2000年の石川などは、首相の所属政党が10ポイント以上を記録している。

このように、地理的ないし社会的な状況と、政界再編で重要な役割を果たしたり首相を経験したりした有力政治家の存在・影響という二つの要因から、2000年代前半以前の時期における都道府県単位の各党得票率のばらつきは一定程度まで説明できる。この2000年代前半以前の時期の特徴としては、10ポイント以上のプラスの数値となったケースが1995年と1996年の2回に集中しているということである。10ポイント以上のプラスとなったケースを選挙毎に数えると、1995年が11、1996年が9、1998年が2、2000年が4、2001年が3、2003年が2、2004年が2となる。この時期、政党システムの再編の動きは収束に向かい、自民・民主の二大政党化の流れが顕著となっていったが、当然のことながら、時間が経過するにつれて政界再編の際に重要な役割を果たした有力政治家の選挙区のある県での逸脱はしだいに小さくなっていった。

次に、2000年代後半以降の状況についてみてみることとするが、この時期については、最も差が大きいのは2010年のみんなの党の栃木のケースで、20.9ポイントとなっている。以下、2010年の社民党の沖縄のケースで18.8ポイント、2009年のみんなの党の栃木のケースで17.3ポイント、2013年の社民党の沖縄のケースで17.2ポイントと続き、10ポイント以上の差がみられるのは、14道府県にわたって39ケースある。具体的には、北海道、秋田、岩手、栃木、富山、石川、福井、大阪、島根、岡山、山口、高知、大分、沖縄である。

このうち、石川、富山、福井、高知、沖縄については、2000年代前半以前の時期にこれらの県で強かった政党が引き続き強さを発揮している。
　岩手については、2005年から2010年までの4回が民主党、2012年が未来の党、2013年と2014年の2回が生活の党の得票率が高くなっている。全て小沢がそれぞれの選挙の際に所属していた政党であり、1990年代の政界再編の時期以降、小沢の影響力が継続していることが伺える。
　2000年代前半以前の時期においては実際の得票率と回帰予測値との差が小さかったものの、2000年代後半以降の時期において大きな差がみられるようになったのは、秋田、栃木、大阪、島根、山口である。また、2000年代前半以前の時期に強さをみせていた政党とは別の政党が強さをみせるようになったのは、北海道、富山、岡山である。
　このうち山口については、安倍晋三が首相ないし総裁に在任中であった2012年、2013年、2014年の選挙で自民党の得票が高くなっている。
　栃木については、みんなの党の初代党首である渡辺喜美の影響、大阪については、維新の会／維新の党の前身である大阪維新の会の影響が読み取れる。
　北海道については、ここを基盤とする新党大地の影響が顕著にみられる。富山については2005年と2009年、島根については2005年に国民新党の得票が高くなっているが、富山は初代代表の綿貫民輔の地元、島根は初代幹事長の亀井久興の地元となっている。秋田と岡山については、2010年参議院選挙の際にたちあがれ日本の得票が高くなっている。2010年参議院選挙の際、たちあがれ日本の比例区の獲得議席は1議席のみであったが、その1議席を獲得したのは岡山を地盤とする片山虎之助であった。なお、岡山は片山の地盤であると同時に、代表を務めた平沼赳夫の地盤でもある。秋田については、当選には至らなかったものの、比例区選挙で当選した片山と著名人候補である中畑清に続く党内3位の

得票を得た村岡敏英の地元であった。国民新党やたちあがれ日本は小党で全国平均の得票率が低く、また選挙に際して候補者を擁立できた選挙区も少なかったから、1割台の得票であっても、回帰予測値との差が10ポイント以上となるケースが散見される。

　このように、2000年代前半までの時期と同様、2000年代後半以降の時期においても、新党が結成されたことに起因する影響が観察された。

　10ポイント以上のプラスとなったケースを選挙毎に数えると、2005年が5、2007年が3、2009年が4、2010年が6、2012年が5、2013年が8、2014年が8となり、近年の選挙でやや増加傾向にある。これは、近年になって地域政党がその存在感を強めていることが背景にあるといえる。

　以上、都道府県別の分析でも、2000年代後半以降に特定の地域で全国平均を大きく上回る得票を得る地域政党的な新党の興隆が確認できるわけである。政治改革から約10年が経過した2000年代後半には、自民党と民主党という政権を争う主要政党は共に都市—農村の軸では中央への移動がほぼ完了した。単一争点化が成功した2005年総選挙や政策の内容よりは政権交代それ自体が争点化した2009年総選挙では多くの有権者を投票所へと動員することに成功したものの、都市—農村の軸での主要政党間の差違は小さくなっていたため、基本的な状況としては穏健な有権者の棄権を誘発する状況が醸成されていたわけである。

　他方、中央から遠いところに位置する急進的な有権者にとっては、目先の選挙での政権選択に影響を及ぼすことができないことは覚悟の上で、将来の選挙を見据えて、自民党や民主党といった従来の選択肢に代わる政党の出現を望んだ。日本の場合は政党システムの構造化が弱いため、そうした新党の参入は比較的に容易であり、政党の公費助成制度もそれを後押しした。そして、実際に数多くの新党が結成された。その端緒は2005年総選挙前に結成された国民新党であり、特に2012年総選挙と2014年総選挙では多党化現象と投票率の低下現象の同時進行が甚だ

しい。

　政党システムの構造化は弱い反面、選挙制度の拘束力はある程度強いので、出現する新党はどんな性質の新党でもよいということではなく、地域政党的性質を持った新党が出現しやすい。このような形で、得票の地域間差違という観点からも、ダウンズとサルトーリの理論的枠組みは、日本政治の現実をよく説明しているといえる。

註
──────────
1　石川真澄『戦後政治構造史』日本評論社、1978年、pp.115-116.
2　照屋寛之「地方自治」、秋山和宏編著『新版現代政治の理論と諸相』所収、三和書籍、2006年、pp.268-269. は、自民党が市町村合併を推進したのは、2000年総選挙において地方で無駄な公共事業を際限なく行っていることが民主党の格好の攻撃材料となり、都市部で思うように票が取れなかったことが契機となっていると指摘している。
3　ただし、これは相対得票率から見た場合にいえることである。1995年参議院選挙と1996年衆議院選挙とでは後者の方が10ポイント以上も投票率が高いので、実際の得票数で考えてみると、農村部では投票率の増加と共に得票数を順調に伸ばしたが、都市部では投票率が増えたにもかかわらずほとんど得票数を増やすことができず、都市部の有権者を魅了することができなかったという評価になる。
4　小西徳應「政権交代の政治史的分析──自民党政権が失った「三本の矢」」、井田正道編著『変革期における政権と世論』所収、北樹出版、2010年、p.25. は、2000年代初頭には「地方の自民、都市の民主」という構造が明瞭であったが、その後は自民党が地方での支持を失っていったことを指摘している。この指摘は、本章の分析結果と符合するものであるといえる。
5　朝日新聞、2013年7月10日夕刊、p.2.
6　ここで適用する回帰式は、小選挙区を単位に集計されたデータを基に算出されたものである。他方、ここで分析の単位となっているのは、11ブロックである。本来ならば、ここで適用する回帰式は分析の単位に合わせて11ブロックを単位に集計されたデータを基に算出すべきかもしれない。しかし、そのような手順で回帰式を算出するとなると、わずか11のケースを基に回帰式を算出することになってしまう。さらに、小選挙区を単位にした場合、個々のケースに属する人口の格差は最大で約2倍におさまるが、11ブロックを単位にした場合、近畿ブロックと四国ブロックの人口格差は約4倍にも広がる。また、小選挙区を単位に集計し

たデータも11ブロックを単位に集計したデータも、基本的には集計の仕方が異なるだけで、元を辿れば同一の社会現象を描写したデータという点で共通している。これらの点を考慮し、ここでは、各々のデータの人口規模にばらつきが少なく、かつケース数として300を用意できる小選挙区別のデータを用いて得られた回帰式を11ブロック別の分析にも適用することとした。

7　同様の指摘は、井田正道『政治・社会意識の現在　――自民党一党優位の終焉と格差社会――』北樹出版、2008年、p.77.

8　同様の指摘は、上掲書、p.78.

9　同様の指摘は、上掲書、pp.77-78.

10　高畠通敏『地方の王国』潮出版社、1986年、p.246.

11　安東誠一「現代日本経済の地域性　――高度成長が完成させた垂直的地域構造」、ヨーゼフ・クライナー編『地域性からみた日本　多元的理解のために』所収、新曜社、1996年、p.47.

12　NHK放送世論研究所編『日本人の県民性――NHK全国県民意識調査』日本放送出版協会、1979年、p.77.

13　上掲書、pp.136-147. ただし、特に富山においては、かつては強かった伝統志向が近年になって薄らいできているという。

14　太田雅夫・金丸輝雄・西田毅「選挙にあらわれた政治意識　――京都府第1区の場合――」『年報政治学』、1965年、pp.105-177.

15　この点に関しては、井田正道、前掲書、pp.73-75. においても指摘されており、民主党の都道府県別得票率における小沢一郎、岡田克也、田中真紀子といった有力政治家の存在と影響を論じている。

第6章　政治改革の副次的効果

1．中選挙区制廃止と定数不均衡の是正

(1) 定数不均衡に関する研究

　本書では、第1章においては、1994年に行われた小選挙区比例代表並立制の導入と、2000年に行われた衆議院比例区の定数削減という制度変更について、各政党が獲得する得票率と議席率との間の非比例性に着目しながら論考を加えた。本節では、選挙結果に大きな影響を与える制度的要因の一つとして、定数不均衡の問題を取り上げる。定数不均衡の問題は、これまで様々な論者によって指摘されているが、それらのうちのかなりの数の研究は、主に法律的ないし人権的な側面からのもので、いわゆる一票の価値が最大である選挙区と最小である選挙区とを比較しながら、過去の裁判事例を参照しつつ議論を展開していくものであったといえる。これらの研究は、いわば、法律的ないし人権的なインパクトに関する定数不均衡の研究であるといえる[1]。

　これに対し、本節では、政治学的なインパクトに関する定数不均衡の研究を行う。簡単にいうと、単に一票の価値が最大である選挙区と最小である選挙区とを比較するのではなく、全国的にみた定数不均衡の状況を俯瞰し、それが通時的にみてどのように変化し、政治的にどのような意義および影響があったのかを検討することとする。

　具体的には、サミュエルズ（David Samuels）とスナイダー（Richard

Snyder）による定数不均衡の研究を参照しながら、日本の国政選挙における定数不均衡の状況について通時的に俯瞰し、その意義や影響について論じていくこととする。

ちなみに、本節では、国勢調査人口ではなく、有権者人口を基準にして議席の不均等配分の度合いを論じることとする。繰り返しになるが、これは本節の分析が法律学的な関心事ではなく、有権者の個々人の一票が実質的にどの程度の価値を持っているのかを知ることに関心があるためである。

まず、サミュエルズとスナイダーによる定数不均衡の研究に登場する分析手法を紹介することとする。彼らの手法は単純であり、各選挙区について議席割合と有権者割合を算出し、選挙区別に求められる議席割合と有権者割合の差を全ての選挙区について集計し、その合計値を2で割るという方法である。ここで、議席割合とは、ある選挙区の定数が総議席に占める割合のことであり、有権者割合とは、ある選挙区の有権者数が全国の有権者数に占める割合のことである。こうした計算手法は、本章でも既に紹介した非比例性指標の計算手法を応用したものである[2]。

なお、一票の価値の最大格差ではなく、非比例性指標を用いて制度全体の定数不均衡の傾向を分析しようとする手法については、例えば福元健太郎の研究や斉藤淳の研究でも用いられているものである。この手法について、福元は、一票の最大格差では全体的な定数不均衡の傾向はわからないが、日本全国の有権者に占める各選挙区の有権者の割合と総定数に占める各選挙区に配分された定数の割合との間の非比例性の数値を用いることで、全体的な傾向を知ることができるとし[3]、斉藤は、一般的に用いられている一票の価値の最大最小比に比べて、非比例性指標は議席配分不均衡の全体的な傾向を正確に表すものであるとしている[4]。また、菅原琢は、一票の価値の最大格差という指標では実際の定数不均衡の根深さが見過ごされてしまうとしており、格差の状況を計測するに

は別の指標を用いるべきだとしている[5]。

　非比例性指標は、得票率と議席率との間の乖離を示す非比例性の指標としてよく用いられてきたものであるが、基本的には、二組のデータセットの数値の間の乖離や逸脱の程度を計る指標として様々なものに応用できる。なお、ここでは、幾つかある非比例性指標の計算手法のうち、最小二乗指標ではなく、ルーズモア・ハンビー指標（Loosemore-Hanby Index）[6]を用いる。このルーズモア・ハンビー指標よりも前述のギャラハーによる最小二乗指標の方が乖離や逸脱の程度を計る指標として優れているという議論も存在するが、そうした議論をしている研究者自身が両指標の差はわずかであるとしている[7]ので、ここではサミュエルズとスナイダーの研究成果との比較を容易にするという観点から、この指標を用いることとする。

　この計算方法では、例えば日本の小選挙区比例代表並立制のような多層制（multi-tier system）の場合は、制度全体としての議席配分の不均衡度を計るためには、もう一段階の作業を加える必要がある。サミュエルズとスナイダーは、こうした多層制の場合の不均衡度を計るための手法についても触れている。その方法は、下層の各選挙区に上層部分の議席と下層部分の議席が合わせて何議席配分されているのかを計算し、その配分された議席が全議席の中でどれくらいの割合を占めているのかを求めるというものである。もちろん、下層部分については、下層の各選挙区に何議席ずつ配分されているかは簡単に知ることができるが、上層部分については、計算が必要になる。この上層部分の議席については、まず上層の各選挙区にどれだけの議席が配分されているのかを調べた上で、上層の各選挙区における一議席当たりの有権者数を計算し、この数値を元に下層の各選挙区に上層部分の議席がどれだけ割り当てられているのかを計算するのである[8]。

　現行の日本の衆議院の小選挙区比例代表並立制の場合は、上層は比例

区を示し、下層は小選挙区を示す。現行の参議院の選挙制度の場合は、上層は比例区を示し、下層は選挙区を示す。そして、1980年までの参議院選挙の場合は、上層は全国区を指し、下層は地方区を指すわけである。

　2003年衆議院選挙のデータを用いて具体例を挙げる。北海道1区には、2003年衆議院選挙の際、45万744人の有権者がいた。下層である小選挙区の選出分の議席は、当然、1議席が配分されている。問題は上層である比例代表の選出分の議席であるが、まず、北海道ブロックの有権者数462万8319人という数値と、北海道ブロックに配分された8議席という数値を用いて、比例代表の北海道ブロックにおいて1議席当たりに何人の有権者がいるのかを求める。すると、北海道ブロックの1議席当たりの有権者数は、57万8540人であることがわかる。北海道1区の有権者数45万744人をこの57万8540人で割ると、0.7791という数値が得られる。したがって、北海道1区に配分された上層部分の議席は、0.7791議席ということになる。

　ここから、下層部分の1議席と上層部分の0.7791議席を足し合わせて、北海道1区には1.7791議席が配分されていると算出される。衆議院の総定数は480議席であるから、この1.7791を480で割ることで、北海道1区に配分された議席が衆議院の全議席の中でどれくらいの割合かを知ることができるのであるが、これを計算すると、0.371%となる。これが北海道1区の議席割合である。

　他方、2003年衆議院選挙の時点における日本全国の有権者数は1億223万2944人なので、北海道1区の有権者数45万744人をこれで割ると、0.441%となる。これが、北海道1区の有権者割合となる。このようにして、北海道1区の議席割合と有権者割合とが算出されるわけである。以下、この作業を沖縄4区まで繰り返すことによって、日本全国の小選挙区の議席割合と有権者割合が算出される。こうして、最終的に2003年

衆議院選挙における議席配分の不均衡度が求められる。

参議院選挙の場合は、これよりも簡単である。参議院の全国区および比例区は、全国を1区とする制度であるので、各都道府県に配分される上層部分の議席数は、各都道府県の有権者割合に全国区および比例区の定数（1回の改選分）である50または48を掛け合わせて求められる数値と同じになる。

もちろん、1993年衆議院選挙を最後に廃止された衆議院の中選挙区制については、多層的な選挙制度ではないので、上述のような作業を行う必要は生じない。

(2) 日本における定数不均衡の状況

図6-1は、このようにして55年体制成立以降の衆議院選挙における議席配分の不均衡度を計算した結果である。前述の通り、1993年以前は中選挙区制なので、制度全体としての不均衡度の数値のみが計算されており、並立制下での選挙となった1996年以降は、制度全体としての不均衡度に加えて、小選挙区と比例区とで別々に不均衡度を計算した結果が示されている。なお、参考までに、図6-2には、一般的に一票の格差と呼ばれている最大格差の推移を示した。

図6-1をみると、中選挙区制下において、衆議院選挙における議席配分の不均衡度は、1972年までの間に上昇を続けた後、1993年まではほぼ横這い状態にあることがわかる。そして、1996年に初めて実施された小選挙区比例代表並立制の選挙では、不均衡度は一気に下がり、55年体制下の衆議院選挙としては最も不均衡度が低かった1958年と比べても、はるかに低い不均衡度となり、その後も1996年とほぼ同水準の不均衡度が維持されている。

具体的な数値の推移を示すと、1958年には不均衡度は0.0866であったが、1972年には0.1461にまで上がり、これが1976年には0.1277に下

図6-1　55年体制成立以降の衆議院選挙における議席配分の不均衡度

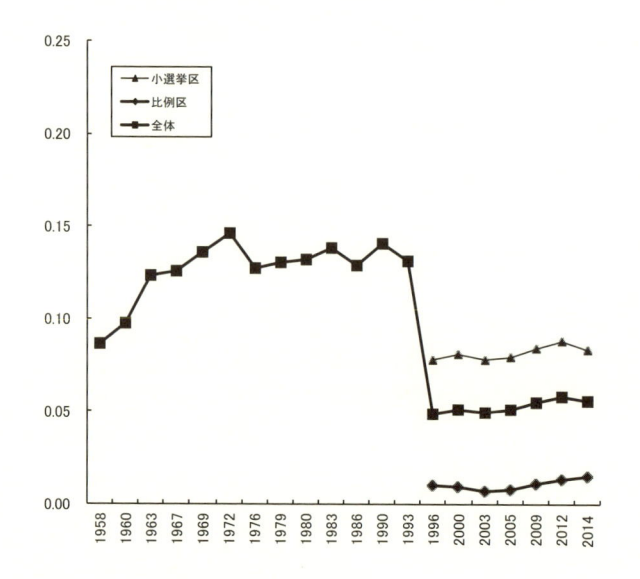

がった後、何度か微増と微減を繰り返して、中選挙区制下で最後の衆議院選挙となった1993年には0.1310となる。これが1996年には0.0488にまで急降下し、直近の2014年総選挙での不均衡度は0.0555となっている。なお、現行の並立性下での最大値は、2012年の0.0582である。

　こうした不均衡度の数値の通時的変化の背景に何があるのかを検討していくと、かなり興味深い事実が浮かび上がる。確かに、1970年代前半までの間に不均衡度が上昇を続けるというのは、都市部への人口流入によって都市部の選挙区で過小代表の問題が指摘されるようになった時期と一致しており、特に真新しい知見を提供するものではない。しかし、1970年代半ば以降から中選挙区制が廃止されるまでの間、不均衡度がほぼ横這いであったというのは、一般的に定数不均衡に関してなされた議論とは少々異なるものである。

第6章 政治改革の副次的効果

**図6-2　55年体制成立以降の衆議院選挙における
　　　　　一票の最大格差（比例区は除く）**

図6-2をみると、1972年から1993年の間の一票の最大格差は、横這いというよりはかなり激しい上下動が繰り返されているのがわかる。この間、一票の最大格差が縮まっているのは、1976年と1983年、そして1993年の3回である。そして、その他の選挙では、一票の最大格差は拡大している。周知の通り、このうち1976年と1993年の2回の選挙は、定数是正が実施された直後の選挙である。したがって、一票の最大格差は選挙の度に上昇を続ける傾向にあるのだが、定数是正によって最大格差が一般的に縮小され、やがてはまた拡大するということが繰り返されてきたわけである。

こうした一票の最大格差の推移に比べると、図6-1における不均衡度の推移は実に安定している。前述の通り、一票の最大格差という指標は、一票の価値が最大の選挙区と最小の選挙区とを比較しているのみである

197

ので、両者の中間に位置する大多数の選挙区において議席配分がどのようになされているのかを知ることはできない。これに対し、不均衡度の指標は、全体としてどの程度まで議席が有権者数に比例する形で配分されているのかを表すものである。したがって、これら二つの指標が上述のような異なる動向を示しているということは、定数是正によって一票の最大格差が縮小することで全体として定数不均衡が改善されたかのような印象を与えられたが、実際には一票の価値が高い上位の数選挙区と逆に一票の価値が低い下位の数選挙区との間で議席配分が変更されたに止まり、全体としての定数不均衡はわずかに改善されたに過ぎないことを意味する。

　もう一度図6-1をみると、定数是正が行われた1976年や1993年には、確かに不均衡度は低下している。しかし、その下落幅は、最大の1976年でも-0.0184に止まっており、1983年の定数是正時にいたっては、0.0048とわずかながら上昇しているのである。ここから、55年体制下に行われた定数是正は、小手先の対処療法にしか過ぎなかったことが明らかである。

　これに対し、1993年から1996年の間では、一票の最大格差は2.821から2.316へと少しばかり低下しただけであるのに対し、不均衡度については、0.1310から0.0488へと急激に低下している。小選挙区比例代表並立制の導入が国民的議論となった時期において、新しい選挙制度が定数不均衡の問題を大きく改善するであろうという点がマスメディアなどの報道を通じて広く国民に理解されていたとはいえない。むしろ、逆に、中選挙区制下では選挙区割りを変更しなくとも定数を増員したり減員したりすることで定数不均衡を改善するという手段をとることができたが、小選挙区比例代表並立制では、小選挙区の定数が1に固定されることで、区割り変更を行わない限り定数不均衡を是正する手段がないため、定数不均衡の問題はより深刻になるはずだと主張する論者も存在した。

実際、サミュエルズとスナイダーによる回帰分析の結果でも、小選挙区制は他の選挙制度と比べて不均衡度が0.04ほど高くなる傾向が表れており[9]、小選挙区制の方が定数不均衡の問題が深刻化するはずだという考え方自体は、一定の妥当性を持つものである。このように考えると、1993年から1996年の間に衆議院の不均衡度が一気に低下している理由を小選挙区制という制度一般に帰することは難しいといえる。

　もちろん、小選挙区比例代表並立制は、小選挙区と比例区の二つから成る選挙制度であるから、いくら小選挙区で定数不均衡が深刻でも、比例区での議席配分が公正に行われていれば、制度全体としての不均衡度は低くなることもある。逆の見方をすれば、制度全体の不均衡度が低いからといって、小選挙区選出部分の議席配分の不均衡度も低いとは限らないのである。しかし、図6-1をみると、小選挙区選出部分の議席配分のみをデータとして計算した不均衡度も、1993年までの中選挙区制下での不均衡度よりも明らかに低いものとなっているのである。具体的な数値を示すと、1996年の小選挙区の不均衡度は、0.0781であり、ここ3回の選挙では、この0.0781と0.0808との間で推移しているが、55年体制下の不均衡度の平均値は0.1265である。

　それでは、なぜ中選挙区制から小選挙区制へと変わったことで、これほどまでに不均衡度は改善されたのであろうか。中選挙区制下の定数是正と、政治改革関連法の成立に伴って行われた小選挙区の区割り策定の作業には、次の点で違いがある。すなわち、かつての中選挙区制下での定数不均衡の問題への対処策が定数是正であったのに対し、小選挙区制の導入の際には白紙の状態から新しい選挙区割りを策定するという作業を行っているという違いがある。中選挙区制下での定数是正は、あくまでも既存の選挙制度の枠組み自体は改変することなく、現状を基準にして、現状を少しでも改善することに主眼が置かれて選挙区割りの変更または定数の増員および減員の作業が行われる。これに対し、全く新しい

選挙制度を導入する際には、既存の制度における不均衡の現状は基準とはなり得ない。

現実に、現行の小選挙区における議席配分は、47都道府県にまず1議席を配分し、残りの253議席を直近の国勢調査人口に応じて比例配分するという形で行われた。一口に47都道府県といっても、鳥取県のように人口の少ないところもあれば東京都のように多くの人口を抱えるところもあるので、最初に各都道府県に1議席を配分するというやり方では、各都道府県の内部でどのような選挙区割りがなされたとしても、一定程度の定数不均衡が生じることを阻止できない[10]。こうした弊害があるにもかかわらず、小選挙区における議席配分がかつての中選挙区における議席配分よりもはるかに不均衡度が低いというのは、いかに中選挙区制下における議席配分が不均衡度の高いものであったのかを物語っているといえる。

全く異なる選挙制度を導入したことで、この55年体制下における不均衡度の高い中選挙区の区割りというものから離れて、全国の区割りをやり直したことが、不均衡度の低下に繋がったといえる。いわば、これは選挙制度を変更すること自体によって生じた結果である。なお、このことについて、菅原は、中選挙区制下における4度の定数是正が抜本的な定数不均衡の見直しにならなかったのに対し、小選挙区制の導入は大幅に定数不均衡を解消することに繋がったとし[11]、斉藤は、小選挙区比例代表並立制の導入という選挙制度改革の重要な副産物であると評している[12]。

この点は、前述のように、メディアというよりは政治家たち自身においてよく議論された点である。すなわち、現実的に中選挙区制を維持したままでは抜本的な定数是正は不可能であり、この定数是正を推進するという観点から中選挙区制の廃止論を展開した政治家たちが少なからず存在した。その是非はともかくとして、結果的にそうした指摘は現実政

治の動向を的確に予期するものであったといえる。

　実際、サミュエルズとスナイダーの分析結果を参照すると、現在の小選挙区比例代表並立制における議席配分の不均衡度は、1993年以前と比べればはるかに低いものの、他の先進国の数値と比較した場合には少し高めである。彼らによれば、78ヵ国の下院における不均衡度の平均値は、0.07だという。ただし、これはアフリカやラテンアメリカなど、低開発国や民主主義の歴史の浅い国のデータをも含めた平均値であり、先進国のデータのみで計算した平均値は、0.04となる。現行の小選挙区比例代表並立制における不均衡度はおよそ0.05なので、他の先進国と比べれば、依然として衆議院の不均衡度は少し高い。他方、全78ヵ国のデータで計算した平均値0.07を超える不均衡度となっている国は、西欧や北米の23ヵ国のうち6ヵ国、アジアや旧ソ連および東欧の19ヵ国のうちわずか2ヵ国のみであるという。

　このように考えると、日本の衆議院における不均衡度は確かに並立制下においても先進国に比べれば少し高い水準にはある。だが、ここで注目すべきことは、中選挙区制下における異例の高さであるといえる。なお、78ヵ国のデータを用いた場合に平均値が0.07になることは上述の通りであるが、このときの標準偏差は0.06であるという。前述の通り、1972年から1993年まで不均衡度は0.13前後であったので、低開発国や歴史の浅い民主主義国をも含めたとしても、この時期の不均衡度は国際的にみて非常に高い水準にあったということになる[13]。

　それでは、参議院選挙における定数不均衡は、どのように推移してきたのだろうか。また、参議院選挙における定数不均衡の水準は、国際的にみた場合にはどのように位置付けられるのだろうか。これらの問いに答えるために、まず、参議院選挙における不均衡度を計算した結果をみてみる必要がある。図6-3は、1956年参議院通常選挙以降に行われた参議院選挙における議席配分の不均衡度を示したものである。なお、全国

図6-3 55年体制成立以降の参議院選挙における議席配分の不均衡度

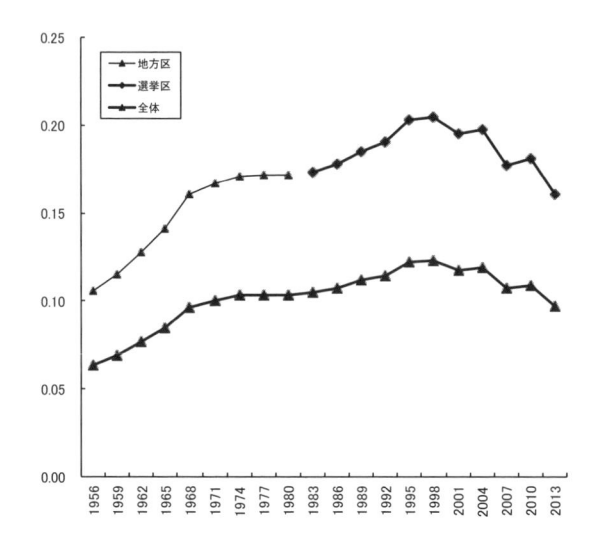

図6-4 55年体制成立以降の参議院選挙における
　　　　　　　　　　　一票の最大格差（地方区および選挙区）

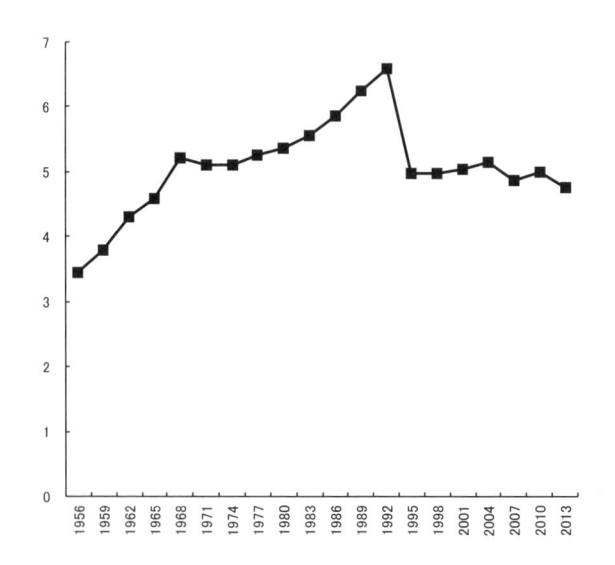

区および比例区は、全国1区であるから、不均衡度は必ず0になる。したがって、図中には全国区および比例区における不均衡度は表示せず、地方区および選挙区と制度全体における不均衡度を示すこととした。ちなみに、一票の最大格差の推移については、図6-4に示した。

　図6-3をみると、参議院の不均衡度は、1998年までは一貫して上昇傾向にあり、その後に少し下降したことが分かる。ただし、不均衡度の上昇は常に一定の割合で進行しているわけではなく、衆議院と同様、1960年代までの間の上昇が著しい。具体的な数値を示すと、制度全体の不均衡度は、1956年には0.0634であったが、1971年には0.1001となり、1989年には0.1117となった。不均衡度が最も高くなっている1998年には0.1233となり、直近の2013年ではそれより低い0.0969となっている。地方区および選挙区の数値は、1956年には0.1057であったが、1974年には0.1712となり、その後も上昇を続け、1995年には0.2034にまで達する。地方区および選挙区における不均衡度は制度全体と同様に1998年に最高を記録しており、2013年の数値は0.1606となっている。

　参議院の不均衡度が1998年まで一貫して上昇しているのは、参議院の地方区および選挙区の定数是正がほとんど行われてこなかったことに起因すると考えられる。参議院の地方区および選挙区の定数は、1990年代になって初めて見直しが行われたが、図6-4をみると、この1992年から1995年の間に行われた定数是正によって、一票の最大格差が改善したことが分かる。しかし、この改善の後も、一票の最大格差は5倍程度となっており、衆議院において最も一票の最大格差が開いていた1972年の数値4.9885と同程度の水準となっている。

　さらに、この定数是正では、一票の最大格差については一定程度の改善をもたらしたが、不均衡度についていえば改善をもたらしてはいない。1992年から1995年の間に選挙区の不均衡度は0.0127上昇し、制度全体としても0.0076上昇した。したがって、衆議院の中選挙区下における定

数是正と同様、1992年と1995年の間に行われた参議院選挙区における定数是正では、一票の最大格差については多少縮まったものの、不均衡度の指標を用いると、格差が縮小したということ自体に対しても否定的な見解が導き出されるわけである。

　それでは、参議院における不均衡度は、国際比較の視座からはどのように評価されるのであろうか。サミュエルズとスナイダーによると、彼らの分析対象となった国々の中で上院が存在するのは25ヵ国であり、この25ヵ国の下院の不均衡度について分析を行うと、平均値は0.21、標準偏差は0.16になるという。表6-1は、その結果を示したものである[14]。前述の通り、参議院の制度全体としての不均衡度は最高を記録した1998年でも0.1233なので、日本の参議院は、諸外国の上院と比べると、不均衡度は低いものとなっている。ただし、上述の平均値から標準偏差を差し引いた値は0.05で、これに比べれば参議院の不均衡度は高いので、諸外国と比べて特段に低いとまではいえない。

　現行の衆議院の不均衡度は諸外国と比べてやや高く、その衆議院の不均衡度よりもはるかに高い不均衡度を持つ参議院では、諸外国と比べて不均衡度が特段に低いというわけではないものの低めであるというのは、一体どういうことを示しているのだろうか。これは、上院と下院とでは、全体的に上院の方が不均衡度がはるかに高く、海外においては両者の差は日本における衆議院と参議院の不均衡度の差よりも大きいということを意味する。実際、サミュエルズとスナイダーは、分析対象となった25ヵ国の上院のうち11ヵ国の上院の不均衡度が、最も高い下院の不均衡度よりも高いことなどを指摘し、明らかに上院の方が定数不均衡の度合いが強いとしている[15]。

　ただし、彼らは、同時に、25ヵ国のうちの8ヵ国の上院では、不均衡度の値は下院の不均衡度の平均値よりも低くなっており、さらにそのうちの4ヵ国の上院では定数不均衡が全く存在しないことも指摘し、必

ずしも上院の方が下院よりも定数不均衡が強いわけではないとしている[16]。つまり、上院の方が、国によって不均衡度の数値のばらつきが大きいのである。

なお、サミュエルズとスナイダーは、定数不均衡の度合いに影響を及ぼすものとして幾つかの変数を挙げて回帰分析を行っているが、その中には、連邦制や国の面積といったものがある。すなわち、連邦制にはアメリカの上院にみられるように何らかの形で地域的な利益を代表させるような制度が存在しているので、単一国家よりも定数不均衡の度合いが強くなると考えたのである。そして、面積については、ロシアやオーストラリアのように面積が広い国では、たいてい国土のうちのかなりの部分は人口密度が低い地域であるので、こうした人口密度の低い地域が過大代表になりやすいのではないかと想定したのである。

その分析結果は、下院においてはこれら連邦制や面積による差違は認められないが、上院については、面積が広く連邦制を採用している国家の方が、面積が小さい単一国家と比べて不均衡度が高い傾向にあるというものであった[17]。したがって、日本が面積が広くない単一国家であることを考慮に入れると、参議院の不均衡度が諸外国の上院と比べて低めであるというのは、当然のことであるといえる。それでは、日本が面積的に広いわけでも連邦制でもないということを考慮に入れた場合、参議院の不均衡度は、諸外国の上院と比べて低いといえるのだろうか。

表6-1をみれば明らかな通り、サミュエルズとスナイダーは、各国の上院の不均衡度を一覧表にした際、その国が連邦制を採用しているか否かについても付記している。これを元に単一国家の上院の不均衡度について分析してみたところ、平均値は0.13となり、標準偏差は0.15となった。したがって、日本の参議院の不均衡度は、日本が面積の広くない単一国家であるという点を考慮に入れても、ほんのわずかではあるものの諸外国と比べて低めということになる。だが、平均値からの差はわずか

表6-1　25ヵ国における上院の選挙制度の不均衡度

順位	国名	不均衡度	連邦制
1	アルゼンチン	0.4852	○
2	ブラジル	0.4039	○
3	ボリビア	0.3805	
4	ドミニカ共和国	0.3787	
5	アメリカ	0.3642	○
6	スイス	0.3448	○
7	ロシア	0.3346	○
8	ベネズエラ	0.3265	○
9	チリ	0.3106	
10	オーストラリア	0.2962	○
11	スペイン	0.2853	○
12	ドイツ	0.2440	○
13	メキシコ	0.2300	○
14	南アフリカ	0.2261	○
15	ポーランド	0.2029	
16	日本	0.1224	
17	インド	0.0747	○
18	ルーマニア	0.0592	
19	オーストリア	0.0301	○
20	イタリア	0.0292	
21	チェコ	0.0257	
22	コロンビア	0.0000	
23	パラグアイ	0.0000	
24	ウルグアイ	0.0000	
25	オランダ	0.0000	

なので、基本的には面積の広くない単一国家の上院の不均衡度としては標準的であるといえそうである。

　これらのことを総合的に勘案すると、政治改革の前後に起きた変化の一つとして、衆議院における実質的な定数不均衡の改善ということが挙げられる。そして、国際比較の観点では、現行の衆議院の不均衡度は、依然として先進国と比べて少し高い水準にあるものの、かつての異常なまでに不均衡度が高かった状況とは明確に区別されるといえ

る。

(3) 定数不均衡の低減の効果

　既述の通り、55年体制下においては衆議院中選挙区の定数是正は小手先の是正に止まり、農村部は都市部に比べて多くの議席が配分されていた。したがって、自民党は、限られたリソースを用いて効率的に政権を維持しようとするならば、一票の価値が重い農村部で効率的に議席を確保することで、より少ない得票で単独過半数を確保しようとしたと考えられる。

　この点については、自民党は農村部で多くの得票を得ることで、長期政権を維持していたことが明らかである。既に述べた通り、それは多くの研究が示すところである。ここではそれらの研究例を一つずつ取り上げることは避けるが、例えば、斉藤は、自民党が農村部への利益誘導と引き換えに農村部で高い得票率を得るメカニズムについて、買収費用と共同体内の監視能力からという観点から論じている。すなわち、買収費用という観点からは、利益誘導の対象者は一票の価値の高い選挙区の住民に限定するのが効率的である。また、共同体内の監視能力という観点からは、有権者が利益誘導の対価として忠実に自民党に投票しているか否かを監視するのは人口一人あたりの地方議員数が多い町村部のほうがやりやすいので、自民党にとっては農村部の選挙区の有権者をその利益誘導の対象とするのが合理的であったという[18]。

　55年体制下では、こうした都市―農村間の定数不均衡という問題や農村部における人口一人あたりの地方議員数の多さといった要因が、自民党の農村偏重の政策および選挙戦略を生み出してきたといえる。しかし、こうした自民党の農村偏重の傾向は、次に示すような理由で、政治改革以後の時期に緩和されていくこととなった。

　一つは、選挙制度改革によって衆議院の選挙区割りが全国規模で策定

された結果、農村偏重の定数不均衡が大幅に改善されたことが要因として挙げられる。

また、利益誘導を行うということがしだいに非効率で困難なものになり、利益誘導と引き換えに票を獲得するという選挙戦略の有効性が弱まっていったということが挙げられる。まず、全国的に道路や橋などの社会資本がほぼ整備され、公共事業の必要性そのものが低下してきていることに加え、経済・財政状況の悪化から公共事業の予算を確保することが難しくなってきている[19]。他方、農業団体を含む業界団体の側も、「自民一辺倒」から「自民も民主も」というように組織としての対応を変化させていった[20]。

議員の行動様式という観点では、50%超の得票率を得なければ当選を確実にすることができない小選挙区制が導入されたことで、特定の政策領域に深くコミットすることによって再選を目指すという族議員型の行動パターンが後退し、各議員がより広範な利益の代表へと変容してきていることも指摘されている[21]。議員が多忙なスケジュールの合間を縫ってどの程度頻繁に地元選挙区に戻っているのかという点に着目すると、選挙制度改革前は、与党自民党の議員は野党議員に比べて選挙区へ戻る頻度が少なく、選挙区入りして直接的に有権者と接触する代わりに、選挙区に補助金を配分してインフラを整備するということを通じて自己の認知度を高めるという再選戦略を採用していた。ところが、選挙制度改革後は、補助金の配分プロセスにアクセスしやすいと考えられる与党・自民系議員と非自民系議員との選挙区入りの頻度の差が縮小しており[22]、議員の日常の行動という面からも、補助金配分という利益誘導を通じた集票活動の有効性が相対的に低下してきているといえる。

さらに、いわゆる平成の大合併は、町村の数の大幅減少をもたらした。日本全国の町村の数が減少すれば、各衆議院選挙区の中に存在する町村数は必然的に減少するが、例えば旧町村部では、かつては一人の代議士

に対して複数の町村長が公共事業等の予算獲得のために陳情合戦を展開し、保守系無所属の町村長同士が当該地域の自民党代議士に対する忠誠心を競い合っていたものが、そうした町村長間の競争は緩和あるいは消滅していったと考えられよう[23]。

もちろん、町村数の激減は、旧町村部の地方議員数の激減をもたらし、共同体内の監視能力を低下させることにもなった[24]。また、地方議員は国政選挙の際には運動員の中核を成す存在であったから、その数が減少するということは、旧町村部における集票活動の担い手が不足することを意味した[25]。そのうえ、地方議会の議席数が減少することで地方議員の落選のリスクは高まったが、落選した議員の支持者に現職議員が働きかけるというのは困難であり、このような形で集票活動に支障が出るといった問題も生じるようになった[26]。

市町村合併は地方議員選挙のみならず地方の首長選挙にも影響を及ぼしており、一般的に再選率が高いとされている現職の首長についても、合併を経験した地域においては、合併によって生じた様々な行政上の問題に十分に対処できず、合併後2期目の選挙において再選を果たせない例が数多くみうけられるという[27]。こうして、市町村合併によって地方の政治および選挙の状況は大きく動揺することとなり、自民党は以前と比べれば農村部で高い得票率を獲得するということは難しくなっていった。

その結果、自民党の農村偏重の傾向は弱まり、逆に都市部の有権者からの支持を獲得することに力点が置かれるようになっていった。自民党の得票率は全国的に平準化し、農村部と都市部との間の自民党の得票率の格差は縮減してきた[28]。その象徴的な出来事が2005年のいわゆる郵政選挙である。菅原によれば、第一次産業・建設業就業者の割合が高い農村的地域と割合が低い都市的地域との間の自民党の比例区得票率の差は2000年総選挙から2003年総選挙までの間にも縮小したが、2005年総選

挙の際にはほとんどなくなってしまったという[29]。その背景にはいうまでもなく小泉改革が存在するわけであるが、ローゼンブルース（Frances M. Rosenbluth）とティース（Michael F. Thies）は、自民党が都市部の有権者の支持を強化することを迫られていた状況の中で登場してきたのが小泉改革であり、数々の補助金制度や超過利潤を生む規制の網の目を解体することを目指した小泉改革は、まさに都市部の有権者が求めていたものであったと指摘している[30]。また、白鳥浩は、小泉政権下において、地方への補助金と公共事業、それによる保守系議員の選出、建設族の活躍といった「地方へのアカウンタビリティ」を堅持することから、財政構造改革の推進や補助金などの地方への資源投入の削減といった「都市へのアカウンタビリティ」を向上させることへと自民党がシフトしたのだと論じている[31]。なお、先に述べた通り、これは前章の分析結果とも符合する。

このように、多くの研究が、過去の状況と現在の状況との間の変化を指摘している。もちろん、55年体制という自民党の長期一党支配の下で批判され、選挙制度改革を正当化した第一義的理由である癒着や政治腐敗といった「政治とカネ」については、現状の日本政治において十分な解決策が講じられているとはいえない[32]。しかし、以上に列挙してきた現象を総合的に勘案した上で過去と現在とを比較すれば、自民党の農村偏重の傾向を弱めるような政治環境に変容してきているということは指摘できよう。

2．得票目標水準の画一化

(1) 中選挙区制に付帯する準比例代表制的性質

複数の政治学者が、中選挙区制から小選挙区制へ移行したことに伴って、候補者本位の選挙から政党本位の選挙へと変化が生じたと指摘して

いる。すなわち、中選挙区制では候補者本位の選挙が展開されるために、投票行動は候補者要因の影響を強く受け、自民党の得票率は候補者要因による集票が効果的になされる地域で高くなる傾向にある一方、そうでない地域では低くなる傾向にある。ところが、中選挙区制から小選挙区制への移行によって候補者要因は低減し、政党要因が相対的に重要度を増していくと、選挙毎の政党の得票率の変動は比較的に地域差がなく、全国一律に生じるようになっていくと予期される。そして、こうした現象を指して、「投票行動の全国化」[33]あるいは「選挙政治の全国化」[34]が進展しているという指摘がなされている。

こうした議論は、いわゆる「同士討ち」によって生じる人物本位のサービス合戦の沈静化という点に焦点を合わせた議論だといえる。これに対し、本節では、選挙区間の得票率の差が縮減するという表層的な部分においては同じ現象を取り上げるものの、中選挙区制から小選挙区制への移行がもたらした別の制度的側面について検討を加えることとする。それは、中選挙区制が持っていた準比例代表制的な側面である。

中選挙区制では、有効投票数を選挙区定数プラス1で除した票数を上回れば確実に1議席を確保できたが、小選挙区制では有効投票数の過半数を得なければ確実に当選することはできない。したがって、各候補者は、中選挙区制時代に得ていたよりも高い得票率を獲得することを目指すようになる。この点は、小選挙区制導入に関する多数の論考の中で、繰り返し論じられてきたことである。

この点は、候補者個人ではなく政党の得票率という観点からみた場合においても、各選挙区に候補者を1名ずつしか擁立しない中小政党においては同様である。しかし、自民党のように各選挙区に擁立される候補者の数が複数となり得る大政党の場合には、小選挙区制の導入によって必ずしも上述のような「得票率の最大化」を目指す行動が増進されるようになったわけではない。本節では、この点について焦点を合わせ、論

ずることとする。すなわち、選挙制度に付帯する準比例代表制的性質によって、自民党は、むしろ中選挙区制下の方が農村部の選挙区で得票率を最大化させる行動を促されていたことを論ずる。

そのように考える理由は、現行の小選挙区制と比較してみると明瞭である。

小選挙区制では、過半数の票を獲得することができれば、必ず議席を勝ち取ることができる。逆に、49%の得票を得ることができたとしても、他にそれを上回る得票を得る候補者がいれば、議席を勝ち取ることはできない。このため、小選挙区制は過半数の得票を獲得できる蓋然性の高い大政党に有利であるとされている。したがって、大政党である自民党にとって、基本的には小選挙区制は有利な制度である。

ところが、各政党が全国各地の選挙区で一様に得票するわけではなく、都市化の度合いによって得票率が大きく異なるという点を考慮した場合、小選挙区制という制度が持つ別の側面がみえてくる。それは、候補者や政党にとって、過半数の得票を得ることが重要なのであって、その水準を超えて得票するメリットがないということである。もちろん、選挙は実際にやってみなければ分からないのであり、過半数の得票を超えるくらいの得票が予想できるほど有利な状況にあったとしても、実際に選挙をしてみたら他の候補者の得票に及ばないということは起こり得る。そうした不確実性を考慮すれば、現実には候補者は少しでも得票を最大化することを考えて行動するのが常といえる。しかし、もし仮に、いわゆる「票読み」、すなわち自らの得票水準を予測することが正確にできるのだとしたら、小選挙区制においては、過半数の得票をさらに超える得票を目指すことに意味はない。

これは、比例代表制や中選挙区制とは異なるところである。比例代表制では、文字通り、議席は基本的に比例配分されるので、50%の得票ならおおむね50%の議席、70%の得票ならおおむね70%の議席が配分さ

れる。したがって、50%を超える得票を期待できる状況であったとしても、得票を増やすべく努力すれば、獲得できる議席が増えるという形で報われることになる。すなわち、得票を最大化しようとする行動が、常に議席の最大化にも直結することになる。

中選挙区制の場合もほぼ同様である。先にみた通り、中選挙区制は国際比較的には準比例代表制と分類されるが、大要においては同様の論理が当てはまる。例えば、定数4の中選挙区においては、20%プラス1票を獲得すれば、必ず1議席を獲得できる。仮に票割りを完璧に行うことができるとしたら、40%プラス1票を獲得できる政党は、必ず2議席を獲得できることになる。同様に、60%プラス1票の場合は3議席、80%プラス1票の場合は4議席を確実に獲得できる。

実際には、票割りを完璧に行うことはできない反面、定数をはるかに上回る立候補者が存在して多数の落選者が得票を分け合ったり、候補者数が定数プラス若干名に止まった場合でもその落選者が当落線上にはるかに及ばない得票しか得られない場合もあったりするので、ここで述べたよりも低い水準の得票率でも、一つの政党が定数4の中選挙区で4議席を独占するということは可能である。だが、ここで重要なことは、中選挙区制の場合には、過半数を大きく上回る得票を得ることが期待できる選挙区であったとしても、そこからさらに得票を上積みしようとする行動・戦略が、より多くの議席を獲得するという結果に繋がる可能性があるということである。こうした形で、ある選挙区で過半数を大きく上回る得票と議席を獲得することができれば、別の選挙区で獲得する得票と議席が過半数を下回った場合でも、全体としては単独過半数を確保できることになる。

55年体制下の日本政治の状況に即していえば、自民党は農村部の選挙区で議席を独占することもあったため、都市部の選挙区においては、例えば5人区で1議席しか獲得できないとか、あるいは1議席も獲得で

きないという結果が生じたとしても、全体としては単独過半数を維持することも可能であった。そのため、都市部の選挙区での得票率が低い水準に止まったとしても、農村部の選挙区での得票率を高い水準に保つことができれば、単独過半数の維持が可能であった。都市部の選挙区ではとんど議席を獲得できない分、農村部の選挙区では議席独占かそれに近い状態を目指すという選挙戦略や、あるいは別の表現をすれば、農村部の選挙区で議席独占かそれに近い状態を実現することが可能なほど高い得票率が見込まれるので、都市部の選挙区では1議席でも確保できれば十分とするという選挙戦略を採用することが可能だったわけである。

　このように、中選挙区制下では、個別の地域・選挙区の事情に応じて、選挙区毎に得票目標の水準に差異をもたせることが可能であった。例えば、4人区であれば、20％程度の得票が見込めそうなら候補者を1名擁立し、40％程度なら2名、60％程度なら3名、80％程度なら4名擁立するというような差異化が可能であった。これは、小選挙区制とは全く異なる点である。小選挙区制では、得票目標の水準は基本的には常に50％と一様であり、選挙区別に差異化をはかる余地はない。政党の側に選択の余地があるとすれば、候補者を擁立するか否かという二つの選択肢があるだけである。

　この中選挙区制のメカニズムは、定数不均衡と相まって、都市部で不人気でも農村部で圧倒的な人気を博する政策を実行することで政権を維持するという戦略に帰結しうるのである。定数不均衡は高度経済成長期における農村部から都市部への人口移動がその主因であるから、中選挙区制下での議席配分は農村部偏重となっていた。したがって、最も農村的な選挙区から順に議席を確保していけば、最も少ない得票数で過半数の議席に到達することができる[35]。例えば、38年間続いた55年体制のちょうど中期にあたる1972年総選挙では、いわゆる一票の価値が高い選挙区から順に議席独占をしていけば、日本全国の有権者の36.8％が居

住する選挙区を制すればよいことになる。すなわち、残りの63.2%の有権者が住む選挙区で1議席も確保できなかったとしても、一票の価値が高い選挙区で議席独占すれば、単独過半数の確保が可能であった。

ところが、政治改革によって衆議院の選挙制度として導入された小選挙区制では、農村部で過半数を大きく超えて得票を増やしても、議席増には全く結びつかない。逆に、過半数の得票を維持することができる限りにおいては、農村部で人気を博する政策を破棄してでも、都市部や中間的地域で人気を博する政策を実行して得票を増大させ、そうした地域での議席獲得の可能性を少しでも上昇させるというのが、全体の獲得議席数の最大化に適う戦略となる。

他方で、都市的な地域においては、かつての中選挙区制であれば、50%超の得票はおろか、30%程度の得票を得ることさえ困難な状況であっても、議席獲得の可能性があった。例えば、4人区であれば20%超の得票で1議席が確保できた。また、もし40%程度の得票を得ることができるような情勢であれば、2議席の確保を目指して候補者を擁立して選挙戦を戦うことが可能であった。ところが、小選挙区制の導入によって、一律に50%超の得票を確保することが迫られるようになった。

50%超という得票目標にはるかに及ばない選挙区では、自民党の支持層に他党の支持層を加えることによって何とか50%超という当選ラインを超えるという戦略を採る必要に迫られるようになった。実際、自民党は選挙過程における公明党依存を深め、その支持層の票に依存することで小選挙区の当選ラインを超えるという選挙戦略を採るようになっていった[36]。そのため、連立政権のパートナーである公明党の意向に配慮せざるを得なくなり、自民党は政策形成において必ずしも主体的な役割を果たすことができなくなった[37]。それは、公共事業の配分に関して影響力を行使するという旧来の自民党政権が採用した陳情行政が機能しなくなったことを意味するが、こうした形でも自民党が農村部への利益誘

215

導を行うことは困難となっていったのである。

　先にみたように、中選挙区制を廃止して小選挙区比例代表並立制を導入するという大規模な選挙制度改革を実行したことに伴い、衆議院の選挙区割りは既存の選挙区割りに関わりなく新たに策定され、結果として農村部の過大代表と都市部の過小代表の問題がかなりの程度まで改善されることになった。このことと、今述べたような小選挙区制のメカニズムは、いずれも自民党が農村部で過半数を圧倒的に上回る得票を目指すインセンティブを減じるものである。したがって、現行の小選挙区比例代表並立制の下で何度か選挙を繰り返していけば、自民党は都市部や中間的地域の有権者の人気を博するような政策を実行して、結果として都市部や中間的地域での得票率と農村部での得票率との間の差は縮減されてくることが推論される。

　同時に、得票率というものは、いずれかの政党が減少すれば、別のいずれかの政党が増大するという関係にある。したがって、自民党の得票率の都市─農村間の格差が縮減すれば、他の政党の得票率の都市─農村間の格差も縮減する傾向に向かうはずである。

　さらに、民主党のように、自民党に代わって政権を担おうとする政党については、小選挙区の多数を制するための選挙戦略を練るはずであるから、前述の自民党が採用すると推論された選挙戦略と同じロジックが適用できる。すなわち、民主党は結党当初、都市部を得意とする政党であったが、都市部の選挙区で50%を大幅に超える得票を得ても議席増には結びつかない。したがって、都市部の選挙区での勝利がある程度の確率で確実視できるような状況となった場合には、さらに都市部で得票を上積みするという戦略ではなく、農村部の得票を伸ばすことを目指した戦略を採用するはずである。そのため、自民党のみならず、その他の政党も含めた政党全体として、都市─農村間の得票率の格差は縮減する傾向に向かうことが推論される。

実際、前章では、特に2000年代後半以降の時期においては、自民党と民主党の都市―農村間の得票率の格差が縮減したことを確認した。ここでは前章における得票率のデータ分析の結果について繰り返し詳述することは避けるが、上記の推論を裏付けるような指摘は、他の研究者によっても指摘されている。

　民主党は、2007年参院選で農村部の1人区のほとんどを制するなど、都市部のみならず農村部でも高い得票を得た。2012年総選挙において自民党が政権奪還を果たして以降は、こうした1人区は再び自民党の牙城となったので、今となっては民主党がこの2007年参院選を契機に農村部にも基盤を築いたとはいえない。しかし、2007年参院選の直後や民主党政権が継続していた時期においては、この2007年参院選の結果は、民主党が都市だけでなく農村でも支持される政党へと変化しうる可能性を示すものであると論じられた[38]。

　支援団体の面では、民主党が自民党と同程度に業界団体との結びつきを強めたというわけではないものの、自民党と支援団体との結びつきが弱まる中で、相対的に比較すれば民主党と支援団体との結びつきは強まったということができる。前述の通り、農業団体を含む多くの業界団体が「自民一辺倒」から「全方位外交」へと組織対応を変更する一方[39]、小泉政権下の郵政民営化で槍玉にあげられた郵政事業に携わる特定郵便局長会や日本郵政グループ労働組合が民主党支持にまわり、民主党候補の選挙戦を支える大きな力となった。また、労働組合として最大の団体である連合は、従来通りに民主党の支援団体として民主党の選挙に積極的に協力したので、支援団体の相対的な重要性が増すこととなった[40]。

　また、党の体質や党運営といった面でも、特に2000年代後半には民主党は自民党と似通った形となっていた。2005年郵政選挙の時点で民主党代表を務め、2016年現在も代表となっている岡田克也は、2006年に小沢が民主党代表となって以降、経理の決済手順が変更されて何億円

という金を領収書無しに使える仕組みに変えるなど、党運営は自民党的なものに変化したと語っている[41]。

　自民党と民主党以外の政党については、ここで詳しく述べることは避けるが、自民党との連立を組む公明党は、従来は都市部で得票率が高い政党であったが、自民党との連立政権の樹立以降、農村部での得票率が上昇し、都市と農村における格差が縮まっている。公明党は都市部や中間的地域の小選挙区で自民系候補の選挙戦を下支えする一方、「比例区は公明党へ」という呼びかけを積極的に行う自民系候補が多数存在し、これが公明党の農村部での比例区得票率の増大の要因となっている[42]。

　このように、自民党以外の政党、例えば民主党が政権獲得を目指して小選挙区選出議席の過半数を獲得することを目指すのであれば、得意としてきた地域だけではなく、苦手としてきた農村的選挙区でも議席が獲得できるような態勢を築く必要に迫られることになる。そうした意味において、自民党以外の政党であっても、特に政権獲得を目指す政党については、都市―農村間の得票率の格差は縮減する方向に向かうと推論できよう。

　しかし、現実には、中選挙区制時代に実際に農村的選挙区で60%とか70%といった得票率を記録してきたのは自民党であるから、こうした論理が最もよく当てはまると想定されるのは、自民党である。そこで、本節では以下、自民党得票率の地域間格差、すなわち選挙区別の得票率の差に焦点を合わせ、考察を加えることとする。

(2) 中選挙区制下における自民党の選挙区別得票率

　表6-2は、中選挙区制下における自民党の得票水準別に選挙区を集計し、その数を示したものである。自民党の得票率が60%以上となっていた選挙区の割合は、1960年総選挙の44.9%が最高で、次いで高かったのは1958年総選挙の43.2%となっている。この割合が最低だったのは

1993年総選挙の14.0%で、次いで低かったのは1976年総選挙の19.2%となっている。この数値を1958年から1993年までの13回の総選挙で単純平均すると、29.0%となる。なお、既述の通り、1993年総選挙は、既に選挙制度改革の議論が進展していた中で実施され、政党や政治家が選挙制度改革の動きを織り込んで離党や新党結成の動きをし始めていたので、選挙制度自体は中選挙区制ではあったものの、各政党や各政治家の行動は中選挙区制の持つ制度的特徴によって規定される部分は、その他の中選挙区制下での総選挙よりは小さいと考えられる。そこで、試みに1958年から1990年までの12回の総選挙で単純平均をとってみると、その数値は30.3%となった。すなわち、大まかにいえば、中選挙区制下において、自民党は約3割の選挙区において60%以上の得票率を記録していたということになる。

この得票率60%という数値は、自民党以外の候補者全員の得票率が

表6-2 自民党の得票率別にみた選挙区の数（中選挙区）

選挙年	選挙区総数	0-20%	20-30%	30-40%	40-50%	50-60%	60-70%	70-80%	80-100%	60%以上の割合	70%以上の割合	30%未満の割合	標準偏差
1958	118	0	2	5	18	42	31	18	2	43.2%	16.9%	1.7%	11.0%
1960	118	0	0	4	22	39	38	12	3	44.9%	12.7%	0.0%	10.8%
1963	118	0	0	12	21	36	42	7	0	41.5%	5.9%	0.0%	10.9%
1967	123	0	12	17	22	31	28	11	2	33.3%	10.6%	9.8%	15.1%
1969	123	0	14	24	23	31	17	12	2	25.2%	11.4%	11.4%	15.4%
1972	124	1	14	21	24	32	17	14	1	25.8%	12.1%	12.1%	15.3%
1976	130	10	19	21	30	25	21	4	0	19.2%	3.1%	22.3%	16.0%
1979	130	8	18	17	31	26	15	14	1	23.1%	11.5%	20.0%	17.3%
1980	130	1	18	21	15	38	17	17	3	28.5%	15.4%	14.6%	16.3%
1983	130	3	20	15	26	34	19	13	0	24.6%	10.0%	17.7%	16.2%
1986	130	0	15	16	26	32	24	15	2	31.5%	13.1%	11.5%	15.8%
1990	130	0	12	22	41	26	23	5	1	22.3%	4.6%	9.2%	13.3%
1993	129	13	30	30	20	18	9	9	0	14.0%	7.0%	33.3%	16.8%
単純平均	125.6	2.8	13.4	17.3	24.5	31.5	23.2	11.6	1.3	29.0%	10.3%	12.6%	14.6%

40％になるということを意味し、自民党候補者の得票数は自民党以外の候補者の得票数の1.5倍に達することになる。中選挙区制と小選挙区制とでは政党間や候補者間の競合の条件や環境が異なるので単純な比較はできないものの、仮に小選挙区制下で自民党候補が60％の得票率を記録したとしたら、自民党以外の候補者が仮に完全に一本化されていたとしても、自民党の候補者は次点者の1.5倍の得票数を得て当選を勝ち取ることになる。すなわち、かなりの余裕をもって当選することになる。

例えば2014年総選挙では、小選挙区の得票率が60％以上となった者は58人で、295の小選挙区での当選者のうちの2割に満たない。こうした当選者の得票率が60％以上となった58の小選挙区では、小選挙区では落選したものの重複立候補した比例区での復活当選を果たしたという者は、3人しか存在しない。2014年総選挙における295の小選挙区での有効投票数の平均は17万9503票であったが、その60％となると10万7702票、40％だと7万1801票となり、その得票差は3万5901票となる。したがって、小選挙区の選挙で60％の得票率を得るということは、かなりの圧勝であるといえる。

このように、中選挙区制下においては、自民党の得票率が50％を大きく上回る得票率を記録した選挙区が、相当程度の割合で存在していたのである。

実際に獲得した議席という観点からいうと、表6-3にあるように、議席独占あるいは議席独占に近い状態であった選挙区の数も相当程度の割合であった。ここでいう「議席独占あるいは議席独占に近い状態の選挙区」とは、「選挙区定数の過半数を確保するのみならず、当該選挙区に配分された全ての議席を独占するか、あと1議席確保すれば議席を独占することができる選挙区」を指す。具体的には、2人区においては2議席独占、3人区においては2議席以上の確保、4人区においては3議席以上の確保、5人区においては4議席以上の確保、6人区においては5議席

表6-3 自民党が議席独占もしくは議席独占に近い状態にあった選挙区の数

選挙年	選挙区数	2人区	3人区	4人区	5人区	6人区	合計	割合
1958	117	-	31	20	10	-	61	52.1%
1960	117	-	36	22	11	-	69	59.0%
1963	117	-	32	19	12	-	63	53.8%
1967	122	-	32	19	7	-	58	47.5%
1969	122	-	32	16	10	-	58	47.5%
1972	123	-	30	19	7	-	56	45.5%
1976	129	-	30	9	5	-	44	34.1%
1979	129	-	27	12	4	-	43	33.3%
1980	129	-	33	19	7	-	59	45.7%
1983	129	-	30	16	3	-	49	38.0%
1986	129	3	33	22	4	0	62	48.1%
1990	129	1	30	13	5	0	49	38.0%
1993	129	3	21	9	1	0	34	26.4%
単純平均	124.7	2.3	30.5	16.5	6.6	0.0	54.2	43.8%

※定数1の奄美群島選挙区は除外して計算。
※議席独占に近い状態とは、過半数を確保するのみならず、あと1議席確保すれば議席を独占できる状態。

以上の確保を達成した選挙区が含まれる。なお、表6-3の数値は、事実上の小選挙区制である奄美群島選挙区を除外して算出されている。

　表6-3にあるように、1958年から1963年までの3回の総選挙においては、全国の選挙区のうちの半数以上の選挙区が、自民党の議席独占もしくは議席独占に近い状態となっていた。1967年総選挙に際して戦後初の定数是正が行われて都市部に新しい選挙区が設置されたが、それ以降はこの割合は下がった。しかし、1993年総選挙を除けば、この割合は常に3分の1以上であった。なお、13回の総選挙の単純平均では、43.8％の選挙区が自民党の議席独占もしくは議席独占に近い状態となっていたという計算になり、1993年を除いた12回の単純平均では、45.2％という数値となる。

逆に、自民党の得票率が50%に遠く及ばない選挙区も、一定程度存在した。特に、戦後初の定数是正が行われた1967年総選挙以降は、自民党の得票率が30%未満に止まっている選挙区の数は常に二桁となっている。試みに得票率30%未満の選挙区数の割合を計算すると、最高が1993年総選挙の33.3%で、次いで高いのが1976年総選挙で22.3%となった。単純平均の数値は12.6%であった。

　このように、中選挙区制下においては、自民党の得票目標の水準が50%からかなりの程度乖離していたと考えられる選挙区が多数存在していたといえる。既に述べた通り、小選挙区制下では、理論的には、得票目標の水準は日本全国の全ての選挙区において50%と画一化されることになる。そのため、「都市部の得票率が低い分、農村部の得票率を高くする」という選挙戦略を維持することは困難となるので、小選挙区制の導入以降、都市と農村との間での自民党の得票率の差は、縮減されていくことになったのである。

表6-4　自民党の得票率別にみた選挙区の数（小選挙区）

選挙年	選挙区数	0-20%	20-30%	30-40%	40-50%	50-60%	60-70%	70-80%	80-100%	60%以上の割合	70%以上の割合	30%未満の割合	標準偏差
1996	288	11	55	85	65	42	20	8	2	10.4%	3.5%	22.9%	14.2%
2000	271	3	24	71	75	55	31	9	3	15.9%	4.4%	10.0%	13.3%
2003	277	2	7	54	106	63	33	11	1	16.2%	4.3%	3.2%	11.4%
2005	290	1	11	32	87	129	28	2	0	10.3%	0.7%	4.1%	9.8%
2009	289	3	26	114	106	31	8	1	0	3.1%	0.3%	10.0%	9.2%
2012	289	0	22	78	94	59	22	11	3	12.5%	4.8%	7.6%	12.6%
2014	283	0	6	42	98	83	24	27	3	19.1%	10.6%	2.1%	12.0%
単純平均	283.9	2.9	21.6	68.0	90.1	66.0	23.7	9.9	1.7	12.5%	4.1%	8.6%	11.8%

※公明党との選挙協力等の理由で、自民党の公認候補が擁立されていない選挙区は除外して計算。

222

表6-4は、そうした状況の変化を数値で表したものである。得票率60％以上の選挙区の割合は、1996年から2014年までの7回の総選挙の単純平均で12.5％である。これは、中選挙区制下での単純平均の数値である29.0％の4割強にすぎない。また、得票率70％以上の選挙区の割合を計算すると、1996年から2014年までの単純平均は4.1％となり、中選挙区制下での数値である10.3％の4割弱となった。このように、50％を大きく上回る得票率を記録する選挙区の割合は中選挙区制廃止・小選挙区制導入の後に減少していることがわかる。

　他方、30％未満の得票率しか得られない選挙区の割合については、中選挙区制下での単純平均が12.6％であったのに対し、小選挙区制下での単純平均は8.6％となった。50％を大きく上回る選挙区の割合の低下の度合いに比べれば、50％を大きく下回る選挙区の割合の低下は緩慢であるとはいえるものの、中選挙区制廃止と小選挙区制導入という制度変更による得票目標水準の画一化という現象は、こうした実際の選挙結果に表れた変化とも一致するものであるといえる。

註

1　日本の衆議院選挙の選挙区間の一票の最大格差に関する研究の一例を挙げると、森脇俊雅『小選挙区制と区割り：制度と実際の国際比較』芦書房、1998年、pp.219-248.
2　David Samuels and Richard Snyder, "The Value of a Vote: Malapportionment in Comparative Perspective", *British Journal of Political Science*, Vol.31, 2001, pp.654-655.
3　福元健太郎「選挙制度の非比例性に対する機械的効果」『年報政治学』、2009-Ⅰ号、2009年、pp.130-131.
4　斉藤淳『自民党長期政権の政治経済学：利益誘導政治の自己矛盾』勁草書房、2010年、p.183.
5　菅原琢「自民党政治自壊の構造と過程」、御厨貴編『変貌する日本政治：90年代以後「変革の時代」を読みとく』所収、勁草書房、2009年、pp.25-26.

6　先に述べた通り、非比例性指標には幾つかの計算方法があるが、ここでは、以下の論文に掲載されている手法を用いることとする。これは、サミュエルズとスナイダーがこの手法を用いているためで、こうすることで、サミュエルズとスナイダーによる研究成果との比較という観点を重視したためである。具体的には、次のような数式となる。John Loosemore and Victor J. Hanby, "The Theoretical Limits of Maximum Distorion: Some Analytic Expressions for Electoral Systems", *British Journal of Political Science*, Vol.1, 1971, pp.467-477.

$$\text{Loosemore Hanby Index} = \frac{1}{2}\sum |V_i - S_i|$$

7　Rein Taagepera and Bernard Grofman, "Mapping the Indices of Seats-Votes Disproportionality and Inter-Election Volatility", *Party Politics*, Vol. 9, 2003, p.673.
8　David Samuels and Richard Snyder, *op.cit.*, p.655.
9　*Ibid.*, p.665.
10　この点については、例えば、根本俊男・堀田敬介「衆議院小選挙区制における一票の重みの格差の限界とその考察」『選挙研究』、第20号、2005年、pp.136-147. において指摘されている。
11　菅原琢、前掲論文、pp.25-28.
12　斉藤淳、前掲書、p.182.
13　David Samuels and Richard Snyder, op.cit., p.659. ただし、彼らの論文で使用されているデータは、ほとんどが1990年代のものであるから、1970年代のデータを用いれば、0.07という平均値は上昇するかもしれないし、標準偏差0.06ももっと大きな数値となるかもしれない。なお、この論文で使用されている日本のデータは、1995年時点での選挙人名簿登録者数を用いて、既に導入が決まった小選挙区比例代表並立制における不均衡度を計算したものであるようである。
14　*Ibid.*, p.662.
15　*Ibid.*
16　*Ibid.*
17　*Ibid.*, pp.664-667.
18　斉藤淳、前掲書、pp.109-113.
19　この点については多数の研究者が指摘しているが、例えば、井田正道『政治・社会意識の現在：自民党一党優位の終焉と格差社会』北樹出版、2008年、p.107. が挙げられる。なお、斉藤淳、前掲書、pp.130-131. は、新幹線や高速道路が存在しない地域よりも存在する地域において自民党の選挙地盤の急速な弱体化がみられることを指摘し、交通インフラ整備が一巡すると利益誘導を通じた集票がうまく機能しなくなることを指摘している。さらに、河村和徳「「我田引鉄」再考」『レヴァイアサン』、第52号、2013年、p.57. は、交通インフラ整備による利益誘導について、インフラが完成した時点ではなく、着工が決まって完成が担保された時点で既に選挙戦略としての有効性が失われてしまう可能性があるとしている。また、白鳥浩「政界再編から政権交代へ」、白鳥浩編著『政権交代選挙の政治学：地方から変わる日本政治』所収、ミネルヴァ書房、2010年、p.6. は、税収減による公共事業の見直しや縮減が、

政治家の後援会への新規加入者の減少をもたらすという形で選挙基盤の弱体化に繋がったと論じている。政治家と有権者との間のコミュニケーションということに関していえば、品田裕「国会議員の社会的支持基盤とのつながり」、村松岐夫・久米郁男編著『日本政治　変動の30年』所収、東洋経済新報社、2006年、pp.105-108. は、国会議員が地元で行う接触活動の量は減少し、同時に地元で受ける相談の内容も、公共事業の話題は減少してきていることを明らかにしている。
20　農業団体を含む業界団体の組織対応の変化については、例えば、河村和徳「利益団体内の動態と政権交代：農業票の融解」『年報政治学』、2011-Ⅱ、2011年、p.33.
21　濱本真輔「選挙制度改革と自民党議員の政策選好：政策決定過程変容の背景」『レヴァイアサン』、第41号、2007年、pp.92-93.
22　濱本真輔・根元邦朗「個人中心の再選戦略とその有効性：選挙区活動は得票に結び付くのか？」『年報政治学』、2011-Ⅱ、2011年、pp.70-97.
23　一つの選挙区の中の代議士と地方自治体の数という観点では、堀要『日本政治の実証分析：政治改革・行政改革の視点』東海大学出版会、1996年、p.6. が、平成の大合併が起こる前の時期に、中選挙区制から小選挙区制へと選挙制度が変わることによって中央・地方関係がどのように変化するのかを論じている。堀は、中選挙区制下では、一つの衆議院の選挙区の中に代議士も複数、自治体も複数という状況であったが、小選挙区制下では、選挙区内に代議士は一人、自治体は複数という状況になるため、代議士側の力が相対的に強くなることが予想されると論じている。
24　斉藤淳、前掲書、pp.76-78.
25　選挙運動の重要な担い手である地方議員の数が市町村合併によって減少したことで自民党の選挙基盤が弱体化したという指摘については、例えば、秋吉貴雄「「保守王国」の崩壊：熊本2区」、白鳥浩編著、前掲書所収、pp.143-144.
26　丹羽功「自民党地方組織の現在：富山2区・3区」、上掲書所収、p.190.
27　平野淳一「「平成の大合併」の政治的効果：市長選挙結果の分析から」『年報政治学』、2013-Ⅰ、2013年、pp.273-274.
28　井田正道、前掲論文、pp.110-111.
29　菅原琢「自民党政治自壊の構造と過程」、御厨貴編『変貌する日本政治：90年代以後「改革の時代」を読みとく』所収、勁草書房、2009年、pp.33-36. なお、菅原は、小泉首相による構造改革路線を、衆議院の定数不均衡の大幅な改善に伴う都市部比重の増大に対する根本的な対応であったと評している。
30　Frances M. Rosenbluth and Michael F. Thies, *Japan Transformed: Political Change and Economic Restructuring*, Princeton University Press, 2010, pp.95-122.（徳川家広訳『日本政治の大転換：「鉄とコメの同盟」から日本型自由主義へ』勁草書房、2012年、pp.137-179.）
31　白鳥浩『都市対地方の日本政治：現代政治の構造変動』芦書房、2009年、pp.323-325.
32　小選挙区制の導入と利益誘導政治の関係については、小選挙区制の導入によって利益誘導政治が後退したとはいえないとする研究もある。例えば、小林良彰『制度改革以降の日本型民主主義：選挙行動における連続と変化』木鐸社、2008年、p.265. は、候補者が公約の中でどの程度地元利益に言及しているかを調べると、中選挙区制時の1993年総選挙でも小選挙区制下の1996年総選挙や2000年総選挙でもその比率は変わっていないことを指摘している。

同時に、補助金の増減という観点で見ると、1996年総選挙で自民候補が落選した選挙区のうち、2000年総選挙でも自民候補が落選した選挙区では国庫支出金は0.8%しか増えていないにもかかわらず、当選した選挙区では8.4%も増加したとも論じている。また、エエン・M・イマーグート・スヴェン・ヨッフム「小選挙区、比例代表、政治危機 ―ヨーロッパの観点から見た日本―」『レヴァイアサン』、第37号、2005年、p.124. は、選挙制度改革は、選挙制度の非比例性を高め、政党規律へのインセンティブと選挙区の大きさを減少させることによって日本の政治における候補者中心の側面を強化し、候補者と選挙民との結びつきを強くしたのであって、金のかかるキャンペーンや後援会の必要性は必ずしも減じられてはいないと指摘している。

33 今井亮佑「選挙運動支出の有効性」『年報政治学』、2011-Ⅱ、2011年、p.11.

34 濱本真輔・根元邦朗、前掲論文、p.77.

35 厳密にいえば、仮に票割りが完璧に行えて、他党の候補者が常に1名に一本化されているという状況で、選挙区毎の投票率が全国一律であるということを仮定した場合には、最も一票の価値の高い選挙区から順番に議席独占をしていけば、最も少ない得票数で単独過半数の議席を確保することができる。しかし、現実には、上述のような三つの仮定は成立しない。また、得票率を上昇させるために必要なリソースは得票率が100%に近づくにつれて遙増すると考えられるから、例えば、一票の価値の低い選挙区で得票率を10%から30%へと上昇させるために必要なリソースと、一票の価値の高い選挙区で得票率を70%から80%へと上昇させるために必要なリソースを比較した場合には、前者のほうが得票数の増分は数倍大きいものの、前者のリソースのほうが少ないということにもなろう。

36 白鳥浩、前掲論文、p.7.

37 上掲論文、p.4.

38 上掲論文、pp.24-25.

39 河村和徳、前掲論文、p.46.

40 例えば、照屋寛之「「子ども手当」という突風：沖縄3区・4区」、白鳥浩編著、前掲書所収、pp.258-265. は、沖縄県内の2選挙区における選挙運動について分析する中で、こうした支援団体からの協力が民主党候補の当選に大きくプラスに働いたことを論じている。

41 御厨貴・牧原出・佐藤信『政権交代を超えて：政治改革の20年』岩波書店、2013年、pp.106-107. なお、国会の外の政党組織という観点から自民党と民主党との間の相違点を論じた研究として、上神貴佳『政党政治と不均一な選挙制度　国政・地方政治・党首選出過程』東京大学出版会、2013年、pp.16-26. は、複数定員の選挙区から選出されている地方議員を多く抱える自民党では、地方議員の少ない民主党に比べると衆議院における小選挙区制の導入の効果が小選挙区制を導入していない地方議会の議員の存在によって弱められてしまうことを指摘し、両党の相違点に触れているが、そうした違いについては、政党組織が衰退することによって縮小していくと考えられるとしている。

42 菅原琢、前掲論文、pp.32-33.

終　章

1．政治改革のねらいと政治改革以後の日本政治の変動

　本書では、1994年4月の政治改革関連4法案の可決・成立以後の約20年間を振り返り、政治改革以前の過去の状況と政治改革以後の現在の状況とを比較しながら、「一強多弱」政党制の背後にある政治現象について分析を進めてきた。

　また、本書では、政治改革関連法案の成立を挟んで、政治改革以前の特定の一つの選挙と政治改革以後の特定の一つの選挙とを選んで比較するのではなく、全体的・俯瞰的に、政治改革以前に行われた選挙と政治改革以後の行われた選挙との間にどのような変化がみられるのかを検討した。

　その理由の一つは、政治改革以後に実施された補欠選挙を除く衆参両院の国政選挙のそれぞれが、時期的に前後に実施された国政選挙の結果と大きく異なる特徴を有しているからである。それは、例えば第2章の図2-2に示したように、政党制の不安定性指標などを観察することによっても明らかである。また、単純に各党が獲得した得票や議席、あるいは選挙の前後で政権枠組みに変化が生じたか否かという点を概観すれば、いわゆる郵政選挙以降の過去10年間に行われた総選挙では、前後の選挙と大きく異なる結果を生み出すことが珍しくなかった。

　第2章でもみた通り、選挙制度改革や政党助成制度の導入を含む政治

改革がその実現に向けて本格的に議論されるようになった段階、すなわち1990年代初頭以降、日本新党、さきがけ、新生党の三つの新党の結成を皮切りに、日本の政治はいわゆる政界再編に突入した。1998年4月には民主党に民政党、新党友愛、民主改革連合が合流して再出発をはかったが[1]、この頃には、自民党と民主党とが相対峙する政党システムが形成され、2003年9月にはさらに自由党がこれに合流することによって、日本の政党システムは自民党と民主党の二つの大きな政治勢力が競合するという色彩をさらに強めていった。そして、まず参議院選挙において民主党は自民党よりも多くの議席を獲得するようになり、2000年代の10年間の最後の年である2009年に実施された総選挙においては、ついに衆議院における議席数も自民党を圧倒し、戦後初めての選挙による政権交代を実現した。

　このように、巨視的な視点で、長期間にわたって複数の選挙を俯瞰的に見渡すと、特に2000年代の前半から後半にかけての時期においては、自民党と民主党とが政権をかけて相争う政党システムが定着しつつあったといえる。ところが、それぞれの国政選挙の結果を個別にみると、そうした動きは一直線に進んできたというよりは、数多くの紆余曲折を経ながら進行してきたということができる。

　俯瞰的に複数の国政選挙の選挙結果に表れた傾向を追うという手法を採用したことで、本書における分析は、個々の国政選挙の選挙結果の分析と比べれば細部に立ち入った分析を行うことはできていないものの、政治改革以後の約20年間について、できるだけ全体的・俯瞰的な分析を行おうとしたのである。

　本書では、はじめに序章において、政治改革のねらいなど、その概要を確認すると共に、政治改革以降の日本政治の分析を行うにあたって着目すべき点について述べた。

　まず着目したのは、「なぜ同じ政治制度が二大政党制と一強多弱政党

制の双方を生み出すのか」という点である。本書ではこうした現象が起こる原因を「過渡期」であるということに帰するのではなく、現行の政治制度に二大政党化を促進する要因と阻害する要因の双方が内包されていることにもとめた。

　序章では、分析の手法と使用するデータの範囲について述べた上で、選挙制度と政党システムの関係に関する政治学上の諸理論を概観した。具体的には、「小選挙区制は二大政党制を導く」とするデュベルジェ法則の当否と、ダウンズによる空間理論と中位投票者定理について主に論じた。

　デュベルジェ法則については、最初にデュベルジェ自身の見解について触れた。すなわち、小選挙区制は選挙区レベルでの有力候補者数を2名に絞る効果を持つが、それが全国的な二大政党制へと繋がるか否かについては、二大政党制を「導く傾向がある」とデュベルジェ自身が表現していることに言及した。また、小選挙区制は構造的な政党システムと組み合わさった場合に二大政党制を導くのだとしたサルトーリの議論を紹介し、1940年代に初めて提唱されたデュベルジェ法則が複数の学者によって修正されてきていることをみた。

　ダウンズの空間理論と中位投票者定理については、ダウンズが小選挙区制下において二大政党制を促進する要因のみならず阻害する要因についても論及していることに着目した。そして、政権を争う主要政党が中位投票者の位置へと収斂してくるにつれて、政党間の政策的差違は縮小し、中央に遠い急進的な有権者は自らの意見に近い新党が登場することを望むようになる一方、中央に近い穏健な有権者は棄権する誘因が増大することを論じた。

　本書では、こうした理論的枠組みを念頭に置きながら、第1章以下の各章において、「並立制の性質」、「政党システムの変遷」、「政党助成制度と政党の性質」、「政治改革以前の政党別得票状況」、「政治改革以後の

政党別得票状況」、「政治改革の副次的効果」をそれぞれテーマに取り上げ、考察を加えた。

２．制度改革の分析――「一強多弱」政党制の背景

　第1章「並立制の性質」では、衆議院の選挙制度として導入された小選挙区比例代表並立制の基本的性質について取り上げた。「民意の反映という機能と民意の集約という機能を相補う」という当初の目的としていた小選挙区比例代表並立制について、諸外国の選挙制度やかつての中選挙区制と比較した。具体的には、1996年総選挙から直近の2014年総選挙までの7回の総選挙における各党の得票率と議席率をデータとして、得票率と議席率の間の非比例性指標を算出して、比較した。この数値でみると、現行の並立制は小選挙区制的な色彩がかなり強い制度であるということができ、「民意の反映」と「民意の集約」のバランスをとるという当初の目的は達成されているとはいえないことがわかった。

　なお、1996年に現行の並立制の下で初めての総選挙が実施されてから今日に至るまでに行われた議席選出方法に関わる最も大きな制度変更としては、2000年2月2日に可決・成立した比例代表選出議席分の定数1割削減が挙げられる。この比例定数1割削減の議論は、1999年1月に自民党と自由党の連立政権が樹立されて以降に本格的に議論されるようになったものであるが、第1章では、1999年の時点で入手可能であったデータを基にしたシミュレーションの手法を用いて、比例定数削減によって並立制を採用する衆議院の選挙制度全体の非比例性にどのような影響を与えると考えることができたのかを考察した。

　そして、比例区選出部分のみの定数を削減することは、「民意の反映」と「民意の集約」のバランスという観点からは、「民意の反映」が軽視される、すなわち非比例性が増大する方向へと傾くという結論が導き出されることを示した。同時に、比例区選出部分のみの定数1割削減を実

施する手法として、例えば11ブロック制を廃して細川内閣当初案や参議院の選挙制度と同様に全国を1区とする比例代表制に改めたり、議席確定方法を非比例性が高くなる傾向があり、大政党に有利とされるドント式から、非比例性が低くなる傾向にあるヘアー式に変更したりすることによって、非比例性の増大を抑制することができたことを論じた。

こうした分析を通じて、現行の並立制においては、導入後初めて行われた1996年総選挙の時点でも小選挙区制的色彩が強い制度であったが、その後の比例定数削減では非比例性がさらに増大することが予期できる状況でありながら特段の対処策が講じられることもなく、「民意の反映と民意の集約を相補う」という当初の目的の達成はますます遠のいていくこととなった。

第2章「政党システムの変遷」では、そういった小選挙区制的な色彩の強い現行制度において、二大政党化が進行・成立したのかという点について検討を加えた。手法としては、政党システムの分析を行う際に一般的に使われる有効政党数の指標などを用いた。その結果、いったんは自民党と民主党の2党による二大政党制に近い政党システムが成立しながらも、2010年代に入ってからは多党化現象が顕著になってきていることを、有効政党数などの数値の上で確認した。

また、第2章においては、55年体制の末期から2010年代前半までの政党システムの状況について、政党の離合集散が頻発している状況を確認した。

第3章「政党助成制度と政党の性質」では、政治改革の柱の一つである政党助成制度に焦点を合わせた。この章では、まず、この制度の特徴について述べ、制度導入後に国政選挙に登場してきた政党について、比較的に小規模の新党結成の事例が多数みうけられ、新たに導入された政党に対する公費助成制度の影響を受けていると考えられることを指摘した。

第3章では、政治改革以後の日本の政党について、直近に行われる選

挙での政権獲得をどれだけ強く意識しているかという点に着目して政党を類型化した。ここでは、投票行動研究に関する空間理論の主な理論家の一人であるダウンズの議論[2]を土台にしつつ、第一の類型として、与党第一党として政権を担当することを志向する政党、第二の類型として、与党第一党となる見込みはないものの連立与党の一党として政権に参画することを志向する政党、第三の類型として、自らが政権に参画する見込みは当面ないものの、近い将来に政界再編が起こることを期待し、そうした政界再編を経たうえで与党となることを志向する政党、第四の類型として、政策の実現や他党の政策を変更させることを主なねらいとしており、自らが与党になろうという志向性を持たない政党という4分類に区分した。

そして、政治改革論議が盛んになされるようになった1990年代初頭以降、わが国では政党の離合集散が頻発したが、そうした政界再編の動きの中で登場した政党の中には、第三や第四の類型に分類される政党が複数存在したことを指摘した。さらに、第3章では、そうした背景にどのような要因が考えられるのかということについて、検討を加えた。

投票行動研究における空間理論では、このように自ら政権を担当しようとする動機が弱い政党が出現する可能性は完全には否定されておらず、例えば、ダウンズは1940年代後半のアメリカ南部にこうしたタイプの政党が実際に登場したとする指摘をした[3]。しかし、こうしたタイプの政党は世界のあちこちでいつでも観察されるというわけではない。小選挙区制的な選挙制度を導入し、その意味では政党数の増大が抑制される誘因が存在するはずの現代の日本において、なぜこうしたタイプの新党結成が頻発しているのかということが、ここで検討された。

現行制度において政党数の増大を促進させる要因としてまず指摘されるのは、単純な小選挙区制ではなく、比例区が存在するからであるという点である。

ここでは、この点に加えて、小選挙区制と比例代表制という二つの議席選出方法を並立させている一方で、小選挙区と比例区の両方に重複して立候補することを認めているという現行制度における重複立候補の仕組みと、無所属に不利な選挙運動規制という要因が、その背景にあることを論じた。すなわち、重複立候補をすれば小選挙区で落選しても比例区で復活当選するという可能性があるが、重複立候補するためには政党に所属している必要があるため、既存の政党のいずれにも所属していない候補者で重複立候補を希望する者は、無所属として立候補するのではなく、自分と同じ境遇にある者と連携して新党を結成するという行動を起こすことになる。

　また、衆議院選挙においては、小選挙区選挙に立候補した候補者のうち、無所属の候補には政見放送の機会が与えられないのであるが、こうした無所属に対して不利な選挙運動に関する規制も、既存の政党に所属しない者たちが便宜的に新党を結成する動きを促進している可能性について論じた。

　このように、第3章においては、完全小選挙区制を導入する国においても、全ての政党が来るべき選挙での政権担当を主たる目標として掲げるとは限らないため、新党結成による多党化現象が生じる潜在的可能性があることを述べた。すなわち、小選挙区制下で二つの大政党が激しく競り合い、互いに中位投票者の選好に近い似通った政策を掲げているという状態は典型的な二大政党制として分類されようが、そうした状態こそ、急進的な有権者にとっては、二大政党から疎外されているという感覚を強く心に抱きやすい。そこに新党の萌芽があるわけであるが、多くの国々では、実際に新党が結成されるまでには至らなかったり、あるいは新党が結成され議席獲得をしても政党システム全体に影響を及ぼすまでには至らなかったりする。つまり、中位投票者の近くで二大政党が競い合うという状態は、新党への期待が高まっているという意味で遠心的

な力が強く働く余地があるが、諸外国では例えば構造化された政党制が新党の参入を阻むなどして遠心的な力を無効化するような力が働くなどの理由で、求心力がそれを上回っている。そのため、ただちに新党の乱立という現象が顕在化することはない。

　第3章では、こうしたことを述べたうえで、政治改革以後の日本において新党結成が頻発している現象について考察を加えた。そして、その背景として、上述のように、比例代表制の存在、重複立候補制度、無所属に不利な選挙運動に関する法規制の3点を挙げた。この第3章の考察は、いったんは二大政党化の流れが定着したと考えられるような状況が出現しながら、その後に多党化が進行し、55年体制下の一党優位政党制にも似た「一強多弱」政党制が登場してきた背景について、学問的観点から位置づけようとするものでもあった。

　なお、第3章では、政党助成制度について、「市民社会の中の政党」というよりは「議会の中の政党」を支援する制度であると論じた。選挙制度改革から20年の間に、まがりなりにも自民党と民主党との間で選挙による政権交代が実現したものの、政党間の競合は早くも二大政党制的なものから「一強多弱」政党制的なものへと移行することとなった。その背景には、わが国において政党が市民社会に根ざしていないことが原因として挙げられよう。すなわち、職業政治家たる議員たちが、目前にある政治状況に対して近視眼的に過敏に反応することで、一般有権者に対して十分な時間をかけて説明をすることもないままに政党の離合集散を繰り返した結果として、政党システムが長期間にわたって安定・永続しないという状況が生み出されたといえる。

　換言すれば、現行の政党助成制度は、一般有権者を説得して党員を確保するという根気の必要なプロセスを簡略化して、職業政治家たち同士の合意のみで政党の離合集散を行うことを容易にする制度であるといえる。

したがって、特に2012年総選挙以降、「一強多弱」と呼ばれる状況が生じている理由として、未だに「過渡期」であるからとする説明は、適切ではなかろう。それとは逆に、55年体制下の自民党による一党優位政党制から自民党と民主党による二大政党制的な政党システムへの移行は、議会内の勢力比という点からいえば、不完全ながらも比較的に短期間に達成されたといえよう。むしろ、問題は選挙制度改革の効果がなかなか発現しないということではなく、現行の政党助成制度が政党の離合集散をあまりにも促進する効果を有しているため、政党システムを安定・永続させることが困難になっている点にあると考えられる。そして、この政党助成制度は、前述のように比例代表制の存在や重複立候補制、無所属に不利な選挙運動規制と結びつき、定着しかけたかにみられた自民党と民主党による二大政党制的な政党システムを短期間のうちに崩壊させ、「一強多弱」政党制へと変容させることを促したのだといえよう。

　序章では、選挙制度は政党システムの変動のスピードに決定的な影響を与えるとボグダノアが指摘していることを述べたが、重複立候補を認める小選挙区比例代表並立制と政党助成制度、無所属に不利な選挙運動規制という組み合わせは、まさに政党システムの変動の時計の針を速く進ませる効果を持っていたといえよう。

　その意味では、現状の一強多弱政党制が、早々と別の政党システムへと移行していく可能性もある。ただ、そうはならないかもしれないし、別の政党システムに移行していくとしても、それが二大政党制であるとは限らない。他方、小規模な政党であっても得票が地域的に偏っている政党は生き残ることができるという小選挙区制の性質と全国を11のブロックに分けるという比例代表制との組み合わせが、おおさか維新の会のような地域政党の台頭を促すという方向に進んでいく可能性もあり得る。

3．政党の基盤——都市的政党と農村的政党

　第4章「政治改革以前の政党別得票状況」と第5章「政治改革以後の政党別得票状況」では、各政党の地域別の得票データを用いた分析を行った。すなわち、選挙の得票データを含む各種の統計指標は市区町村を単位として集計されており、市区町村レベルの各党の得票データと各種統計指標を併用すれば、例えば人口集中度と各党得票率との間の関係を探ることができる。また、序章で述べたように、「小選挙区制は二大政党制を導く」とするデュベルジェ法則の当否は、各党得票率の地域間差異の影響を受けるので、その意味でも、第4章と第5章の二つの章を割いて、都市部と農村部との間で各党得票率にどのような差違がみられるのかを分析することとしたのである。

　第4章では、政治改革以前の時期を対象とした。得票データの地域別分析という観点では、政治改革以前の政党システムはどのような状況であったのかを探ることがねらいであり、自民党が農村部に基盤を置いていたのに対し、野党は全体としては都市で多くの得票を得ていたことを数値の上で確認した。

　第5章では、政治改革以後の時期を対象とした。得票データの地域別分析という観点では、政治改革以後の政党システムはどのような状況にあるのかを探った。政治改革以前の時期と異なり、自民党は都市部有権者の支持を取り付けることに注力するようになる一方、結党当初は都市部を基盤にしていた民主党は、時間が経つにつれて都市的政党という色彩を弱めていったことを明らかにした。また、第5章では、「農村の自民・都市の民主」という傾向が選挙を経るうちに弱まり、都市－農村という軸において両党がしだいに似通ってくる一方で、特定の地域をターゲットにした地域政党が相次いで出現してくるようになった状況につい

ここで特筆しておくべきことは以下の3点である。すなわち、1点目は、現在も依然として農村部を基盤としながらも、政治改革以後、特に2000年代後半以降については、自民党の農村偏重の傾向が弱まってきていることである。2点目は、民主党は政治改革以後に都市的政党として登場してきたが、結党から時間が経過するにつれて、都市部で票の伸び悩むという課題に直面しがちになってきていることである。そして、3点目は、2000年代後半以降にみられる地域政党的性質を帯びた新党の登場である。ダウンズの理論では、二大政党は互いに中位投票者の選好に近い位置に移動してくるが、それは中位投票者から遠くに位置する急進的な有権者にとっては好ましくないことである。急進的な有権者は目先の選挙ではなく将来の選挙を考え、自らの選好に近い政策を掲げる新党の結成を後押しするが、サルトーリが指摘する選挙制度の効果により、地域的な偏りを持たない中小政党の参入は阻まれてしまう。そこで、地域的な偏りのある新党が登場してくることになると想定されるのだが、第5章の分析結果は、こうしたダウンズやサルトーリの理論と合致するものであった。

　第6章「政治改革の副次的効果」では、第5章において明らかにした状況の背景にどのような要因があるのかを探った。特に、ここでは上述の1点目と2点目について、その背景にある要因を明らかにした。

　中選挙区制の廃止と小選挙区比例代表並立制の導入は、その副産物として、各選挙区の境界線を既存の境界線からの修正という形で検討するのではなく、白紙に近い状態から全国的に選挙区割を練り直すという作業を生み出した。そのため、定数不均衡の状況は結果として選挙制度改革の前後で大きく改善されることになり、依然として都市部と農村部との間の一票の格差は存在するものの、中選挙区制下に比べれば、農村部に配分される議席の比重は大きく減り、都市部に配分される議席の比重

は大きく増えた。

　さらに、わが国の中選挙区制は、選挙制度の国際比較という観点からは準比例代表制と分類される通り、得票率と議席率に一定程度の比例関係が存在する。小選挙区制では、49％の得票を得ても議席を獲得できない可能性がある一方、当然のことながら、51％の得票さえ得れば、当該選挙区に配分された唯一の議席を占有することができる。いわば「無か有か」という制度である。これに対し、中選挙区制では、例えば20％の得票率なら20％に近い議席率、50％なら50％に近い議席率となる。小選挙区制との対比で注目すべきことは、小選挙区制では、ひとたび得票率が50％を超えてしまえば、それ以上いくら得票率が上昇しても議席の増加には結びつかないが、中選挙区制においては、例えば55％の得票率を70％に上昇させれば、その上昇分に近い割合の議席を増やすことができるということである。

　この中選挙区制の準比例代表制的特徴と、先に述べた農村部偏重の定数配分が合成されると、農村部に偏重して集票することで、少ない票数で多くの議席を獲得することが可能となる。すなわち、一票の価値が高い農村部の選挙区では、例えば得票率75％を目標にして議席独占を目指す一方、一票の価値が低い都市部の選挙区では、例えば得票率25％を目標にして1議席だけでも確保できれば構わないという戦略を採用するのである。こうした戦略を採用した場合と、農村部でも都市部でも万遍なく得票率50％を目標とする戦略とを比較すると、全国集計の得票率でみた場合、前者の戦略のほうが後者の戦略よりも低い得票率で単独過半数に到達できることになる。

　政治改革以前においては、自民党はこのように農村偏重の戦略を採用することで、最少の得票で効率的に議席を獲得することができた。ところが、政治改革によって定数不均衡が大幅に改善され、小選挙区制の導入によって全選挙区で得票目標を50％に設定せざるを得ない状況と

なったことで、自民党は農村部での得票を減らしてでも都市部での得票を増やす誘因を持つこととなった。こうした誘因が作用することで、都市―農村という軸において自民党と民主党がしだいに似通った政策・主張を掲げるようになっていく動きが促進されたと考えられる。

ところで、一般的な選挙制度改革論議では、小選挙区制を導入すれば、同士討ちの解消によって政党間の政策論争への転換がなされるのだという議論がなされた一方で、政党・候補者は多数の有権者の支持を集めようとするがために総花的な政策を掲げるようになり、結果として選挙における政策論争は低調となり、選挙区が狭い分だけドブ板選挙の効果が表れやすいという議論もなされた[4]。この後者の議論については、より学術的な用語を用いた形で現象を説明しようとするなら、次のように表現することができよう。すなわち、中位投票者定理の働きにより、二つの大きな政治勢力が政治空間上の中位投票者の位置に接近してくるようになり、互いに類似した政策・主張を展開するようになるというのが、小選挙区制が政党・候補者間の政策論争に及ぼす影響である。

第6章の考察は、そうした議論とは異なる形で、自民党と民主党の二つの大きな政治勢力が都市―農村の軸において互いに近似するようになってきた背景にある要因を、得票の地域差という視点から明らかにしようとしたものである。

選挙制度改革の論議においては、衆議院の選挙制度が中選挙区制から小選挙区制へ改変されることに伴い、各選挙区から選出される議席の数が複数から単数へと変化することが、政党本位の選挙や、政策論争の活性化、二大政党制の下における政権交代などが実現されるようになるといった議論が提起され、それに対する賛否両論が展開された。しかし、ここまでみてきたように、仮に、第6章で「政治改革の副次的効果」の一つとして取り上げた定数不均衡に関する議論の延長線上に論理を拡張していくならば、国際的には単記非移譲投票制と呼ばれる中選挙区制と

いう議席確定方法を廃したことに伴う変化ではなく、むしろ55年体制下において抜本的な解決策が講じられてこなかった衆議院の定数不均衡の問題が不完全ながらも大幅に改善されたことによって生じた変化が大きかったのだということもできよう。

　前述の通り、第6章では、中選挙区制が有する準比例代表制的特徴に着目し、自民党が都市と農村とで異なる得票目標を設定する戦略を採用し得たことを論じた。この「農村偏重」戦略は、農村部での一票の価値が高いという定数不均衡の問題によって補強された。

　55年体制が存続していた時期においては、農村部では道路網のような社会資本整備が都市部に対して後れを取っており、利益誘導型の政治と選挙を展開しやすい環境にあり、これも農村偏重戦略に拍車をかけることになったと考えられよう。また、農村部では自治体すなわち選挙の開票区の人口規模が小さいため、都市部に比べて相互監視のコストが低くなる傾向にあるといえる。ここに政治的恩顧主義といった伝統主義的価値観が加われば、「農村偏重」戦略は一層補強されていくものと考えられる。

　ところが、今日においては、選挙制度は小選挙区制へと改められ、定数不均衡の問題は解決されないまでも大幅に改善がなされ、社会資本整備は時間の経過と共に農村部でも進行し、市町村合併によって人口規模が拡大するにつれて相互監視のコストも上昇していくことで、かつての自民党の「農村偏重」戦略を支えていた複数の誘因は消滅または縮小したと考えられる。このような推論が妥当なものであるならば、今後、仮に衆議院の選挙制度として単記非移譲投票制すなわち中選挙区制が再び導入されることになったとしても[5]、自民党が55年体制下と同様に「農村偏重」戦略を採用するかどうかは疑わしいと考えることもできよう。それは、一方では、中選挙区制に戻せば自民党の長期安定政権も戻ってくるとは限らないということを意味し、他方では、農村地域の声を国政

に届けようとする議員が今後ますます減少し、地域間格差の拡大が進行していく可能性があることを意味する。

　上記の推論は、本書における分析と考察のもともとの範囲を超えるものではあるが、政治改革以後の日本政治に起こった変化ないし今後の日本政治の動向について検討する上で、一つの興味深い視座を提供するものであると考える。

4. 今後の課題

　選挙結果に影響を及ぼす要因は多様であり、複雑な要因が絡み合っている。他方、自然科学とは異なり、社会科学においては実験ということを容易に行うことができない。また、例えば経済データなどとは異なり、選挙データは毎月定期的に計測されるというものではなく、長期的・俯瞰的な分析を行うに際して、必ずしも経済学における時系列分析と同様の手法を採用することができるとは限らない。

　こうした制約の下で、本書では政治改革以後の日本政治を分析するために、できる限り多くの側面に光をあて、分析・考察を行った。政治改革に関連するあらゆる側面について考察するには程遠いであろうが、本書において行った分析・考察が、既に実施から20年以上を経過した政治改革を再評価する際の一助となれば幸いである。

　なお、本書を締めくくるにあたって、政策本位ないし政党本位の日本政治を実現するための改革として、本書において検討されなかった部分について、ここで簡単に論じておきたい。

　それは、一つには、公職選挙法の選挙運動に関する規制である。55年体制下の準農村的選挙区の自民党新人候補の選挙運動や選挙地盤の実態を観察・研究したカーティス（Gerald L. Curtis）は、地方政治家等の地元有力者に票の取りまとめを依存する農村型の選挙や、候補者自前

の個人後援会を通じて地盤を培養する地方都市型の選挙など、政策論争や政党間競合とは離れたところで展開される活動が選挙の当落に大きな影響を及ぼしていることを明らかにした。その原因として、カーティスは、中選挙区制という選挙制度が個人本位の選挙を促進していると論じるが、それに加えて、日本に存在する選挙運動に関する厳しい法規制についても論及している。すなわち、そうした法規制によって、メディア選挙や一般大衆向けの選挙を展開することが困難となり、それが選挙期間前の日常の地盤培養活動の活性化に繋がっていることを示唆している[6]。

　本書では、第3章において、公職選挙法の選挙運動に関する規制の一部について簡単に触れたのみで、そうした規制については本格的な考察を行わなかった。1994年に可決・成立した政治改革関連4法案では、連座制の強化といった形で公職選挙法の選挙運動に関する規制の一部が改められたが、このときの選挙法に関する改革の焦点は衆議院選挙における議席確定方法を中選挙区制から小選挙区比例代表制へと改変することであって、戸別訪問や文書図画の頒布の禁止といった選挙運動に関する規制については、その大要は変更されないままであった[7]。むしろ、法律の条文には変更が加えられないとしても、未成年の選挙運動や運動員買収に関する警察の取締りの厳格化など、その運用面において選挙運動規制はますます厳しくなったと考えられる。したがって、1990年代の政治改革において当初のねらいとしたことが達成されていない部分があるとしたら、その原因は政治改革において変更されなかった選挙運動に関する規制が温存されていることに求めることができるのだという議論は、一定の説得力を持ち得よう。

　政策本位ないし政党本位の政治を実現するための改革としては、一連の国会改革についても着目すべきである。具体的には、政治改革関連4法案の成立の前年には、国会議員の立法補佐のために政策担当秘書制度

の導入が決まり、政治改革関連法案の成立から5年後にあたる1999年には、イギリス議会を模倣して第1回の党首討論が開催され、同じく1999年には政務次官が廃止されて副大臣と大臣政務官が設置されることとなった。こうした一連の改革については、国会議員の行動様式に少なからぬ影響を及ぼす可能性があるから、その妥当性や整合性について大いに議論すべきであろう。

　こうした選挙運動に関する規制が及ぼす影響については、政策本位・政党本位の政治と選挙を促進していくために、十分な考察が加えられるべきことであるといえる。だが、本書においては、こうした側面については別稿に譲ることとした。今後は、本書における研究をさらに深めていくと同時に、こうした側面も分析・考察の対象に加えていくことで、研究をより実りあるものへとしていきたいと考えている。

註
────────

1　民主党は、公式ウェブサイトの略年表（https://www.dpj.or.jp/about/dpj/history）（access:2015年9月4日）をみれば明らかな通り、1998年1月8日に民主党、新党友愛、国民の声、太陽党、フロムファイブ、民主改革連合の6党で民友連（民主友愛太陽国民連合）を結成（政党ではなく院内会派）したところから、自らの党史の記述を始めている。この民友連は、間もなく太陽党、国民の声、フロムファイブの3党が合併して民政党を結成したため、参画する政党は民主党、新党友愛、民政党、民主改革連合の4党となり、これら4党は同年3月12日には新たに「民主党」を結成することに合意し、同年4月27日には民主党統一大会を開催した。このように、略年表においては、1996年9月に社民党とさきがけの議員を中心にして結成された民主党と、1998年4月に結成された民主党については、別の政党として扱われている。ただし、公式ウェブサイトの略年表にも明記されている通り、現在の民主党についても、法規上の届出は1996年9月17日となっており、法律上は1996年結成の民主党に他党が合流するという経緯となっている。

2　Anthony Downs, *An Economic Theory of Democracy*, New York: Harper & Row, 1957.（古田精司監訳『民主主義の経済理論』成文堂、1980年）

3 *Ibid.*（上掲書）
4 こうした議論について、小選挙区比例代表並立制が導入されて初の総選挙となった1996年総選挙の直後になされた論評としては、「一度当選したらやめられない？ 小選挙区見直しの行方 小選挙９６」『AERA』1996年10月28日号. を一例として挙げることができる。この記事では、導入後初の小選挙区制の選挙について、「小選挙区のメリットは、一つの党からは一人の候補者だから、政党本位の選挙になり、政策論争がたたかわされる、とされた。しかし、今度の総選挙でみる限り、「政策不在」は相変わらず。選挙区が小さくなった分だけ、より激しいドブ板選挙が繰り広げられた」と論評されている。
5 中選挙区制を復活すべしとする議論は、しばしばみられる。近年では、例えば、2011年11月17日には、民主党の渡部恒三最高顧問や自民党の加藤紘一元幹事長らが、衆議院の小選挙区比例代表並立制を見直し、中選挙区制の復活を目指して「選挙制度の抜本改革を目指す議員連盟」を超党派で発足させた。
6 Gerald A. Curtis, *Election Campaigning Japanese Style*, New York: Columbia University Press, 1971.（山岡清二訳『代議士の誕生』サイマル出版会、新版、1983年.）
7 政治改革以後、今日までに生じた選挙運動に関する規制に対して加えられた変化の中では、参議院選挙で非拘束名簿式比例代表制が導入されたことに伴って参議院比例区の候補者が独自の選挙運動を展開することが認められるようになったことや、マニフェストの配布が可能になったこと、ネット選挙運動が解禁されたことなどが主要なものとして挙げられよう。

【著者プロフィール】

久保谷　政義（くぼや　まさよし）

1975年神奈川県生まれ。東海大学大学院政治学研究科博士課程後期修了。博士（政治学）。東海大学教養学部講師。専門は日本の政治と選挙。国際協力機構（JICA）の「議会運営・選挙管理セミナー」では、諸外国の議会事務局及び選挙管理委員会の幹部を対象に日本の国会の公設秘書制度を講義・解説するなど、海外に向けて日本政治の正しい理解を促進するための活動にも携わっている。最近の研究業績としては、「大学生の政治意識と生活満足度：政治について学ぶ１万人の学生アンケート調査から」（『地方政治研究・地域政治研究』・2015年）。

「一強多弱」政党制の分析
―― 得票の動きからみる過去・現在 ――

2016年 3月 22日　第1版第1刷発行

著　者　　久保谷政義
　　　　　©2016 Masayoshi Kuboya
発行者　　高　橋　考
発行所　　三　和　書　籍

〒112-0013　東京都文京区音羽2-2-2
　　　　TEL 03-5395-4630　FAX 03-5395-4632
　　　　info@sanwa-co.com
　　　　http://www.sanwa-co.com/
　　　　印刷／製本　モリモト印刷株式会社

乱丁、落丁本はお取り替えいたします。価格はカバーに表示してあります。　　ISBN978-4-86251-192-8　C3031

本書の電子版（PDF形式）は、Book Pub（ブックパブ）の下記URLにてお買い求めいただけます。
http://bookpub.jp/books/bp/429

三和書籍の好評図書
Sanwa co.,Ltd.

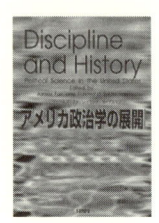

アメリカ政治学の展開　学説と歴史
ジェームズ ファ レイモンド セイデルマン 著　本田弘 他 訳
A5判　上製　506頁　定価：8,447円＋税

● 19世紀末から現在に至るまでのアメリカ合衆国における、政治学の学説についての歴史的論稿を集めた本書は、アメリカの現実の政治状況において実際的にかかわってきたという政治学者のプライドの歴史でもある。政治学は限りなく現実に近づき、さらに半歩、現実を先取りすべく模索する。

西欧政治思想序説　思想の森で現代の問題を探る
藤原孝 著
A5判　並製　253頁　定価：2,500円＋税

●思想の歴史に現代の問題性を学び、思想の悠久の歴史を辿りながら、「現代」とはどういう時代なのか、真に「自由」であること、真に「平等」であることとは一体どのような状態を言うのかを考えてみる。

新版 現代政治の理論と諸相
秋山和宏 著
A5判　並製　389頁　定価：3,000円＋税

●政治とは何かを考え、政治の沿革や構造、置かれた状況について歴史的・思想的視点をまじえて言及。現代日本の政治の仕組み、選挙、日本政治の諸問題のほか、グローバル化の中の政治についても解説したテキスト。

現代政治過程
秋山和宏 著
A5判　並製　227頁　定価：2,500円＋税

●4部構成からなり、政治の一般理論を中心に、まさに激動・変革期を迎えた「日本政治」についても逐次言及している。本書は「政治とは何か」を学ぶものにとって、必読の書である。